KB206022

토비아 국내 순례 시리즈 01

남도순례

미국 남장로교 선교사들의 선교 사역 자취

도서출판사 TOBIA

강신덕 목사는

서울신학대학교와 캐나다 밴쿠버 리젠트 칼리지에서 기독교교육과 제자훈련을 공부하고 기독교대한성결교회 총회 교육국에서 오랫동안 성서 교재 만드는 일에 헌신했다. 현재는 샬롬교회 책임목사로 사역하고 있으며, 토비아선교회에서 순례와 말씀 아카데미 그리고 순례와 성서 관련 기독교 신앙 콘텐츠 선교와 강의 등으로 헌신하고 있다. 그 외에 다양한 번역과 저술 활동에도 힘쓰고 있다. 『예수의 길』, 『바울의 길』, 『갈릴리의 길』, 『이방의 길』등 순례자를 위한 길 위 묵상집이 있으며, 『결실』, 『이 사람을 보라』(도서출판 토비아)를 저술하고, 『내향적인 그리스도인을 위한 교회사용 설명서』(IVP)를 번역했다.

김덕진 목사는

안양대학교와 동대학원에서 수학한 뒤 오랫동안 새사람교회에서 공동목회자로 사역했다. 현재는 순례하는 신앙을 나누고 전하는 토비아선교회의 대표로 국내외 순례 사역을 감당하고 있으며, 샬롬교회 공동목회자로 사역하고 있다. 대한신학대학원대학교 겸임교수로 학생들에게 성서지리를 가르치고 있으며 천지항공여행사의 순례사역자로도 수고하고 있다. 순례자들을 위한 안내서 『터키 순례』가 출간 예정이다.

토비아 국내 순례 시리즈 01

남도순례

미국 남장로교 선교사들의 선교 사역 자취

1판 1쇄: 2022년 9월 26일

저자_강신덕 김덕진
편집_강신덕 오인표
디자인_오인표
펴낸이_강신덕
펴낸곳_도서출판 토비아
등록_107-28-69342
주소_서울특별시 은평구 은평로21길 31-12, 4층(녹번동)
인쇄_삼영인쇄사 02-2273-3521

세트 ISBN: 979-11-91729-12-2 04230
    ISBN: 979-11-91729-13-9 04230

토비아 국내 순례 시리즈 01

남도순례

미국 남장로교 선교사들의 선교 사역 자취

도서출판사 TOBIA

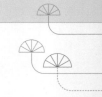

Contents

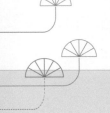

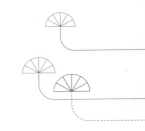

머리글

그들의 선교의 길이
우리에게 순례의 길이 되다

　2021년 봄, 토비아선교회 사역자들과 샬롬교회 장로님들은 남도를 순례했다. 그때 토비아와 샬롬의 순례자들은 전주와 군산, 목포와 광주 및 순천과 여수 등 곳곳에서 일관된 사역의 흔적들을 발견했다. 바로 미국 남장로교 선교사들의 사역 흔적들이었다. 사역 흔적들은 대체로 찾아보기가 쉬웠다. 일명 '스테이션'이라고 불리는 한 장소를 중심으로 그 주변 일대 여러 곳에 세워진 교회와 병원, 학교들에서 선교사들의 사역 흔적과 결실들을 볼 수 있었다. 순례하는 내내 놀라웠다. 그 모든 순례지와 탐방지 곳곳에서 선교사들은 한결같이 스테이션을 건설하고 교회를 열고, 학교를 세웠으며 그리고 병원을 지었다. 그리고 일대의 남도 사람들에게 복음을 전하고 치료해 주었으며 무엇보다 그들과 그들의 자식들을 가르쳤다. 스테이션 주변에서 만난 남도 사람들은 지금도 그들을 기억하고 있었다. 스테이션이 들어섰던 주변에는 남장로교 선교사들의 이름이 붙은 거리들을 쉽게 만날 수 있었고 그들의 공덕을 기리는 공덕비들조차 즐비했다.

토비아와 샬롬교회 순례자들은 곧 이 모든 놀라운 흔적들을 일관된 순례 책자로 만들어 한국교회 순례자들과 나누는 일이 필요하다는 것에 공감했다. 그리고 순례하는 곳곳에서 예배를 드리고 또 기도하는 가운데 백 년 전 헌신했던 낯선 이방인 선교사들의 마음을 읽어보려 애썼다. 그들의 마음은 단순하고 명료했다. 예수 그리스도의 십자가 사랑을 조선 땅 남녘의 사람들에게 전하자는 것이었다. 이제 중요한 것은 그 단순하고 명료한 마음, 남도 선교사들의 순전한 마음을 잘 요약하고 정리해 한국교회의 순례자들과 나누는 일이었다. 토비아의 국내순례 시리즈 첫 번째 '남도 순례'는 그렇게 시작되어 결실을 보게 된 것이다.

1892년 10월 처음 조선 땅을 밟은 미국 남장로교 선교사들은 전라남북도 일대를 그들의 주요 선교지로 설정했다. 그들은 1893년에 전주 선교를 위해 처음 전략적인 스테이션 건설을 이룬 후 꾸준히 '남도' 땅 이곳저곳에 복음을 전했다. 남장로교 선교사들은 전주와 군산, 목포와 광주, 그리고 순천에 이르기까지 모두 다섯 곳에 선교 스테이션을 건설하고서 이후 1940년 주요 선교사들이 철수할 때까지 약 48년을 한결같이 남도를 위해 헌신했다. 그들은 그 시간 동안 온전히 복음을 전하는 전도자로, 질병을 치료해 주는 의료진으로, 새로운 학문과 지식을 가르치는 교육자로 그리고 무엇보다 신실한 목회자로 남도 땅 곳곳에 섰다. 그 모든 시간에 그들은 다른 부름을 받지 않았다. 그들은 복음을 전하고 생명을 살리고 사람을 온전하게 키우는 일에만 매진했다.

남장로교 선교사들은 국운이 기울어 마침내 남의 나라의 식민지가 되어버린 땅 조선을 사랑했고 그 나라의 땅끝 남도의 현실을 힘들게 살아가는 이들을 아꼈다. 선교사들은 자기 자신의 몸과 마음이 병들어 쓰러지더라도 남도 사람들을 살리고 세우고 온전하게 하는 일을 쉬지 않았다. 남편을 잃고 부인을 잃고 자식을 잃는 아픔 가운데서도 그들은 남도의 가련한 영혼들이 예수 그리스도의 십자가 사랑 가운데 회복되고 부흥되기를 간절히 바랐고, 오직 그것을 위해 수고하고 헌신했다. 남도의 선교사들은 때로는 먹을 것을 내주고, 때로는 약을 주고, 때로는 복음의 능력을 전해 주었다. 때로는 그들의 옷을 벗어주고 그들의 집을 내주기도 했다. 때로는 자기들이 가장 사랑하는 그 어떤 것조차 아끼지 않고 다 내어주었다.

남도의 선교사들은 그 모든 일을 그들의 두 발과 두 손으로 해냈다. 그들은 걷고 걸었다. 고속도로가 펼쳐진 것도 아니고 멋진 휴게소가 기다리는 것도 아니었다. 길은 험했고 사람들은 무례했으며 먹을 것은 빈한하기 짝이 없었다. 밤에는 성밖에 머물러야 한다는 당시 법 때문에 선교사들은 항상 노숙의 위험에 노출되어 있기도 했다. 어렵게 숙소를 구하더라도 그들이 묵었던 숙소에서 그들을 반긴 것은 빈대와 벼룩과 같은 벌레들 뿐이었다. 남도 여러 곳에서 그들은 무례한 폭력을 당하기도 하고 관청과 유림의 위협을 받기도 했다. 문전박대를 당하기도 했으며, 조롱을 받기도 하고, 사기를 당하기도 했다. 죽을 고비를 수없이 넘기고 힘든 상황들을 무수히 경험했지만 그들의 남도 사역은 그치지 않았다. 그들은 그 모든 시련에도 남도의 산야와 섬들 곳곳을 찾아갔다. 그리고 곳곳에 예수 그리스도의 십자가 흔적을 남겼다.

남도의 선교사들은 그 땅을 정복하고 지배하여 착취하러 온 사람들이 아니었다. 남도 선교사들은 그들의 밟은 땅 사람들에게 그들이 가진 것을 베풀고 나누는 가운데 그들을 섬기고 그들을 위해 봉사하기 위해 그 땅에 온 사람들이었다. 남도의 영혼들은 곧 이 낯선 이방인들의 정체를 알아차렸다. 특별히 가난하고 비천한 사람들, 병으로 힘든 사람들, 사회적으로 외면당하는 사람들은 남도 선교사들이 그들을 갱생하여 전혀 새로운 삶의 길로 인도하기 위해 그들에게 온 천사들이라는 것을 알게 되었다. 남도 사람들은 곧 선교사들에게 다가갔다. 처음에는 신기해하며 다가섰지만, 곧 그들의 손을 잡았고 그들에게 도움의 길과 안전한 피난처, 살아날 길을 얻었다. 그렇게 많은 사람이 남도의 선교사들에게 살 길을 얻었고 회복의 길을 찾았으며 결국에 전혀 새로운 갱생의 삶을 살게 되었다. 남도의 사람들은 낯선 이방인의 모습으로 찾아와 누구보다 친근한 이웃이요 형제가 된 남장로교 선교사들을 결국 그들의 친구요, 형제이며 동료로 받아들였다.

1890년대 처음 남도 땅을 밟은 남도의 선교사들은 호남의 평야와 해안 그리고 산들과 섬들 사이 놓은 구불구불한 길들을 주로 걸어 다녔다. 간혹 말을 타거나 혹은 나룻배를 이용하는 경우도 있었지만, 그들은 대부분 길을 걸어서 다녔다. 덕분에 선교사들은 남자들이건 여성들이든 한결같이 발병이 많았다. 남도 선교사들이 남긴 보고서나 글들에서는 유독 발이 아팠다는 표현이 많았다. 전킨은 온종일 호남평야 일대 마을의 집들을 다니며 복음을 전하다 결국 발이 아파서 더이상 걸을 수 없어 그날의 사역을 멈추었다고 보고했다. 잉골드는 전주 인근 여러 마을에 왕진을 다녔는데 한 마을에서도 여러 집을 방문해 진료를 하다보니 발이 아파 힘이 들었다는 고백을 종종 했다. 드루는 한국 땅을 처음 밟은 지 얼마되지 않아 레이놀즈와 전라남도 일대를 다니며 선교적인 답사 여행을 했는데, 그때 결국 발병이 나서 더는 여행을 계속할 수가 없게 되었다. 그는 결국 가마에 실려 한성으로 돌아갔다.

사실 복음을 전하고 그곳에 평안을 심어주는 일은 기본적으로 한 지역에서 한 지역으로 이어지는 단편적인 여행 이상의 복잡한 양상을 가진다는 것이 지극히 성경적인 상식이다. 예수님께서는 당신의 70명의 사도를 파송해 보내실 때 당신이 가시려 했던 도시와 마을들을 찾아가라고 하신 후 방문한 도시와 마을의 가가호호를 방문해 그 집에 복음을 전하고 평안을 끼치라고 하셨다. 사실 이런 식의 성경적인 선교는 '축호전도'라는 개별 집집을 방문하는 전도 방식을 훨씬 넘어서는 조밀함을 요구한다. 즉, 예수님께서 제자들에게 부탁하신 선교는 마을과 도시를 방문하는 것을 넘어서 집마다 찾아가는 방문이기도 하고 나아가 그곳에 사는 사람들의 삶과 마음과 영혼 깊은 곳에까지 찾아가기를 꺼리지 않는 사역적 디테일을 필요로 한다는 것이다.

백 년 전 남도 선교사들의 사역이 바로 이런 걸음걸음이었을 것이다. 그들은 전주나 군산, 목포와 광주 같은 도시를 찾아가 거기 어느 한 곳에 거점을 마련한 뒤 그 일대를 부지런히 다녔다. 그렇게 마을과 마을, 집집만을 다닌 것이 아니었다. 그들은 당시 남도 사람들의 삶과 영혼과 마음 깊은 곳까지 찾아가 그 깊은 곳 내면에 있는 어둠과 좌절, 슬픔과 아픔의 현장까지 들어섰다. 그리고 그들을 전혀 새로운 삶의 길로 인도하고 안내했다. 선교사들은 그들 육신의 발만 부르튼 것이 아니었다. 그들은 마음과 영혼의 발마저 부르트고 병이 났다. 그럴 수 밖에 없었다. 그러나 그들의 그런 세심한 헌신은 역시 세심한 결과를 끌어냈다. 남도 선교사들은 길가에서 만난 한센병 환자 한 사람을 놓치지 않았고, 농가에서 만난 신실한 꼬마 아이의 기도 소리를 귀담아들었다. 그리고 그들 영혼 하나하나가 하나님의 은혜와 사랑 가운데 온전하게 되고 새롭게 될 길을 기도하는 가운데 열었다. 남도 선교사들이 지어 운영하던 교회와 병원과 학교들은 남도의 영혼 하나하나가 전혀 새로운 믿음의 인생길로 나아갈 수 있게 하는 안내소들이었다.

　　남도 선교사들의 삶과 사역이 깃든 남도를 순례하는 일은 온갖 감격과 통찰과 은혜를 경험하는 길이다. 남도 선교사들이 걸었던 길을 뒤따라 걷는 순례는 결국 하나님의 사람들이 부르심의 사역을 결단과 헌신으로 이루어낸 그 길들에 대한 묵상이며, 탐색이고 그리고 추체험이다. 이 책 '남도 순례'는 그런 면에서 순례자의 묵상과 탐색 그리고 추체험을 돕는다. 이 책이 제공하는 여섯 곳 남도의 선교 스테이션들을 방문하고 순례의 마음으로 걷다 보면 남도 선교사들의 사역이 얼마나 깊고 풍성하게 사역을 일구었으며, 동시에 얼마나 세심하고 체계적으로 그 모든 일을 이루었는지를 배우게 된다. 무엇보다 이 책을 따라 순례의 길을 이어가다 보면 하나님의 사람으로 세움 받고 보냄 받아 '땅 끝'에 선다는 것이 무엇을 의미하는지를 깊이 경험하게 된다.

이 책은 토비아선교회 사역자들이 미국 남장로교 선교사들이 걸었던 남도 선교의 길들을 살피고 연구한 결과로 한국교회 형제와 자매들에게 내놓는 순례 안내서이다. 그러니 이 책의 정보들을 옳고 그름의 눈으로 분석하여 보지 말고 이 책이 제공하는 각 선교 스테이션들에 대한 순례를 영적 분별로 잘 따라 보기를 바란다. 책이 쓰여지고 발간되는 일에 수고해 주신 모든 분들에게 감사한다. 특히 남도 순례의 첫발을 내딛고 그 길을 개척하는 마음으로 탐색한 토비아선교회 사역자들에게 감사드린다. 무엇보다 남도 순례를 가치에 집중해 주시고 몇 차례의 탐방에 동행해 주시며 순례가 갖는 사역적 의미를 충실히 증폭시켜주시는 샬롬교회 김경웅 장로님과 김은상 장로님에게 감사드린다. 책의 초고 작업에 협력해 준, 지금은 다른 자리에서 사역하는 전원희 목사에게도 감사한다. 늘 토비아의 책들을 순례자들이 손에 들고 다닐 만하게 멋지게 만들어주는 오인표 목사에게도 감사한다.

한국교회는 이제 머리의 성찰을 벗어나 몸으로 나누는 신앙적 성찰의 시대를 열어야 한다. 신앙의 선진들이 걸었던 선교적인 길을 순례하고 그 가운데 성경의 길의 의미를 발견하고 그런 가운데 앞으로 우리가 걸어야할 길을 발견하고 그것으로 부흥하는 일이다. 토비아선교회의 남도 순례는 순례를 통한 한국교회 부흥의 여정을 이끌고 함께 할 준비가 되어 있다. 토비아는 한국교회의 순례를 통한 자기 갱신의 여정에 귀중한 동반자가 될 것이다.

2022년 9월 10일

샬롬교회 책임목사 강신덕

토비아선교회 대표 김덕진

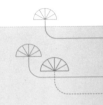

Prologue

전주로부터 여수까지
토비아와 함께 하는 남도 순례

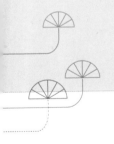

토비아 국내 순례 시리즈 01 – 남도순례

땅끝으로 온 사람들

19세기가 마무리될 무렵 미국 테네시 주 내쉬빌Nashville에서는 '해외 선교를 위한 신학교 동맹'the Inter-Seminary Alliance for Foreign Missions 총회가 열렸다. 점차 증가하는 해외 선교의 필요를 하나님의 뜻과 비전에 합당하게 실행하고자 미국내 몇몇 신학교들이 구성한 회의였다. 겉보기에 모임은 매우 형식적이고 지루해 보이는 기관 간 협의를 위한 연차 회의처럼 보였으나, 내막은 사뭇 달랐다. 모임에는 주로 신학교의 학생들이 많이 참가했고 그들은 신학교를 졸업한 후 해외 미선교지로 나가 그 땅에 예수 그리스도의 복음을 전하고자 하는 열정이 가득했다. 시카고의 무디Dwight L. Moody와 같은 전도자들은 총회 기간 열리는 집회에서 예비 선교사들과 선교적 열정을 품은 젊은이들에게 영감을 불어넣었다. 그들은 하나님의 종말이 다가오고 있음을 선포하며 "우리 세대에 세계를 복음화하자"Evangelize the world in this generation라는 구호를 외쳤다. 19세기 말에는 정말 많은 젊은이가 소위 신학교 동맹 총회와 거기서 열리는 여러 집회를 통해 선교사로 자원했다.

1891년 10월에 다시 내쉬빌에서 열린 신학교 연맹 총회에는 낯선 젊은이가 찾아왔다. 그는 조선인 윤치호尹致昊였다. 윤치호는 미국 북장로교 선교사로 조선에 온 언더우드Horace G. Underwood의 조치와 도움으로 미국으로 건너와 내쉬빌에 있는 밴더빌트 대학 Vanderbilt University을 졸업하고 이제 막 조지아주 아틀랜타Atlanta에 있는 에모리 대학Emory University에 진학한 상황이었다. 윤치호는 내쉬

호레이스 언더우드. 최초의 개신교 선교사의 한 사람. 남장로교 선교사들의 남도 사역은 그의 수고와 헌신으로 시작되었다.

윤치호. 일찌감치 개화하여 미국으로 건너간 후 밴더빌트와 에모리 대학 등에서 공부했다. 그의 열정적인 연설은 당시 미국 젊은 이들을 감동시켰고 남장로교의 조선 선교 사역에 불씨가 되었다.

빌에서 열리고 있는 신학교 동맹에 아시아 특히 조선 선교의 필요를 전하기 위해 온 언더우드의 초청으로 총회에 참석하게 되었고, 그 자리에서 조선의 선교 비전을 전했다. 윤치호의 연설은 대단했다. 언더우드도 선교 참여를 촉구하며 연설을 이었다. 언더우드는 사람들에게 이렇게 말했다. "여러분, 조선은 지금 사회적인 큰 변화

속에 놓여 있습니다. 사람들은 이제 그들의 오래된 옛 종교와 신앙에서 길을 잃고 있습니다. 그들은 지금 '우리에게 와 예수 그리스도에 대해 알려 달라'고 요청하고 있습니다. 나는 우리가 복음을 전하는 그 땅 곳곳에서 그런 사람들을 만날 수 있다고 단언할 수 있습니다. 나는 이 대단한 변화의 소식을 오늘 여러분 앞에 가져왔습니다. 나는 이제 여러분이 이것을 분명히 기억하고 일어나 하나님의 뜻에 따르기를 바랍니다."

많은 신실한 젊은이가 그 자리에서 조선 선교를 위해 헌신하겠다고 다짐했다. 헌신을 다짐한 젊은이 가운데에는 맥코믹 신학교의 루이스 테이트Lewis B. Tate와 유니온 신학교의 윌리엄 레이놀즈William D. Reynolds 그리고 윌리엄 전킨William M. Junkin 등이 있었다. 먼저 테이트가 남장로교 선교실행위원회에 문을 두드렸다. 그리고 이어서 레이놀즈와 전킨이 역시 위원회에 자신들을 조선에 선교사로 파송해 달라고 요청했다. 그러나 1891년 현실에서 남장로교회는 아직 조선 선교에 준비되어 있지 않았다. 그들은 세 젊은이의 요청을 받아 회의까지 열었으나 선교 기금이 마련되지 않은 상황에서 별다른 방법을 찾지 못했다. 그래도 레이놀즈와 전킨은 굽히지 않았다. 1892년 2월 그들은 남장로교 선교 잡지인 「선교사」the Missionary에 "우리는 왜 조선에 가기를 원하는가"Why We Wish to Go to Korea라는 글을 기고해 사람들에게 조선 선교의 활성화 필요를 알렸다.

도움은 언더우드에게서 왔다. 언더우드는 타자기 회사를 운영해 돈을 크게 번 형 존John T. Underwood에게 도움을 청했다. 존은 동생의 이야기를 듣고 당장 남장로교 선교실행위원회에 조선 선교에 써달라며 2천 달러를 헌금했다. 여기에 동생 언더우드 선교사 역시 스스로 5백 달러 헌금을 더했다. 그렇게 마련된 2천 5백 달러는 남장로교 선교실행위원회를 움직였다. 언더우드 형제의 헌금을 받아든 위원회는 당장 레이놀즈와 전킨 그리고 테이트를 조선에 보내기로 하고 1892년 8월에 이 세 젊은이를 조선 선교사로 파송하기로 결정했다.

위원회의 결정이 이루어지자 테이트와 레이놀즈 그리고 전킨은 준비에 서둘렀다. 그들은 먼저 조선 선교를 위한 팀을 꾸렸다. 그들 셋 외에 레이놀즈의 아내가 될 팻시 볼링Patsy Bolling과 여성 선교사 리니 데이비스Linnie Davis 그리고 전킨의 아내가 될 메리 레이번Mary Leyburn과 테이트의 여동생 마티 테이트Mattie S. Tate가 동참했다. 그리고 선교에 본격적으로 나서던 해 5월 레이놀즈가 팻시와 먼저 결혼하고 이어서 6월에는 전킨이 메리와 결혼했다. 마티와 리니는 결혼을 하지 않았지만, 동행하는 남자 선교사들의 열정 못지않은 강한 의지를 가진 사람들이었다. 특히 리니는 남장로교회가 이미 그녀의 선교 열정을 인정해 멕시코에 선교사로 파송하려 했던 사람이었다. 리니는 미국에서 가깝고 비교적 안정적인 멕시코보다는 아프리카 콩고와 같은 오지에 가기를 희망했다. 그러나 독신 여성 혼자 그런 사역을 감당하는 일을 용납할 수 없었던 남장로교회는 멕시코 선교사로 파송 받으라고 꾸준히 그녀를 설득하고 있었다. 그때 마침 위의 세 명이 조선 선교사로 임명되었다는 소식을 듣고, 리니는 당장 그들과 함께 조선에 가겠다고 자원했다. 남장로교회

미국남장로교 칠인의 선발대. 레이놀즈 부부와 테이트 남매. 그리고 전킨 부부와 리니 데이비스는 조선 땅과 사람들에게 복음을 전하기 위해 파견된 미국 남장로교 첫 선교사들이다. 사진 오른쪽부터 메티 테이트. 레이놀즈, 레이놀즈 부인 팻시 볼링, 전킨, 루이스 테이트 그리고 위로는 왼쪽부터 전킨의 부인 메리 레이번과 리니 데이비스이다. 아랫줄 왼쪽의 조선인은 남장로교 선교사들의 통역을 맡은 장인택이다.

는 결국 그녀의 열정을 이길 수 없어 그녀가 조선 선교사로 가도록 허락했다.

　이렇게 해서 남장로교회에는 그 유명한 '7인의 선발대'the Seven Pioneers가 구성되었다. 그들은 1892년 9월 7일 미주리주 세인트루이스Saint Louis에서 만나 그곳 장로교회들에서 열린 파송예배에 참석한 뒤 거기서 주미조선공사 서기관 이채연의 부인과 만나 함께 샌프란시스코로 이동, 조선으로 향하는 배에 올랐다. 1892년 9월 17일이었다. 그런데 이때 전킨 부부와 레이놀즈 부부는 열흘 뒤인

9월 27일에 다른 배편으로 조선으로 향했다. 전킨의 건강 문제 때문이었다. 그는 편도선염으로 캔사스시티Kansas City에서 잠시 쉬어 가야 했다. 전킨은 늘 건강이 좋지 못했다. 그는 기본적으로 몸이 허약해 병치레가 잦았다. 그는 이후 군산 선교에서도 자주 아팠고, 결국 장티푸스와 폐렴으로 조선 사역 중 순직했다.

일곱 명의 선발대 가운데 한국에 가장 먼저 들어온 것은 열정 넘치는 리니 데이비스였다. 그녀는 테이트 남매 그리고 이채연의 부인과 함께 요코하마에 먼저 도착해 전킨과 레이놀즈를 기다렸다. 그런데 이채연의 부인이 요코하마에 머무는 것을 좋아하지 않아 결국 리니 데이비스는 이채연의 부인과 먼저 조선으로 떠나게 되었다. 그렇게 해서 리니 데이비스는 1892년 10월 17일 제물포를 거쳐 한성에 들어왔다. 그녀는 조선에 발을 디딘 남장로교회의 첫 선교사였다. 이후 다른 여섯 명의 선교사들은 11월 3일에 제물포로 들어와 한성에 여장을 풀었다. 리니 데이비스와 그리고 여섯 명의 남장로교 선교사들은 그렇게 비밀스럽고 낯선 '은둔의 땅' 조선에 오게 되었다.

수고와 헌신의 시작

한성에 도착한 7인의 선발대 선교사들은 이미 조선에서 상당한 선교적 성과를 올리고 있던 미국 북장로교 선교사들의 환대를 받았다. 그리고 그들의 도움으로 조선 한성에 정착했다. 선발대는

11월 12일 일단 북장로교 선교사 알렌Horace N. Allen이 덕수궁 인근 정동에 소유하고 있던 방이 여섯 개짜리 한식 주택을 매입했다. 그리고 1892년 11월 23일 그 집에서 미국 남장로교회 조선 선교부를 공식적으로 조직했다. 첫 선교부의 회장은 레이놀즈가 맡았고 회계는 테이트 그리고 서기는 전킨이 맡게 되었다.

남장로교회 선교부가 한성에 조직되자 이미 조선에 들어와 있던 북장로교회 선교사들은 남장로교회 선교사들과 함께 향후 선교 사역의 효율성을 고려한 협의체 구성을 제안했다. 조선 땅에서 장로교 선교가 확장될 것을 염두에 두고 서로 선교 구역을 구별하는 한편으로 조선에 세워지는 장로교회들에 대한 치리를 공동으로 하자는 생각이었다. 그렇게 남장로교회 선교사들과 북장로교회 선교사들은 1893년 1월 23일 장로교선교부공의회the Council of Missions Holding the Presbyterian Form of Government를 조직했다. 장로교 선교사들은 이 협의체를 통해 먼저 선교지 영역을 구분했다. 그래서 북장로교회는 한성 및 경기도 일대와 평안도 일대을 맡고 남장로교회는 호남 일대를 맡게 되었다. 북장로교 선교사들은 남장로교 선교사들에게 그들 출신지 미국 남부와 기후와 분위기가 비슷한 호남 일대 선교를 적극 권한 것으로 알려졌다. 남장로교 선교사들도 북장로교 선교사들의 이런 권유를 받아들였다. 그들이 도착한 1892년 겨울은 유난히 추워 힘들어했는데, 그 결과 선교사들은 추운 중북부지역보다는 상대적으로 따뜻한 남쪽이 좋겠다는 결론에 도달한 것이다.

1893년 초반 남장로교 선교사들은 그렇게 그들의 주요 선교지로서 호남을 적시했고 본격적으로 남도 선교를 위한 준비에 들어 갔다. 그렇다고 그들이 바로 남도로 내려간 것은 아니었다. 그들은 1893년 내내 한성에서 체류하며 언어와 문화를 익히고 조선 사람에게 복음을 전하는 실전적인 경험을 터득했다.

리니 데이비스는 매티 테이트와 함께 한성에서 어린이와 여성을 위한 사역을 시작했다. 리니 데이비스는 매일 오후 3시 정동 주변을 돌며 어린이들을 불러 모았다. 그리고 그들을 대상으로 그림을 이용한 성경공부를 시작했다. 그녀의 성경공부는 이후 한동안 장안의 선교사들 사이에 큰 화제가 되기도 했다. 레이놀즈는 조선어를 배우는 대로 실전에 응용했다. 그는 언더우드를 따라 노방전도에 나섰다. 그리고 닥치는 대로 한성 사람들을 만나 대화를 트고 복음을 전했다. 레이놀즈의 전도활동은 그의 언어 습득과 훈련에 큰 도움이 되었다. 그는 북감리교 선교사 존스George H. Jones와 함께 강화도 선교에 나서기도 했다. 강화도 사람들은 그의 조선어 구사를 들어보고는 놀라워했다. 비슷한 시기 전킨은 한성에 먼저 온 선교사들과 교제하면서 조선의 문화와 역사 관련해 많은 것을 배우고 익혔다. 레이놀즈와 전킨이 각자의 방법으로 선교를 위한 준비를 이어갈 무렵 테이트는 마펫Samuel A. Maffett, 마포삼열 선교사를 따라 평양 여행을 감행했다. 이때 마펫 선교사는 평양에 북장로교 선교 베이스 구축을 준비하고 있었는데 테이트는 마펫의 사역을 보면서 남도 선교 스테이션 구축에 관해 많은 것을 배우고 익힐 수 있었다.

1893년이 되었을 때 레이놀즈를 비롯한 남장로교 선교부는 선

1890년대 제물포. 남장로교 선교사들은 부산포에서 입국 절차를 마치고 이어 제물포를 통해 한성으로 들어왔다.

교사들의 적응이 어느 정도 이루어졌다고 판단, 남도 선교를 위한 본격적인 준비에 들어갔다. 남도 선교에서 첫 번째 공략 대상은 전주로 선정했다. 전주는 호남에서 가장 큰 도시였고 전라북도의 행정 중심지였다. 선교사들의 눈에 전주는 마치 수리아 안디옥과도 같은 곳이었다. 1893년 6월이 되었을 때 선교부는 조선인 통역사 정해원을 통해 전주에 근거지를 마련했다. 정해원은 전주 서문 밖 완산의 은송리에 작은 집을 하나 구입하고서 거기서 선교사들의 사역을 위한 준비에 들어갔다. 정해원을 보낸 뒤 선교사들은 일종의 풍토병을 조금씩 앓았다. 선교사들 대부분은 정해원이 전주에서 선교 준비를 서두르던 1893년 여름 내내 안정과 휴식의 시간을 가져야 했다. 그렇게 가을이 되었을 때 전킨과 테이트는 육로로 청주를 거쳐 전주로 갔다. 그리고 정해원이 마련한 은송리의 주택에서 2주간 머물면서 전주의 상황을 살폈다. 오랫동안의 쇄국정책 탓인지 조선 사람들은 외국인에게 쉽게 다가오지 않았다. 그렇다고 길이 없는 것은 아니었다. 전주 사람들 가운데 어떤 이들을 선교사들에게 자기들에게 와서 살아달라는 요청을 하는 경우도 있었다. 전킨과 테이트가 보기에 정해원이 마련한 주택이나 그가 이룬 준비 상태는 훌륭했다.

1894년 봄이 되자 선교부는 전주 은송리를 중심으로 본격적인 사역을 시작했다. 이번에는 테이트 남매가 전주로 파송되었다. 남매는 은송리 일대에 안정적인 스테이션을 구축하기 시작했다. 그러는 사이 미국에서 두 번째 선교사들이 도착했다. 알레산드로 드루Alessandro D. Drew, 유대모와 루시 드루Lucy Drew 부부였다. 선교부는 1893년 3월 말 레이놀즈와 드루에게 전라도 일대를 돌아보도록 했다. 드루는 1893년 3월 12일 도착하고서 보름도 되지 않아 여장을 챙겨 길을 나섰다. 그들은 제물포에서 배편으로 군산에 내려갔다. 이후 4월 내내 전라남북도 여러 곳을 다녔다. 그리고 마침내 4월 30일에는 고흥을 지나 벌교에 이르렀다. 여기서 드루는 발이 부르터 더이상 여행을 할 수 없게 되었다. 결국 그는 가마에 실려 다시 한성으로 돌아갔다. 레이놀즈는 여행을 계속했다. 그는 이후 순천을 지나 부산으로 갔는데 거기서 베어드William M. Baird, 배위량의 환대를 받았다. 그리고 배편으로 5월 12일 한성으로 돌아왔다. 테이트 남매의 선교지 개척과 레이놀즈, 드루의 답사 여행이 벌어

1890년대 한성 중심가의 모습. 멀리 경복궁과 가까운 곳에 경희궁이 보인다. 그 앞길은 서대문으로 이어지는 서문안로이다. 이 사진은 서울역사박물관이 소장하고 있다.

지는 사이 전킨은 서울 서소문과 안성 등지에서 교회 사역 체험과 선교적 체험을 강화했다. 그는 직접 조선 사람들 사이에 들어가 성경과 전도지를 나누어주면서 전도 활동을 벌였다. 그리고 그들과 더불어 교회생활을 직접 실천해 보는 과감한 실험적 도전을 시도했다. 전킨은 조선인들의 삶의 현실과 그 문화적 특징들을 더욱 면밀하게 살피는 기회를 얻었다. 레이놀즈와 드루의 답사 여행과 그리고 전킨의 안성 선교 체험은 이후 남장로교 선교사들의 남도 선교 사역 전개에 큰 기반이 되었다. 선교사들과 선교부는 결국 레이놀즈와 드루의 답사지들을 따라서 그들의 선교 기반이 되는 스테이션을 건설하고 사역을 펼쳐나갔다.

그런데 남장로교 선교사들에게는 큰 난관이 기다리고 있었다. '동학농민운동'이 일어난 것이다. 1894년 1월 전라북도 정읍 인근 고부에서 전봉준을 중심으로 시작된 농민들의 봉기는 곧 전라도 일대로 크게 번져나갔다. 그리고 4월에 이르러서는 전주로까지 퍼져왔다. 테이트 남매는 전주에 머무를 수 없게 되었다. 전주 사람들 가운데 일부는 테이트 남매에게 도움을 청하며 남아 있어도 된다고 하기도 했으나, 상황은 외국인인 테이트에게 불리하게 돌아갈 수도 있었다. 결국 테이트 남매는 한성으로 다시 돌아갔다. 그 사이 동학농민운동은 국운이 기울어가는 조선의 운명을 가름했다. 조선 정부는 청나라 군대를 끌어들여 동학을 진압하려 했고 이것은 결국 일본군이 조선으로 진주하는 명분을 주고 말았다. 군대를 진주시킨 일본은 바로 본색을 드러냈다. 그들은 조선의 갑오개혁 甲午改革을 돕는다는 명분으로 조선의 내정에 깊이 개입하기 시작했다. 그리고 동학농민군을 무자비하게 진압하는 한편으로 청나라와의 전쟁에서도 승리했다. 이렇게 국내외 정세가 급격하게 돌아가는 상황에서 한성으로 모여든 남장로교 선교사들의 활동은 어느 정도 위축될 수밖에 없었다. 동학과 갑오개혁, 그리고 청일전쟁의 급박한 상황에서 선교사들은 그 모든 상황을 예의주시했다. 그리고 나름 조선인들에게 끼치는 영향을 연구하기도 했다. 선교사들의 연구는 조선인들의 삶을 더욱 깊이 들여다보는 계기가 되었다. 그리고 조선의 현실이 얼마나 참담한가를 깨우치는 계기가 되기도 했다. 선교 현장에 대한 이런 식의 인식 심화는 결국 남장로교 선교사들이 스테이션을 세우고 조선인들과 삶의 호흡을 함께하는 방식으로 사역을 전개하는 중요한 발판이 되기도 했다.

1895년에 이르러 선교 상황은 호전되었다. 레이놀즈와 테이트는 다시 전주로 내려갔다. 그들의 은송리 선교 거점은 피해를 입지 않았으나 전주의 상황은 심각했다. 성내 많은 집들이 파괴되었고 수많은 사람이 죽었다. 심각한 것은 동학운동 주모자들과 참가자들에 대한 거의 매일 반복되는 공개 처형이었다. 테이트는 그 모든 참혹한 일들을 바라보며 눈물을 흘렸다. 그렇게 비참한 상황들이 계속되는 가운데 테이트 남매와 새롭게 합류한 의료 선교사 잉골드Mattie B. Engold의 전주 사역은 새로운 전기를 이루었고, 전주는 점차 안정적인 선교 스테이션으로 자리를 잡아갔다.

전주가 레이놀즈와 테이트 그리고 잉골드 등을 중심으로 사역의 부흥이 펼쳐졌다면, 그 사이 군산에서는 전킨과 드루가 수덕산 일대에 새로운 선교 스테이션 마련을 위해 준비 작업을 시작했다. 전킨과 드루는 배편으로 군산을 드나들면서 이곳이 선교적으로 중요하다는 것을 느끼기 시작했고 이것을 적극적으로 한성의 선교부에 알렸다. 그렇게 1896년에 이르러 전킨과 드루는 처음에는 수덕산에서 그리고 이후에는 궁멀이라 불리는 구암산에서 새로운 선교 스테이션을 구축했다. 동학농민운동과 갑오개혁 그리고 청일전쟁의 혼란스러운 상황이 이어지던 1894년에는 미국으로부터 새로운 선교사들이 합류했다. 그 유명한 유진 벨Eugene Bell, 배유지과 부인 로티 위더스푼 벨Lottie Witherspoon Bell이 열정적이고 헌신적인 의료 선교사 오웬Clement C. Owen과 조선으로 온 것이다. 유진 벨과 오웬은 도착해서 한동안 적응기를 보낸 후 1896년부터 전라

1890년대 전주 중심 거리. 이 시기 전주의 인구는 만 명이 조금 안 되었다. 그러나 조선 왕조의 발상지로서의 품위와 면모는 곳곳에 살아 있었다.

남도로 내려갔다. 그리고 거기 나주에서 그리고 목포에서 사역하며 새로운 선교 스테이션 건설에 매진하게 된다. 이렇게 해서 미국남장로교 선교사들은 향후 반세기로 이어지는 조선 선교의 길을 열게 된다.

　1893년 처음 리니 데이비스가 7인의 선발대의 일원으로 조선에 발을 디딘 후 남장로교 선교사들은 북장로교 선교부와의 선교적 협의에 따라 호남 일대에 대한 선교를 준비했고 이후 그들은 1960년대에 학원 선교를 위해 충청남도 대전에 새로운 스테이션 설립을 시도하기 전까지 오직 호남 선교에 집중했다. 그들은

1894년 전주에 스테이션을 처음 개설한 이래로 일제에 의해 강제로 이 땅에서 쫓겨나던 1940년에 이르기까지 약 46년 동안 낯설고 외진 호남 땅 곳곳을 다니며 거기 산과 바다, 섬들과 강들을 다니며 복음을 전하고 의료 혜택을 주고, 그리고 복음에 입각한 새로운 근대식 교육의 기회를 넓혔다. 그들이 벌인 46년간의 선교적인 수고와 헌신은 호남 땅을 풍요롭게 했고 거기 사람들의 몸과 마음을 치료했으며, 그 땅이 지조있는 복음의 땅이 되도록 했다. 그 46년의 세월 동안 선교사들은 각각의 스테이션을 중심으로 역사의 면면에 서서 흔들림 없는 하나님의 사람들이고자 했다. 지금도 호남 곳곳에는 그들의 숨결과 흔적이 고스란히 남아 있다. 그들이 세운 교회와 병원, 학교들이 지금도 남아 호남 교육과 의료, 복음 전파의 중심 역할을 하고 있다. 거의 반세기에 걸친 남장로교 선교사들의 남도 선교 사역은 하나의 훌륭한 역사 교실이다.

미국 남장로교회의 선교

미국 장로교회는 16세기 가톨릭의 박해를 피해 프랑스를 떠나온 위그노Huguenot와 소위 순례자들이라고 불리는 영국 성공회 분리주의자들Non-Conformists, 네덜란드와 독일로부터 온 캘빈주의자들과 그리고 스코틀랜드와 아일랜드로부터 밀려온 수많은 스코틀랜드 장로교도Scot-Irish Presbyterian가 독립된 미국이라는 신세계에서 새롭게 시작한 개신교 교단이다. 숫자로는 스코틀랜드계 장로교도가 압도적으로 많았으나 그렇다고 미국 장로교도들이 유럽 장로교에 끌려다닌 것은 아니었다. 신대륙의 장로교도들은 몇 번에 걸쳐 일어난 대각성운동the Great Awakening을 통해서 웨스트민스터 신앙고백과 요리문답을 중심으로 하는 그들만의 장로교 개혁주의 신학과 정치체제를 추구하면서 신생 미국의 주류 개신교 교단으로 자리하게 된다. 그리고 미국의 독립 이후 미국장로교회는 꾸준한 성장을 이루었다. 처음 약 2만 여 명 정도의 성도 수는 19세기에 들어서서 약 22만 명에 이르는 큰 교단으로 부흥하게 되었다.

그런데 19세기 중반, 그러니까 멕시코와의 전쟁이 끝나고 미국이 노예 문제를 비롯한 여러 가지 사회적 사안에 대해 남과 북으로 나뉘어 서로 다른 생각을 드러내기 시작했을 때, 장로교회 내부에서도 정치와 사회적인 문제에 대한 성서적인 해석의 차이를 극명하게 드러나기 시작했다. 급기야 1830년대 후반에 이르러 장로교 내 보수파는 뉴저지의 프린스턴신학교Princeton ological Seminary를 중심으로 '구파'를 형성했고, 그와 반대 진영으로서 소위 진보파는 뉴욕의 유니온신학교Union Theological Seminary를 중심으로 '신파'를 형성하게 되었다. 북부 뉴욕을 중심으로 하는 도시 중심 교회들은 웨스트민스터 교리 표준에 대해 상대적으로 자유로운 해석과 적용을 추구하는 경향을 보였고, 남부의 큰 농장들을 중심으로 하는 교회들은 교리적 표준에 대한 엄격한 적용을 중요하게 여겼다. 이 두 집단은 사회 문제에 대한 신학적, 성서적 관점과 해석의 차이 특히 노예 문제에서 극명한 차이를 드러냈다. 소위 '구파'는 주로 남부의 농장을 기반으로 하는 성도들과 그들 교회들을 중심으로 노예

19세기 중반 노예 문제는 미국 개신교 전체가 둘로 갈라서는 큰 이슈였다. 장로교회 역시 이 문제로 노예제도 유지를 주장하는 남장로교회와 노예 해방을 지지하는 북장로교로 분리되었다.

제도의 정당성을 옹호했고, 반대에 선 '신파'는 뉴욕과 시카고 등 신흥 도시들을 기반으로 하는 성도들과 그들의 교회를 중심으로 노예제도를 반대하고 폐지하자는 주장을 옹호했다.

　이런 교회의 갈등은 미국이 제퍼슨 데이비스Jefferson Davis를 중심으로 하는 남부 연합을 지지하는 쪽과 아브라함 링컨Abraham Lincoln을 중심으로 하는 북부 연합을 지지하는 쪽으로 갈리고, 남부 연합과 북부 연합 사이에 군사적인 충돌과 내전으로 이어지자 곧 동일한 분리와 대립으로 나아가게 된다. 노예 문제에 대한 견해 차이는 장로교만의 문제는 아니었다. 미국내 각 교파와 교단들은 이미 이 사안으로 첨예한 대립을 겪고 있었다. 1844년 침례교회가 먼저 남북으로 분리되었고, 1845년에는 감리교회가 나뉘게 된다. 미국 장로교회도 이런 대립과 분리 현실을 피해갈 수 없었다. 1861년 남북전쟁이 한창이던 시점에 장로교회 역시 보수와 진보 그리고 남과 북으로 나뉘게 된다. 남쪽의 보수적인 입장에서 노예제도를 옹호하던 교회들은 후에 남장로교회Presbyterian Church in the United States, 약칭 PCUS를 별도로 설립해 나갔고, 북쪽의 진보적 입장에서 노예제도를 반대하던 교회들은 북장로교회Presbyterian Church in the United States of America, 약칭 PCUSA를 별도로 설립했다.

하지만 전쟁은 북부 연합에 유리하게 돌아갔고 결국에 링컨과 노예제를 반대하는 이들이 승리했다. 그렇게 북부 연합이 승리하게 되고 노예제도가 공식적으로 폐지되자 1870년 북부의 구파와 신파는 북장로교회라는 이름으로 서로 연합했다. 이때 북장로교회는 남장로교회에게 다시 연합하자고 제안했다. 그러나 남장로교회는 그 제안을 거절하고 그들만의 남장로교회로 남았다. 미국 장로교회는 그로부터 100년이 흐른 1983년에 이르러서야 서로 연합해 하나의 장로교회PCUSA로 다시 섰다. 그때까지 남장로교회도 북장로교회도 독립적인 교단으로 남아 각자의 길을 걸었다. 특히 북장로교회는 해외 특히 극동 선교에 관해 상대적으로 발 빠르게 움직였다. 그들은 1876년 조선이 개항하고 약 9년 정도 흐른 뒤인 1885년 알렌과 언더우드 선교사를 필두로 조선에 들어와 선교활동을 시작했다. 그에 반해 이 책에서 주로 다루는 남장로교회는 북장로교회보다 약 7년이 늦는 1892년 조선으로 들어와 그들 나름의 선교활동을 시작했다.

남북전쟁 이후에도 남장로교회는 노예 문제를 비롯한 여러 가지 사회적 이슈들에 대해 지속적으로 보수적인 입장을 취했다. 대표적인 사안이 '진화론'Evolutionism이었다. 1870년대 이후 급격하게 퍼져나간 다윈Charles R. Darwin의 진화론은 미국 전역의 학교에서 과학 과목 수업에 혁명적인 전환을 가져왔다. 많은 과학 교사들과 교수들이 다윈의 진화론을 수업에서 가르치기 시작한 것이다. 남장로교회는 이 문제에 대해 단호했다. 교단 소속의 대학들과 학교들에서 진화론을 가르치는 것을 금지했고 반대하는 목회자들과 장로들, 성도들을 수업에 서지 못하게 했다. 남장로교회의 이런 보수적인 입장은 20세기가 시작되는 시점까지 계속되었다. 그러나 남장로교회는 그들의 보수적인 입장을 사회, 정치적으로 쟁점화하거나 혹은 사회적 주류화를 위한 수단으로 삼지 않았다. 그들은 그 모든 사안을 '복음적'으로 그리고 '전도의 주제'로 끌어안았다. 그 대표적인 것이 남북전쟁 참전 군인들에 대한 대대적인 전도 활동과 그리고 서아프리카에 대한 선교활동이었다. 남장로교회는 전쟁의 참화를 겪은 군인들에게 복음을 전하면서 곧 종말의 시대가 다가올 것을 설득했고, 그것은 전쟁을 겪은 군인들의 마음에 복음적 부흥의 기회가 되었다. 많은 참전 군인들이 복음을 받아들였다. 그들은 곧 신실한 지역 신앙인으로, 장로로 그리고 사역자로, 특히 선교사로 헌신했다. 서아프리카에 대한 선교 활동은 팽창하는 미국의 국력과 함께 확장되었다.

남장로교회는 미국의 정치와 경제, 군사적인 힘에 의지하기보다는 보수적 입장의 복음 전도와 그에 기반한 사회적 봉사에 집중하

북장로교회의 대구 청라스테이션. 베어드 선교사와 아담스 선교사 등이 개척한 우리나라의 대표적인 선교 스테이션이다. 대구제일교회, 계명대학교, 동산병원 및 신명고등학교, 성명여자중학교 등이 밀집해 복음선교와 의료선교 그리고 교육선교가 종합적으로 이루어졌다.

는 선교 전략을 선택했다. 그렇게 그들은 아프리카의 많은 나라들과 중남미의 나라들, 그리고 유럽의 몇몇 나라들에 그들의 선교 스테이션을 세웠다. 이후 그들은 곧 아시아에도 관심을 갖기 시작했다. 아시아는 떠오르는 선교 대상지였다. 남장로교회는 곧 중국과 일본 그리고 마침내 조선에도 많은 선교 스테이션을 세웠다. 남장로교회의 조선 선교는 이런 역사적 맥락에서 비롯되고 시작된 것이다.

　한편, 남장로교회 선교사들이 조선으로 오기 전인 1890년 언더우드를 비롯한 북장로교 선교사들은 중국에서 40여 년간 사역해 온 선교사 존 네비어스John L.Nevius를 초청해 그들의 조선 선교에 관한 조언을 들었다. 북장로교 선교사이자 프린스턴 신학교 출신이었던 네비어스는 그가 경험한 선교 현실에 근거해 자전自傳, self-propagation, 자립自立, self-supporting, 자치自治, self-governing라는 세 가지 선교 방향과 전략이 중요하다고 주장한 사람이었다. 네비어스의 방문과 조언 이후 북장로교회 선교사들의 조선 선교 방향은 크게 바뀌었다. 선교지 현지의 조선인들이 스스로 서고, 스스로 교회를 운영하며, 결국에 스스로 선교사로 서게 되는 일이 무엇보다 중요하게 된 것이다. 북장로교회보다 뒤늦게 조선 선교를 시작한 남장로교회 선교사들은 북장로교회 선교사들에게서 네비어스의 선교 전략에 대해 들었다. 그리고 그들 역시 그것을 '스테이션 중심 선교 정책'에 반영했다.

남장로교회는 조선에 선교사를 파송하기 전 이미 세계 여러 곳에서 복음적 선교활동을 벌여왔다. 그들은 선교 대상이 되는 각 나라에 도착하면 먼저 그 나라의 중심 도시에 '선교부 본부'를 설치하고 선교사들 사이에서 대표를 선출한 뒤 체계적인 선교가 이루어지도록 질서를 잡았다. 그리고 선교부 본부를 중심으로 한동안 현지 적응와 언어 훈련 그리고 선교적 실험을 모색하며 각자 선교 활동을 벌일 지역을 물색하고 현지 답사를 수행했다. 그렇게 어느 정도 준비가 이루어지게 되면 선교사들은 그들 각자가 선교할 지역으로 가서 거기 주요 거점이 되는 도시나 마을 한 장소에 소위 '스테이션'station이라고 불리는 선교 기지를 건설했다. 그리고 스테이션을 중심으로 인근 지역에 대한 선교활동을 벌였다. 스테이션에는 기본적으로 선교사들의 거주 건물과 선교사들이 선교 전략의 일환으로 활용할 시설들, 예를 들면 병원이나 학교 그리고 교회들 혹은 공공 강의장들이 들어섰다. 선교사들은 지속적으로 주변 지역에 전도를 다니며 사람들에게 복음을 전하는 한편으로 그들의 스테이션을 소개했다. 스테이션에 오면 자신이나 자녀 공부의 기회도 있고 무엇보다 의료적 혜택을 누릴 수 있다는 사실로 사람들을 설득했다.

이런 식의 스테이션 중심 선교 활동은 조선에서도 같은 방식으로 적용되었다. 조선에서 남장로교 선교사들은 먼저 온 북장로교 선교사들의 경험을 들었다. 무엇보다 선교적으로 진일보한 개념인 네비어스 전략에 대해서도 듣고 배웠다. 그 모든 것을 듣고 배우는 가운데, 그리고 1890년대 조선의 급변하는 현실을 바라보는 가운데, 그들은 남장로교회가 이미 세계 여러 곳에서 시도하고 경험한 스테이션 중심 선교 사역이 가치 있고 중요하다는 것을 알았다. 그렇게 남장로교 선교사들은 그들의 주 선교지인 호남 여러 곳에 스테이션을 개설하고 그곳을 중심으로 선교를 이어갔다. 남장로교 선교사들의 스테이션 중심 선교활동은 꽤 효과가 있었다. 조선왕조가 끝나고 대한제국에 이어 일제 강점기로 넘어서던 시점에 수도권에서 멀리 떨어진 남도의 현실은 정체적으로나 경제적으로나 사회적으로나 어렵고 힘들었다. 그런 상황에서 선교사들의 등장과 복음 전도, 그리고 의료와 교육, 문화적인 도움과 혜택은 당대 사람들에게 적잖은 희망이 되었다.

물론, 스테이션 건설과 스테이션 중심 사역이 남장로교회만의 독자적인 전략과 방법이라고 보기는 어렵다. 선교 스테이션은 북장로교 선교사들이 사역한 대구 같은 곳에서도 볼 수 있다. 그러나 남장로교 선교사들이 전주와 군산, 목포와 광주, 순천 그리고 대전에 세운 선교 스테이션은 그 규모나 내밀함의 면에서 다른 어느 선교 단체의 스테이션과 비교할 수 없을 만큼 대단하고 훌륭하다. 거점이 될만한 곳에 스테이션을 세우는 일에 치밀했고, 스테이션을 유지하고 관리하는 일에 조밀했으며, 무엇보다 그 스테이션이 훗날 조선인들의 미래에 어떻게 중요하게 작동할지에 대해서도 정밀했다. 전주의 중화산이나 군산의 구암산, 목포의 양동과 광주의 양림산, 순천의 매산은 한결같이 신실했던 남장로교 선교사들의 전략적 수고와 헌신의 결실을 볼 수 있는 곳이다.

선교사들과 깊이 있게 순례하기

토비아의 '남도 순례'는 백 년 하고도 수십 년 전 남장로교 선교사들이 선교를 위해 세웠던 스테이션들을 답사한다. 중요한 것은 그때 선교사들이 답사하고 확정하여 자리 잡고 사역했던 그 길과 장소를 그대로 이어보는 것이다. 남도 곳곳에 흩어져 있는 그 모든 장소와 길은 백 년 전 선교사들의 기도와 소명, 결단과 헌신의 맥락context이 진하게 연결되어 하나의 소명적 순례 체계를 형성하고 있다. 그들은 당시 한양, 한성 혹은 경성이라 불리던 오늘의 서울로 와서 거기서 적응하고 훈련하고 실험하면서 전라남북도를 그들의 사역지로 결정했다. 그리고 준비와 답사의 시간을 거쳐 남도

토비아선교회 회원들과 사역자들이 여수 애양원에 있는 윌슨 선교사의 동상 앞에서 포즈를 취하고 있다. 토비아선교회는 동역하는 샬롬교회와 함께 정례적인 순례 프로그램을 진행하고 있다.

로 내려왔다. 그들이 처음 거점으로 삼고 스테이션을 건설한 곳은 전주이다. 이어서 군산에 스테이션이 들어섰고, 그리고 나주를 거쳐 목포에 스테이션이 건설되었으며, 광주와 순천으로 이어졌다. 그 가운데 나주는 실패한 것으로 보아야 한다. 나주에서 그들은 사람들에게 거절 당했다. 선교사들은 상처 받았으나 곧 목포에 대체 스테이션을 건설하기로 하고 그 일을 추진했다.

결국 '남도 순례'는 그것이 남장로교 선교사들의 흔적을 찾아가는 것이고 거기서 교훈을 얻어 우리 삶에 반영하고자 하는 차원에서, 전주에서 군산, 군산에서 목포, 목포에서 광주 그리고 순천으로 이어져야 한다. 그것이 선교사들이 남도 일대에서 사명으로 수고하고 헌신한 역사적 흔적을 제대로 답사하고 체험하는 길이 될 것이다. 사실 토비아의 '남도 순례'에는 한 장소가 더 들어 있다. 바로 '여수'이다. 사실 남장로교 선교사들은 여수에 스테이션을 세우지 않았다. 그들의 남도 스테이션 건설은 순천으로 끝났고 한국전쟁 이후에 대전에 새로운 스테이션이 건설되었다. 토비아의 '남도 순례'에 여수가 포함된 것은 여수에는 그 어떤 남도 선교 스테이션보다 훌륭한 자발적 선교 스테이션이 들어서 있기 때문이다. 바로 '애양원'愛養園이다. 애양원은 우리가 아는 바대로 한센병 환자들을 위한 치료와 갱생 시설이었다. 지금은 재활 치료 전문 병원이 되었고 그곳에서 더는 한센병 환자를 볼 수 없지만, 애양원은 남도 아니 전국으로부터 살기 위해 몰려온 한센병 환자들이 들어가 치료받고 새 삶을 살기를 꿈꾸던 곳이었다. 이 애양원은 사실 남장로교 선교사들의 수고와 헌신의 끝자락에 서 있다. 애초에 애양원을 시작한 사람들이 바로 남장로교 선교사들이었다. 그들은 누구도 돌보지 않던 한센병 환자들을 품고 위로하며 치료하고 새로운 삶을 살도록 기회를 열어주었다. 원래 애양원은 광주 봉선동에 있었다. 남장로교 선교사들은 1920년대에 광주의 조선인 기독교 지도자들과 함께 거기 있던 환자들과 병원, 그리고 그들의 교회를 이곳 여수의 신풍반도로 옮겨왔다. 그들은 시설의 이름을 애양원이라고 하고 여기서 한센인들이 그들만의 삶을 살도록 길을 열어주었다. 바로 이 애양원에 우리가 아는 손양원 목사가 부임해 왔고, 그는 여기서 한평생 사역하며 살다가 여기서 순교했다.

뒤에 '여수 편'에서도 다루겠지만, 남도 순례에서 여수가 중요한

토비아선교회의 순례는 국내외 다양한 순례 프로그램을 운영하면서 순례의 길이 곧 성경의 길이
며 성경의 길이 곧 선교의 길이라는 것을 순례자들과 나누고 있다.

것은 여기 여수 애양원이야말로 남장로교 선교사들의 수고와 헌
신의 결실이 의미 있게 하나로 모여진 곳이기 때문이다. 여기 여수
애양원과 그리고 손양원 목사 기념관과 묘역을 방문해 순례하다
보면 한 가지 사실 즉, 이곳이야말로 남장로교 선교사들의 진심 어
린 선교의 결과가 꽃을 피운 곳이라는 사실에 주목하게 된다. 애양
원과 그 모든 시설, 도성마을이라 불리는 한센병 환자들과 그 가족
들의 자립촌, 애양원교회와 그리고 손양원 목사의 그 모든 흔적이
담겨 있는 기념관 및 묘역은 남장로교 선교사들이 그토록 바랐던
복음으로 선 선교지 현지인들의 '자전'과 '자립'과 '자치'의 참 모
습이었다. 남장로교 선교사들에게 복음을 듣고 그들에게서 참 그

리스도인으로 살아가는 삶의 가치와 의미를 배운 남도 사람들은 이곳 여수에서 그들이 배운바 복음으로 사는 삶의 길을 열었고, 그것을 실현했으며, 죽기까지라도 그 선한 결실을 위해 헌신했다.

토비아의 '남도 순례'는 이제 각각의 순례 장소에서 순례자들이 몇 가지 교육적 절차를 따라 의미 있는 순례가 되도록 할 방법을 제안한다. 소위 의미있는 순례를 위한 '삼단계'이다. '기억', '진심', 그리고 '결단'의 삼단계이다. 토비아가 제안하는 대로의 순서로 각 순례지에 도착하면 다음의 세 단계를 따라 순례에 참여하기를 바란다. 필요하다면 이 세 단계를 작성할 수 있는 노트나 핸드북을 마련하는 것도 좋겠다.

① **기억**memory: 순례지에 가기 전 선교사들이 그 현장에서 실천한 선교적 사역의 이야기들을 충실하게 읽고 숙지하도록 한다. 전주와 군산, 목포와 광주 그리고 순천과 여수는 각각 서로 다른 사역과 삶의 이야기들을 담고 있다. 선교사들은 각각의 사역지에서 스테이션을 세우고 스테이션을 중심으로 사역하고 헌신하는 가운데 다양한 결실을 맺었다. 그들은 그 모든 곳에서 서로 다른 상황과 현실에 직면했다. 그들은 전주와 군산에서 원래 스테이션을 세웠던 자리로부터 쫓겨났다. 목포에서는 물이 부족한 현실에 고통을 당했다. 광주에서는 연고 없는 어린아이들의 주검을 내다 버린 현장의 슬픔을 극복해야 했다. 순천과 여수 역시 이런 지극한 현실의 장애는 차고 넘쳤다. 그럼에도 그들은 그 모든 주어진 현장에서

하나님의 부르심에 충실했고 그들에게 주어진 선교적 과제에 성실하게 임했다. 이 모든 일들을 전부는 아니더라고 그 맥락에서 현장감 있게 이해하는 일은 무엇보다 중요한 순례의 시작이다. 그러니 중요한 것은 각각의 스테이션에서 벌어진 일들과 이야기들을 충실하게 숙지하고 그 현장을 신실하게 답습해 우리의 마음과 정신에 담아보는 일은 의미 있는 순례의 첫 단추일 것이다.

② **진심**sincerity: 각각의 순례지에 대한 '기억'의 탐방을 마쳤다면, 이제 순례자들은 각각의 순례지에서 선교사들의 수고와 헌신에 담긴 진심을 이해하기 위한 시간을 가져야 한다. 선교사들은 그 모든 사역의 현장에서 현지인들의 외면와 조롱에 시달려야 했고, 현지인들에게 폭행을 당하기도 하고, 무도한 관리들에게 압제를 당하기도 했다. 무엇보다 그들은 그 모든 스테이션들에서 자신의 건강을 잃고, 아내와 자식을 잃고, 그들을 고국이 아닌 그들의 선교지 낯선 땅에 묻어야 했다. 그럼에도 불구하고 그들은 최초에 그들에게 주어진 부르심에 충실했고, 그들에게 주어진 선교적 과제 수행과 실현에 최선을 다했다. 선교사들은 그 모든 아픔과 절망을 선교지 현장과 거기 사람들 탓이라고 말하지 않았다. 그들은 이 땅의 어느 한 곳이라도 더 하나님 나라의 일부가 되도록 헌신했으며, 사람들을 하나라도 더 하나님의 구원을 누리게 되기를 바랐다. '남도순례' 곳곳에는 선교사들의 진심이 묻어 있다. 그들의 사역지를 순례하는 우리는 결국 그들의 진심을 발견하고 그들의 진심의 요체를 우리의 언어로 표현해 주어야 한다. 그렇게 하는 것이야말로 그

때 그들이 벌인 말 없는 충성과 헌신을 제대로 기념하는 것이며 그들의 수고에 감사하는 일이다. 그들의 진심을 발굴하고 이해하는 것이야 말로 그들의 수고와 헌신이 오늘을 이어 우리 다음세대에게 의미 있게 전수되는 길이 된다.

③ 결단resolution: 기억의 단계와 진심의 단계를 지났다면, 이제 결단의 단계로 나아간다. 결단은 벤자민 프랭클린Benjamin Franklin이 말하는 것처럼 "우리 인생에서 진일보를 이루는 가장 확실한 길이며, 가장 어려운 길"이다. 순례는 옛날에 있었던 어떤 사건이나 그 사건이 있었던 장소를 찾아가고 그것을 확인해 보는 역사적 탐방을 넘어선다. 순례는 결국 의미의 발견과 그리고 우리 삶의 궤도 전환을 위한 결단으로 이어져야 한다. 순례는 교훈적인 것이고 동시에 결정적인 것이어야 한다. 우리가 '남도 순례'를 남장로교 선교사들의 흔적을 찾아 나서는 '남도 탐방'이라고 하지 않는 이유이다. 남도 순례는 결국 2천 년 전 사도들과 바울이 그렇게 했던 결단들을 남도로 왔던 남장로교 선교사들이 이어갔음을 확인하는 것이며, 그 결단이 오늘 우리에게도 이어져야 함을 확인하게 되는 길이다. 성경에 등장하는 하나님의 사람들이 걸었던 인생길은 곧 선교의 길이었고 결국에 순례의 길이었다. 백 년 전 남장로교 선교사들이 걸었던 남도의 길은 성서적 선교의 길이었으며, 결국에 그들 자신의 순례의 길이었다. 그러니 오늘 우리가 걷는 남도 순례 역시 성서적 선교의 길, 인생을 새롭게 하는 결단의 길이어야 한다. '기억'과 '진심'의 단계를 넘어선 순례자들은 이제 자기 인생을

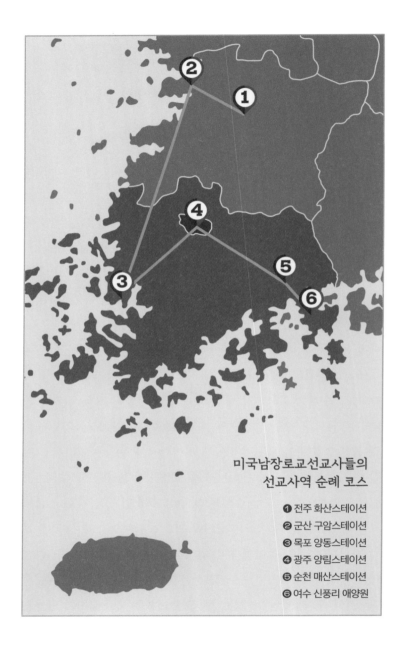

미국남장로교선교사들의
선교사역 순례 코스

❶ 전주 화산스테이션
❷ 군산 구암스테이션
❸ 목포 양동스테이션
❹ 광주 양림스테이션
❺ 순천 매산스테이션
❻ 여수 신풍리 애양원

선교의 길로 살피고 그 길을 향한 결단을 수반해야 한다. 그렇게 '결단'으로까지 이어지는 순례여야 진정한 '남도 순례'가 된다.

하나 더 깊게

고대로부터 순례는 홀로 가는 길이기도 했거니와 여럿이 함께 가는 길이기도 했다. 존 번연John Bunyan의 『천로역정』The Pilgrim's Progress에 등장하는 순례자는 홀로 길을 걸었으나 초서Geoffrey Chaucer의 『캔터베리 이야기』The Canterbury Tales에는 여러 순례자가 동행하기도 한다. 누군가는 산티아고로 가는 순례길 8백 킬로미터를 홀로 걷기를 주장하지만, 누군가는 동행을 구하기도 한다. 홀로 걷는 것이 유익할 때도 있고 함께 걷는 것이 피차에게 도움이 되는 길이기도 한 것이 순례이다. 무엇이 정답이라고 하기는 어렵다. 순례자라고 해서 고독하기만 하라는 법이 없고 순례는 어려우니 무조건 누군가와 동행해야 한다는 명문이 순례길 어딘가에 조건으로 붙어 있는 것도 아니다. 순례는 그렇게 홀로 걷는 일과 함께 걷는 일 사이 무엇이 더 의미 있을지를 살피며 걷는 영적인 여행이다.

토비아의 '남도 순례'는 함께 걷기를 권한다. 친구나 동역자, 함께 일하는 사람과 혹은 함께 살아가는 사람들, 사랑하는 사람들, 공동체 사람들과 함께 순례하기를 권한다. 무엇보다 교회 공동체나 신학교 공동체, 선교 단체나 관련 사명 공동체 사람들이 함께 순례하기를 권한다. 오래전 하나님의 사람들은 둘씩 혹은 여럿이 길을 나섰다. 아브라함은 사라와, 이삭은 아내 리브가와 야곱은 그의 열두 아들과 함께 그들의 인생길을 걸었다. 예수님의 열두 제자와 이후 사도들 역시 주어진 사명의 길을 홀로 걷지 않았다. 바울에게는 늘 신실한 동행자가 있었으며, 베드로에게는 마가가 함께 했다. 백년 전 남장로교 선교사들에게도 동행과 동역이 있었다. 처음 이 땅을 밟은 일곱 명의 선발대는 조선으로 가는 길, 선교의 새로운 길을 동행했다. 레이놀즈에게는 테이트 남매가 있었고, 전킨과 드루는 늘 함께 했으며, 유진 벨과 오웬은 한결같은 동역자였다. 프레스턴과 코잇의 동역과 동행도 잊지 말아야 한다. 그렇게 그들은 그 모든 남도의 길을 함께 걸었고 함께 사역했으며 함께 결실했다.

어떻게 생각해 보면 우리는 동행과 동역의 참 성서적, 영적 의미를 알지 못한 채 지금의 난관 앞에 서 있을지 모른다. 동행과 동역은 삼위 하나님이 당신을 우리에게 드러내신 이래로 늘 우리 믿는 사람들의 삶의 본질과도 같은 것이었다. 그런데 어느 순간 우리는 홀로 걷고 살기 좋아하는 세상에 뒤엉켰고, 혼자서 일을 다하는 '효율적'이라는 미명의 습관에 젖어버렸다. 그 덕분에 오래전부터 우리 신앙의 선진들이 동행과 동역의 시너지로 누린 많은 것들을 잃어버리고 말았다. 남도 순례는 동행과 동역으로 깊어지고 넓어진 남장로교 선교사들의 이야기를 추적하는 것이다. 그들이 끝내 지키고 유지했던 동행과 동역의 아름다운 전통은 이제 우리의 순례를 통해, 우리의 기억과 진심과 결단의 과정에서 되살아나야 한다. 남도 순례를 혼자가 아닌 동행으로 채운다면, 그 순례길에는 더 깊고 풍성하며 큰 깨달음과 결단이 동반할 것이다.

첫 번째 순례지

예향과 선교가 어우러진

전주

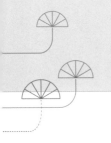

토비아 국내 순례 시리즈 01 – 남도순례

전주의 명물 풍남문. 풍남문은 옛 전주 읍성의 남문이다. 풍남문이라는 이름에는 조선 왕조의 시작을 뜻하는 전주의 별칭 '풍패지향'의 뜻이 담겨 있다.

 조망 **전주 선교부 남장로교 선교사 묘역**
전북 전주시 완산구 중화산동1가 산 40-6

　전라북도 한복판 구불구불 천 하나가 너른 들판을 지나 고산천과 만나 만경강이라는 이름을 얻어 서해로 나간다. 전주천이라고 불리는 그 내는 흐르고 흘러 사람들이 예藝와 향香을 담아내는 곳에서 그 흐름을 늦추고 깊이를 더한다. 거기에 전주가 있다. 전주는 전통의 예술과 향기가 관통해 흐르는 곳이다. 전주는 그래서 그 흥에 취한 사람들이 많이 깃들었다.

조선시대 전주는 한양 다음으로 대접받았던 도시였다. 조선을 세운 태조 이성계의 본향이 바로 이곳 전주였기 때문이다. 그래서 전주는 '풍패지향'豊沛之鄕이라는 별칭으로 불렸고 조선시대 내내 전주는 국가가 가장 중요하게 여기는 핵심 도시 가운데 하나였다. 전주에는 '경기전'慶基殿 등 왕조의 근간을 숭배하고 보존하는 여러 기관이 들어섰다. 특히 임진왜란 이후 조선왕조실록 보관소가 들어서면서 더욱 중요성을 인정받는 도시가 되었다. 당연히 조선은 이곳을 전라도 일대의 중심지가 되도록 했다. 그래서 남쪽의 나주와 더불어 전라도의 중심도시가 되도록 하고 전라감영全羅監營은 이곳 전주에 두었다.

전주는 무엇보다 예향의 도시였다. 남도의 소리꾼들과 예술가들은 이 고즈넉한 도시를 사랑해서 그들의 예와 기를 보이기 위해, 그리고 사람들과 흥을 나누기 위해 전주를 찾았다. 남도의 소리꾼들과 예술가들, 그리고 화가들은 전주를 고향처럼 여겼다. 전주는 특히 '소리'로 유명했다. 최근 다시 부활한 '대사습놀이'는 조선후기 시작된 유서 깊은 문화행사로 전국의 소리꾼들이 각자의 재기를 뽐내는 각축의 장이기도 했다. 이외에도 전주는 종이가 유명했다. 세계적으로 이름을 널리 알리고 있는 한지韓紙의 주요 생산지였으며 유통 중심지이기도 했다. 전주 사람들은 전주의 한지로 우리 창과 소리를 완판본이라는 이름의 책으로 묶어 출판하기도 했다. 이외에도 전주는 주변의 평야들이 잘 발달하고 만경강과 금강을 가까이 둔 덕에 물산과 먹을 것이 풍족한 곳으로도 유명했다.

1884년 개항이후 서양의 기독교 선교사들이 이 땅에 들어와 선교활동을 벌이기 시작한 이래 호남은 우선하는 선교적 대상이었다. 1800년대 말 각 종파와 교단별로 들어와 활동하던 선교사들은 소위 '예양협정'禮讓協定, the Comity Agreement이라는 것을 체결해 각자의 주요 선교 대상지를 선정하고 서로 영역을 구별했다. 예를 들면 북장로교회는 평안도와 경상도 일대를 주요 선교지로 삼고 남장로교회는 호남일대를 주요 선교지로 삼는 식이었다. 호남을 주요 선교지로 정한 남장로교 선교사들은 먼저 이곳 전주를 주목했다. 당연한 일이었다. 호남의 모든 일은 전주를 중심으로 이루어지고 있었으니 말이다.

1892년 '7인의 선발대'라는 서부영화 등장인물들 같은 이름으로 파송받아 들어온 남장로교 선교사들은 남도 선교 사역을 바로 시작하지 않았다. 그들은 일단 한성에 머물며 언어와 문화, 풍습을 익히고 조선 사람들을 마주 대하는 방법을 익혔다. 그렇게 한성을 중심으로 적응 기간을 갖고 있던 남장로교 선교사들은 1893년 들어 서서히 호남 선교를 준비하기 시작했다. 그리고 1893년 6월 먼저 그들의 한국말 선생인 정해원鄭海元을 전주에 파송했다.

당시 한성에서 전주까지는 걸어서 6일 정도 걸렸다. 전주에 도착한 정해원은 패서문沛西門이라고 불리던 서문의 바깥, 전주천 너머 완산의 은송리에 터를 마련했다. 이곳은 중심지에서 벗어난 변두리이기는 하지만, 주변에 시장이 가까워 민심을 살피기에는 안성맞춤이었다. 정해원은 그곳에 당장 초가 하나를 마련해 스스로 첫 예배를 드렸다. 그리고 그곳을 전주교회라고 불렀다. 이렇게 전주에는 미국 남장로교 선교부에서 세운 남도 최초의 교회가 들어서게 되었다. 정해원은 훌륭하고 열정적인 사람이었다. 그는 남장로교 선교사들에게 파송받은 선교 전초지기를 마련하는 임무를 품은 사람으로서 전주 사람들에게 복음을 전하는 가운데 이후에 들어올 선교사들의 사역을 도울 사람들을 물색했다. 정해원의 선교 전초기지 마련은 여러모로 훌륭한 것이었다.

전주에 선교기지가 마련되었다는 소식을 들은 남장로교 선교사들은 같은 해, 1893년 9월에 테이트Lewis B. Tate, 최의덕와 전킨William M. Junkin, 전위렴을 보냈다. 7인의 선발대 가운데서도 선발대로 파송 받은 테이트와 전킨은 전주에 내려와 두 주간 머물며 향후 남도 선교를 구상했다. 모든 것은 완벽했다. 전주는 남장로교 선교사들의 첫 사역지로서 손색이 없었고 선교사들은 전주와 그리고 호남 일대에 복음을 전하는 일에 대해 깊고 큰 열정을 품었다. 그렇게 이듬해인 1894년 2월, 미국 남장로교 조선 선교부는 전라도 지역 첫 '선교 스테이션'mission station을 전주에 설치하기로 했다.

남장로교 선교부는 루이스 테이트와 그의 여동생 매티 테이트Mattie Samuel Tate, 최마태를 먼저 전주로 보냈다. 테이트 남매가 전주로 내려와 초기 사역을 벌이면서 점차 전주 선교 스테이션은 안정이 되어갔다. 그러자 남장로교 선교부는 더 많은 선교사들을 전주와 남도에 파견하기로 했다. 그렇게 1897년 한 해에 레이놀즈William Davis Reynolds, 이눌서와 해리슨William B. Harrison, 하위렴 그리고 의료선교사 잉골드Martha (Mattie) Ingold, 최부인를 전주에 보냈다. 전주 스테이션은 전

중화산동 선교사묘역 가는 길 표지. 선교사들과 그 가족들 그리고 선교사들의 조선인 동역자들이 이 곳에 묻혀 있다. 그들은 죽어서도 그들이 세운 전주 스테이션을 바라보며 중보 기도를 이어가고 있다.

주와 남도 일대를 향한 선교 전진기지로서 진용을 갖추며 선교적 역량이 축적되기 시작했다.

이후 전주 스테이션에는 우리가 아는 내로라하는 훌륭한 선교사들이 와서 사역했다. 이미 언급한 테이트 남매와 후일 루이스 테이트의 부인이 되는 잉골드 외에도, 레이놀즈 부부와 해리슨 선교사 외에도, 이곳에는 군산 선교의 아버지라고 불리는 전킨 선교사 부부의 헌신도 곳곳에 남아있다. 무엇보다 전주에는 광주와 순천 일대에서 헌신한 유진 벨과 그 후손 선교사들의 흔적도 많이 남아 있다. 이곳은 니스벳John S. Nisbet, 유서백 선교사의 교육 선교가 크게 결실한 곳이기도 하다. 포사이드Wiley Hamilton Forsythe도 잊을 수 없다. 그는 후일 크게 다쳐 미국으로 일시 돌아가기까지 잉골드의 의료사역에 힘을 보탰다.

전주에 가면 이 모든 남장로교 선교사들의 헌신과 수고를 한 눈에 볼 수 있는 곳이 있다. 지금의 중화산동, 그러니까 중화산 자락이다. 전주 중심가에서 서쪽으로 나가다가 전주천을 건너 중화산을 가로지르는 도로를 따라 고갯마루를 올라서면, 오른편에는 전주에서 가장 크고 오래된 전주 예수병원과 그 아래 예수대학, 기전대학, 그리고 유명한 신흥고등학교가 자리하고 있다. 그렇게 일단의 병원과 학교시설들 반대편 그러니까 예수병원 주차장 건물들 특히 선교박물관 건물을 끼고 뒤편으로 돌아 올라가면 예수병원 기숙사 건물과 예수병원 어린이집들이 들어서 있는데, 그 사이에 작은 동산으로 오르는 길이 있고 그 끝에 작은 묘원이 하나 남아있다. 바로 남장로교 선교사들과 예수병원 의료선교사들의 묘역이다.

남장로교 선교사들 가운데 어떤 이는 사역을 마치고 본국으로 돌아갔지만 어떤 이는 사역하던 길에 생을 다하여 이 땅에 묻힌 사람들도 있다. 그렇게 이 땅에 주검이 되어 남은 이들은 스스로 선교사이기도 하고 그 가족이기도 하다. 전라도 일대에는 남장로교 선교사들의 묘역이 여러 곳에 조성되어 있다. 그 가운데 전주의 예수병원 건너편 남장로교 선교사 묘역은 순례자들에게 남다른 매력을 제공한다.

묘역 입구에서 처음으로 마주하는 묘소의 주인공은 1892년 미국 남장로교 '7인의 선발대' 중 가장 먼저 조선에 왔던 리니 데이비스Selina Linnie Fulkerson Davis다. 그녀는 한국으로 오기 전, 어머니 병간호 중이었다. 그래서 조선으로 가는 발걸음이 쉽게 떨어지지 않았었다. 그러나 어머니는 그녀에게 예수의 이름을 들어 보지도 못한 채 죽어 가는 조선인들을 위해 복음을 전하고, 천국에서 만나자고 격려했다. 그 말을 듣고 데이비스는 바로 조선으로 길을 나섰다. 1896년에 조선에 도착하고 9일이 지났을 때, 그녀는 어머니의 소천 소식을 들었다. 그녀는 슬프고 아팠지만 고향을 떠나면서 어머니와 나눴던 이야기를 가슴 깊이 품었다. 그리고 자신에게 주어진 사역에 열정을 쏟았다. 조선에서 해리슨 선교사와 결혼한 후 데이비스는 더욱 병든 어린이들과 부녀자들을 돌보는 사역에 힘썼다. 그렇게 그녀는 20여 년 동안 남도 곳곳을 다니며 선교에 애썼다. 그러다 병을 얻어 1903년 6월 41세의 나이로 세상을 떠났다.

데이비스의 묘 옆에는 남도 선교의 아버지와 같은 존재, 전킨의 묘비가 있다. 전킨은 1895년 3월 교육선교 담당으로 군산에 파견되었다가, 1904년에 전주로 사역지를 옮겼다. 그는 1904년부터 4년간 전주서문교회 담임목사로 있었으며, 그의 부인 메리 레이번Mary Montague Reyburn은 기전여학교 초대 교장을 지냈다. 전킨은 지방순회사역에 몰두하다가 1908년 1월 2일 43세의 나이에 폐렴으로 전주에서 숨을 거두었다. 무서운 풍토병은 비단 선교사들만의 문제가 아니었다. 전킨과 메리의 세 아들도 이 무서운 병을 피해 갈 수 없었다. 전킨의 묘비 앞에 있는 조그만 돌판 세 개는 어려서 조선 남도에서 죽은 그들의 세 아들의 묘비석이다. 1893년 4월 태어

전주 선교사 묘역에 있는 전킨 선교사의 세 아들의 묘비석. 왼쪽부터 시드니, 프랜시스 그리고 조지 순서로 되어 있다.

난 큰아들 조지George M. Junkin는 9개월 만에 높은 습도로, 1899년 태어난 시드니Sidney Junkin는 2개월 만에 군산의 추위로, 1903년 태어난 프랜시스Francis Junkin도 태어난 지 20일 만에 풍토병으로 부모의 곁을 떠났다.

전킨의 세 아들 묘비석 오른쪽에는 데이비드 랭킨David C. Rankin 선교사의 묘비석이 있다. 랭킨은 미국 남장로교 선교본부의 협동 총무로 선교 현장을 둘러보기 위해 한국에 왔다가 1902년 12월 28일 평양에서 순직했고 이곳에 묻혔다. 랭킨의 묘 오른쪽과 아래에는 주로 전주에서 사망한 선교사와 그 자녀들의 무덤이 조성되어 있다. 윗줄 맨 왼쪽은 테이트와 잉골드Martha B. Ingold 부부의 딸 Tate's daughter이 안장된 묘도 있다. 잉골드의 딸은 1910년 9월 15일 출생하여 당일 사망했다. 잉골드 부부는 아이를 간절히 원했고, 5년 만에 아이를 가졌으나 곧 사별하고 말았다. 훗날 부부는 오래 기다렸던 아이를 잃은 것에 대해 너무 마음 아프고 비통하며 실망스러운 일이었다고 고백했다. 선교 현장에서 아이를 잃고 슬퍼한 것은 전킨이나 테이트 그리고 잉골드 만이 아니었다. 테이트와 잉골드의 딸이 묻힌 곳 옆자리는 해방 후 예수병원 원장을 지낸 크레인Paul S. Crane, 구바울의 세 살 난 아들 윌리엄William L. Crane의 것이고, 그 오른쪽에는 미첼 선교사의 자녀Mitchell's Son 묘가 있다. 그 아래 줄에는 순천과 전주의 의료 선교사였던 티몬스Henry L. Timmons와 전주 신흥학교와 평양 숭실학교에서 교육 선교사로 활동했던 클라크William M. Clark, 그리고 전주 신흥학교 교장과 대전 한남대 학장을 역임한 린튼William A. Linton, 인톤 등 세 선교사 자녀들의 무덤들이 나란히 있다.

묘역 맨 아래 줄의 큰 묘비 두 개는 랭킨Nellie B. Rankin과 피츠Laura M. Pitts의 것이다. 1907년 내한한 랭킨은 기전여학교 교장으로 사역하다가 1911년 8월 순직했다. 피츠는 예수병원 간호사로 온 지 6개월 만인 1911년 2월, 그러니까 랭킨보다 조금 앞서 순직했다. 두 선교사는 32살 동갑이었다. 그 옆 '해진'의 무덤을 보고 나오면, 묘역 왼쪽에 다시 두 개의 묘가 있다. 1955년 내한해서 예수병원 부원장으로 사역하다가 1967년 운명한 켈러Frank G. Keller와 예수병원 외과 과장이었던 박영훈 장로의 무덤이다.

낯선 땅에 온 선교사들의 사역을 알고 또 그들의 죽음의 기록이 있는 묘역을 바라보고 있으면 마음이 한없이 낮아진다. 그렇게 낮아진 마음으로 고개를 들어 중화산 아랫자락을 내려다보면 이 작은 묘원에 묻힌 선교사들의 수고와 헌신이 얼마나 놀라운 결실로 이 땅에 남았는지를 단번에 느낄 수 있다. 하나님께서는 당신의 부르심에 성심껏 응답하여 죽기까지 수고와 헌신을 다한 이들에게 놀라운 결실로 보답하셨다. 이제 자신과 가족마저 아낌없이 선교를 위해 바친 남장로교 선교사들의 수고와 헌신의 결실이 얼마나 위대하고 가치 있는 것이었는지에 대해 함께 살펴보자.

전주 중화산 일대 옛 전주 스테이션 주요 순례 포인트

③ 국제의료협력단
예수병원
③ 예수병원
선교사묘역 ① ② 예수대학교
의료박물관
⑥ 전주기전대학
④ 서원로 ⑤
엠마오병원 전주 3·1운동
(구 예수병원) 기념관
전주신흥
고등학교
다가공원
전주천서로
전주천서로 다가교
완산교

⑦
서문교회 종루

전주시보건소

❶ 선교사묘역　　　❹ 엠마오병원(구 예수병원)　　❼ 서문교회와 종루
❷ 의료박물관　　　❺ 신흥고등학교
❸ 현 예수병원　　　❻ 기전대학교(옛 기전여고)

오늘 예수병원 전경. 예수병원은 현재 전라북도에서 가장 큰 병원으로 성장해 있다.

순례 포인트 1

기독교근대역사기념관 예수병원 의학박물관

전북 전주시 완산구 서원로 382

    화산, 지금의 중화산中華山 일대는 남장로교 선교사들이 전주 선교를 위한 선교기지 즉, '전주 스테이션'이라고 불렀던 곳이다. 앞서 설명한 것처럼 통역사 정해원이 처음 전주에서 집을 사들인 곳은 지금 중화산에서 약간 남쪽 완산의 은송리였다. 정해원과 테이트 남매 그리고 잉골드 선교사 및 해리슨 선교사 등은 처음 은송리 일대 땅과 집들을 사들이고 교회와 진료소, 학교와 그리고 자기들이 머물 사택으로 활용했다. 그런데 친일파로 유명한 이완용이 전라도 관찰사로 전주에 있으면서 선교사들이 최초 선교기지로 삼은 은송리 일대가 조선 국왕의 정기가 어린 곳이라며 그곳을 떠날 것을 명령했다. 결국 선교사들은 한성 미국공사관과의 긴밀한 협력을 통해 완산에서 화산으로 옮겼다. 그리고 이곳에 새로운 선교 스테이션을 세웠다.

선교사들은 화산으로 거점을 옮긴 후에도 완산에서와 마찬가지로 꾸준히 일대의 땅을 사들였다. 그렇게 해서 선교사들은 비교적 넓은 부지에 여러 가지 사역을 수행할 수 있는 기반을 마련하게 되었다. 당시 선교사들은 선교 스테이션 부지로 확보한 땅에 의료 사역이 가능한 진료소와 그리고 교육 활동을 벌일 학교를 세울 계획을 가지고 있었다. 그리고 그 모든 시설들과 함께 교회를 지어서 일종의 종합 복음선교 활동을 수행하려 했다. 전주 시내와 멀지 않고 사람들도 많이 모여드는 중화산 일대는 그 모든 선교적 사역을 벌이기에 안성맞춤인 곳이었다. 그런데 그 가운데 전주 예수병원은 남장로교 선교사들의 수고와 헌신의 모든 것이 단연 돋보이는 포인트이다.

남장로교 선교사들은 전주에서 사역을 시작하면서 지역민들의 낙후된 위생과 의료 환경에 우선하여 집중했다. 전주가 아무리 조선 제2의 도시라 할지라도 한성을 벗어난 대부분 지역은 의료와 구호체계가 미약했다. 그래서 남장로교 선교사들은 전주에 도착하여 스테이션을 구축하면서 바로 지역민들을 위한 의료활동을 시작했다. 의료활동을 위한 전주 진료소는 1898년 11월 3일 공식적으로 마티 잉골드에 의해 시작되었다. 전주예수병원의 시작이었다.

마티 잉골드는 1897년 9월 4개월에 걸친 길고 험난한 항해와 여행 끝에 조선에 도착했다. 그해 11월 잉골드는 전주로 내려와 은송리 그러니까 전주 스테이션이 처음 들어선 자리에 초가집 집 한 채를 마련하고 이미 내려와 있던 여러 다른 선교사들과 함께 사역을 시작했다. 은송리 스테이션에서 잉골드는 언어와 문화를 익히는 한편으로 주변 조선 사람들과 성실하게 관계를 맺었다. 그러는 가운데 잉골드는 그녀의 사역에 어울리게 병든 사람들과 어려운 사람들을 돌보는 일에 집중했다. 은송리에서 그녀의 의료선교 사역은 아직 공식적인 출범은 아니더라도 이미 진척이 꽤 있었다. 그녀는 은송리에서 머물던 한 해 동안 100여 명의 환자들을 돌보았다.

이후 잉골드의 의료선교 사역은 1898년 화산으로 선교 스테이션을 옮긴 후에 본격적으로 시작되었다. 1898년 11월 화산에서 잉골드는 의료선교를 위해 별도의 집 한 채를 마련하고 거기서 사람들을 돌보고 치료하기 시작했다. 그렇게 전주 사람들은 파란 눈의 잉골드가 펼치는 헌신적인 치료에 감동하기 시작했다. 화산의 진료소는 치료 받기를 원하는 사람들로 매일 인산인해를 이루었다. 얼마 지나지 않아 밀려드는 환자들을 그 집에서 돌보는 일은 어렵게 되었다. 선교부와 선교사들은 효율적인 의료 사역을 위해 잉골드의 사택과 진료소를 겸하는 건물을 새로 짓기로 했다. 이 일은 해리슨 선교사가 주도했다. 1902년 마침내 10월 약 30평에 달하는 공간에 기와지붕으로 된 서양식 병원을 건축하게 되었다.

전주 예수병원은 전주와 전라북도 일대 사람들에게는 살 수 있고 나을 수 있다는 희망을 품을 수 있는 곳이었다. 사람들은 천리를 마다않고 전주천 건너편 약간 높은 언덕에 위치한 이 병원을 찾아왔다. 지금은 엠마오사랑병원으로 바뀌어 있다.

잉골드는 신축한 전주 진료소에서 모든 일을 홀로 감당했다. 그녀는 한편으로 의료사역을 감당하면서 다른 한편으로 아이들과 부녀자들에게 공부를 가르치고 복음을 전하는 일을 병행했다. 그것은 너무 어려운 일이었다. 결국 잉골드는 안식년이 필요하게 되었다. 잉골드의 안식년 빈 자리를 채운 것은 남장로교 의료 선교사인 포사이드Wiley H. Forsythe, 보위렴였다. 포사이드는 잉골드가 기초한 예수병원을 성심껏 운영했다. 그는 시골 왕진도 많이 다녔다. 미국에서 안식년을 보내면서 전주 소식을 듣고 있던 잉골드는 포사이드의 짐을 덜어주고자 했다. 그녀는 곧 조선으로 돌아와 동료인 루이스 테이트 선교사와 결혼한 후 바로 병원에 복귀했다. 그런데 이번에는 포사이드에게 문제가 생겼다. 포사이드는 1905년 3월 지역에 왕진을 나갔다가 괴한들에게 머리를 맞았다. 그때 입은 상처가 낫지 않아 고생하다가 포사이드는 결국 고국으로 돌아가게 되었다. 잉골드는 다시 혼자 의료 사역을 감당했다.

전주 예수병원이 본격적인 진용을 갖춘 것은 1907년 이후였다. 남장로교 선교사들은 한성에서 회의를 열고 전주 예수병원을 강화하고 발전시키기로 결정했다. 그리고 병원을 크게 새로 짓는 동시에 예수병원의 3대 원장으로 토마스 다니엘^{Thomas H. Daniel}을 파송했다. 다니엘 선교사는 보다 현대화된 병원 건물과 함께 사역을 시작했다. 그의 부임과 더불어 완공된 예수 병원은 사람들 사이에 '아름다운 병원'이라고 불렸다. 수많은 사람이 절망스러운 병을 안고 이 건물에 들어와 치료받고 회복되어 나갔던 곳이었기 때문이다. 1910년대에 서울을 제외한 곳에서 독립된 서양식 건물과 전문적인 의료체계를 갖춘 병원은 이곳 전주가 유일했다. 당연히 전주 인근의 많은 조선사람이 예수 병원을 찾았고 전문적인 의료진의 도움으로 안정적인 치료를 받을 수 있었다. 이때부터 전주 인근 사람들 나아가 전라도와 충청도 인근의 사람들에게 예수병원은 사람을 살리는 곳으로 널리 알려지게 되었다.

그런데 다니엘의 예수병원 건물은 1935년에 일어난 화재로 크게 소실되었다. 화재는 컸다. 하마터면 수많은 사람이 목숨을 잃을 뻔했다. 병원의 직원들은 다행히 빠른 판단을 내렸다. 그리고 환자들을 신속하게 대피시킨 뒤 병원 기기들을 빼냈다. 놀랍게도 당시

병원 건물은 보험에 가입되어 있었다. 그래서 병원 측은 피해에 관한 모든 보상을 받을 수 있었다. 그리고 병원 건물을 새롭게 건축할 수 있었다. 새로운 병원 건물은 1935년 12월 더 크고 잘 갖추어진 시설로 완공되었다. 전주 사람들은 예수병원의 새롭고 멋진 건물을 크게 기뻐했다.

그런데 더 큰 문제가 예수병원의 사역자들을 기다리고 있었다. 새 건물은 보그스Lloyd K. Boggs, 박수로 선교사가 원장으로 재직하던 시절에 지어졌는데, 그를 비롯한 남장로교 선교사들은 신사참배 문제로 일제 식민지 총독부와 줄곧 대립하고 있었다. 일제는 전라도 일대 남장로교 선교사들이 벌이는 신사참배 반대 활동을 예의 주시하고 있었다. 그리고 여러 가지로 선교사들의 활동을 방해하고 있었다. 결국 선교사들은 일제의 군국주의가 더욱 강화되어 태평양전쟁으로 확산되던 1940년 예수병원을 닫고 말았다. 그리고 전원 본국 미국으로 철수했다. 이후 예수병원 건물은 일본이 패망할 때까지 일본군의 주둔지로 활용되었다.

예수병원의 시련은 한국전쟁 시기에도 계속되었다. 병원은 남도 일대가 공산군의 치하가 되었던 수 개월간 피난을 가 있어야만 했다. 수복이 되자 병원은 이제 군병원으로 지정되어 후방에서 전상자들을 치료하는 기관이 되었다. 물론 전쟁의 고통스러운 시간 내내 예수병원은 가난하고 힘들고 어려운 이들, 고아들을 위한 위로와 치료의 중요한 중심지가 되었다. 해방과 전쟁의 격동 시기에 예수병원은 이 모든 역사의 흐름 가운데 상처받고 고통당하는 사람들을 회복시키고 살리는 일을 위해 수고했다.

1969년 예수병원은 선교사들의 묘역 맞은편에 현대식 건물을 지어 이전한 후 꾸준히 발전해 오늘에 이르고 있다.

해방과 전쟁의 시기 내내 남장로교 선교부는 예수병원을 복구하고 부흥시키는 일에 전력했다.

오랫동안 문을 닫고 있던 예수병원은 1948년 4월 1일 폴 크레인Paul S. Crane, 구바울이 원장으로 부임하면서 45병상 규모로 다시 열었다. 크레인 원장은 의료 교육이 활발하지 못했던 당시 현실에 관심을 두고, 1949년 한국 최초로 의사 인턴 제도를 도입했다. 그는 예수병원 안에 의사를 양성하는 수련 병원의 기틀을 만들었다. 그뿐이 아니었다. 1950년 크레인 병원장과 프리차드Margaret Fritchard, 변마지 간호사는 예수병원 안에 간호학교를 설립했다. 그렇게 해서 예수병원은 의료인을 양성하는 기관으로도 자리 잡게 된다. 크레인을 이어 1969년 원장으로 취임한 데이비드 실David J. Seel, 설대위은 예수병원을 남도 제일의 현대식 병원으로 발전시키는 일에 최선을 다했다. 그는 옛 예수병원 건너편 중화산 자락에 큰 규모로 현대식 병원 건물을 지었다. 당시로서는 큰 병원 건물이 그 모습을 드러냈을 때 사람들은 '용머리 고개의 기적'이라고 불렀다. 이외에도 1964년 예수병원은 한국 최초 암 환자 등록사업을 시작했고 종양 진찰실을 개설했다. 예수병원은 이후 전라북도를 대표하는 의료기관으로서 자리잡게 된다.

그러나 중화산 일대를 순례하면서 그리고 예수병원의 위대한 이야기를 접하면서 우리는 최초 설립자 마티 잉골드 테이트Mattie Engold Tate를 잊지 말아야 한다. 그녀는 제대로 된 치료의 손길을 경험하지 못한 채 온갖 어려움과 위험에 노출되어 있던 전주 사람들에게 전문적인 의학적 도움의 손길을 베풀었던 최초의 기독교인이었다. 권력과 신분을 갖지 않으면 치료와 도움을 받을 수 없었던 것이 당시 현실이었다. 특히 어린이들과 부녀자들은 변변한 의료 혜택 한 번 받지 못한 채 죽어나가기 일쑤였던 시절이었다. 그때 잉골드는 자기의 어려움은 살피지 않고 가난한 사람들을 직접 찾아 그들을 고치고 돌보는 가운데 그들을 위해 수고했고 그들을 위해 헌신했다. 무엇보다 잉골드는 사람들을 보다 많이 치료하기 위해서는 시설을 갖춘 진료소가 필요하다는 것을 역설했고 결국에 그것을 관철해 서울 아래에서는 최초로 지방의 전문 진료소가 개원하도록 했다.

그녀는 1905년 동료인 테이트 선교사와 결혼한 이후에도 의사로서 진료하고 봉사하는 일을 멈추지 않았다. 전주 예수병원을 혼자서 감당하던 1905년부터 1907년까지 그녀는 약 3,462명의 환자를 돌보았고 그 가운데 1천여 명을 완치했다. 아흔다섯 번에 걸친 시골 지역 진료 방문은 놀라운 사역이었다. 그녀는 전북 일대 곳곳을 다니면서 허름한 민가에 머물기를 주저하지 않았다. 그러면서 거기 사람들을 치료하고 돌보는 일에 최선을 다했다. 잉골드는 특히 위생에 대한 의식을 고취시키고 각종 소화기 질병들을 치료하는 일에 애를 많이 썼다. 무엇보다 그녀는 부녀자들의 의료 복지를 위해 노력했다. 그녀 덕분에 많은 여성이 비위생적인 분만의 위험에서 벗어나게 되었고 영유아들의 죽음도 막을 수 있었다. 잉골드는 이후 1925년 병으로 더 이상 사역할 수 없을 때까지 이 땅에서 헌신했다. 그녀는 의사이며, 교육자이고, 선교사로서 그녀에게 주어진 조선 땅 선교의 사명을 다했다. 그녀의 수고와 헌신을 기반으로 오늘 전주 중화산에는 전라북도와 전주 인근의 의료 중심 기관으로 예수병원이 굳건하게 서 있다. 그녀와 동일한 마음을 품은 후예들이 그곳에서 이 땅의 어려운 사람들과 고통 받는 사람들을 위해 헌신하고 있다.

 ## 신흥고등학교 인돈관 앞
전라북도 전주시 완산구 중화산동 1가 신흥고등학교 정문

남장로교의 선교 목적에 따르면 선교 스테이션의 사명에는 병

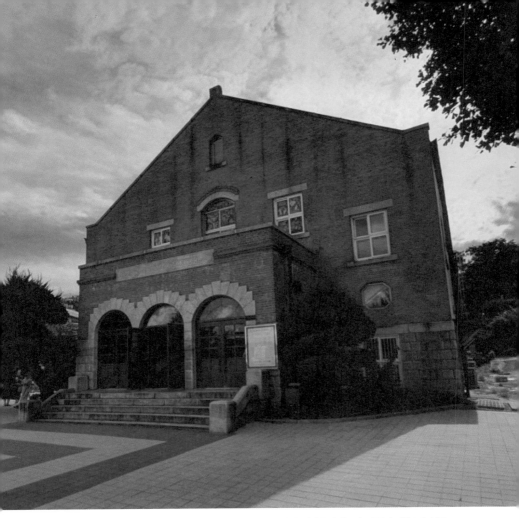

신흥고등학교 강당. 입구의 세 개 포치들이 건물의 각별한 사연을 말해준다. 미국의 리차드슨 부인 Mrs. L. Richardson의 지원으로 1936년 지어졌다. 현재 등록문화재로 지정되어 있다.

원을 중심으로 하는 의료사역 뿐 아니라 학교를 중심으로 하는 교육사역도 중요한 과제로 포함되어 있었다. 그들의 첫 전주 스테이션에는 당연히 학교가 들어섰다. 선교사들은 그들의 선교 스테이션에 일찌감치 교육기관을 세웠다. 신흥학교와 기전여학교가 그

것이다. 신흥학교는 현재도 옛 스테이션 내에 그대로 위치해 있다. 하지만, 기전학교는 스테이션을 벗어난 다른 곳에 새로 자리를 잡았다.

예수병원 바로 아래 있는 전주신흥학교^{현 전주신흥고등학교}는 1900년 9월 전주 서문 밖 레이놀즈W. D. Reynolds 선교사 사택 사랑방에서 소년 김창국 한 명을 대상으로 시작되었다. 선교사들은 그 학교의 이름을 신학문당新學問堂, 후일 전주남학교 혹은 예수학교이라고 불렀다. 신학문당은 남도에서는 최초로 근대교육을 시작한 곳이다. 이후 1904년 학당은 화산리 서원고개에 있는 해리슨W. B. Harrison 선교사 사택으로 이전했다. 거기서는 해리슨 선교사와 그 부인 그리고 최중진, 김필수, 김명식 등 5명이 10명의 학생을 가르쳤다. 그러던 1906년 봄, 선교사들은 유생들이 학당으로 사용하던 희현당希顯堂 부지와 건물을 인수하여 그곳에서 학생들을 가르쳤다. 희현당은 전라감사 김시걸金時傑이 1700년에 세운 누정樓亭이었다.

1900년부터 1906년 사이 이전을 거듭하는 가운데 학교의 학생 수는 점점 늘고 여러 가지 시설과 교재, 자료들 그리고 무엇보다 인력이 절실해졌다. 사실 이 시기 전주 사람들의 교육받고자 하는 의지는 강력했고, 선교사들의 열정 역시 커져만 갔다. 결국 전킨 선교사는 미국 남장로교 본부에 조선 땅 남도 지역의 교육사업 확장을 위해 전문가 지원을 요청했다. 그리고 바로 그해 전킨과 선교사들의 소원은 이루어졌다. 미국 본부에서 교육전문가 니스벳 선교사 부부를 전주로 파송한 것이다. 그렇게 1908년 니스벳 부부가 오면서 학교는 금새 교육기관 다운 모양새를 갖추었다.

옛 신흥학교 본관 입구 유적. 강당 건축에 후원했던 리차드슨 부인이 강당 건축 이전인 1928년 지원해 지은 신흥학교 본관 건물의 잔존 유적이다. 아쉽게도 1982년 화재로 전소되고 이 부분만 남아 있다. 이 현관 역시 등록문화재이다.

니스벳은 '전주남학교' 혹은 '예수학교'라고 불리던 학교 이름을 '첫새벽'new dawn을 뜻하는 '신흥학교'라고 개칭했다. 그리고 전주 선교 스테이션 아랫자락 지금 신흥고등학교 강당 자리에 여덟 칸 기와집을 신축했다. 니스벳 부부는 적극적으로 학생들을 모집해 신학문과 기독교 신앙을 가르치기 시작했다. 덕분에 학교는 크게 성장했다. 이제 학교는 전혀 새로운 시도를 해야 할 때가 되었다. 말하자면 제도권 학교로 도약하는 일이었다. 이 일은 남장로교 선교의 2세대 선두주자라고 할 수 있는 린튼William Alderman Linton, 인돈 선교사가 감당했다.

1926년 군산 영명남학교에서 교육선교를 감당하고 있던 린튼은 신흥학교 교장을 맡고 있던 에버솔Finley M. Eversole, 여부솔이 안식년으로 자리를 비우면서 신흥학교 임시 교장직을 맡았다. 이 시기 일본은 조선과 일본의 학제를 일치시켜 조선을 자기들의 사회 제도 안으로 편입시키려 했다. 이를 위해 일본은 사립고등보통학교의 설립요건을 강화하여 공립학교와 동등한 자격을 갖추지 못하면 비정규학교로 남게 했다. 그렇게 되면 학생들의 상급학교 진학과 취업의 길이 원천적으로 봉쇄되어 어려움을 겪게 되는 상황이었다. 조선의 지식인들과 선교사들이 세운 학교들의 경쟁력을 약화하여 퇴출하고자 하는 의도였다.

린튼은 일단 신흥학교의 지정학교 인가를 위해 힘썼다. 그것이 일본의 교육제도 아래에서 생존하면서도 기독교의 정체성을 지키며 교육선교를 수행할 수 있는 유일한 대안이었기 때문이다. 그 결과 신흥학교는 1933년 4월에 지정학교로 인가를 받게 되었고 학교 발전의 새로운 전기를 마련할 수 있었다. 린튼은 신흥학교 내에서 실업교육을 강조하였다. 가난하고 열악한 가정환경에서 학교에 오는 학생에게 실제 기능적인 전문 기술을 잘 가르쳐 건강한 기독교 생활인으로 잘 길러내는 것이 린튼의 교육 비전이었기 때문이었다. 그렇게 실용적인 능력을 갖춘 졸업생들은 세상 곳곳에서 빛과 소금의 역할을 잘 감당하게 될 것이었다. 그에게 기독교 학교는 목사와 전도자를 배출해야 하지만, 이와 더불어 기독교 신앙을 가지고 사회에서 고통받는 이웃을 돌보며 사회의 실질적인 삶의 문제를 풀어나갈 수 있는 실용적 지식인과 섬김의 지도자도 길러내야 하는 곳이었다.

물론 일제강점기 내내 신흥학교는 어려운 현실과 마주해야 했다. 당장의 문제는 신사참배였다. 선교사들이 기독교 정신으로 세운 신흥학교는 신사참배를 받아들일 수 없었다. 결국 1937년 9월 신흥학교는 일제의 강압적인 신사참배를 정면으로 거부하면서 자진 폐교했다. 그리고 린튼을 비롯한 선교사들은 이 땅을 떠나야 했다. 예수병원의 폐원과 더불어 일제강점기 선교사들이 겪어야 했고 학교의 교직원들과 학생들이 겪어야 했던 뼈 아픈 사건이었다. 그러나 다행히 1945년 일제는 패망했고 선교사들은 곧 그들의 선교 스테이션으로 복귀할 수 있었다.

린튼과 선교사들은 1946년 7월에 한국으로 복귀하여 전주를 중심으로 전북지역 상황을 점검하면서 전주의 지도자들과 기독교인들에게서 교육사업의 재개에 관한 강력한 요청을 받았다. 린튼은 결국 1946년 11월에 신흥학교를 재개교하였고 스스로 학교의 교장직을 맡았다. 이후 신흥학교는 전주지역의 다음 세대 교육에 책임을 다하는 학교로 거듭 발전하게 되었다. 해방 후 새로 개교한 신흥학교는 이후 대한민국의 학교법에 따라 전주신흥고등학교가 되었다. 그리고 지금껏 전주 예수병원 아래 자리하며 그 땅의 젊은 이들을 신앙과 지성으로 양육하고 있다.

남장로교 선교사들의 전주 선교가 시작되던 시점에 세워진 또다른 학교는 바로 '전주여학교'현 전주기전여자고등학교였다. 전주여학교는 신교육을 통한 여성 인재 양성과 기독교 보급을 목적으로 테이트 선교사의 여동생, 매티 테이트에 의해 1900년 4월 24일에 세

1956년 화산동 자락에 새로 지은 기전여학교 건물. 현재 기전여자고등학교는 효자동으로 이전하고 옛 기전여학교 건물은 기전대학교가 되었다.

위졌다. 매티는 처음 여학생 6명으로 학교 수업을 시작했다. 이후 학교는 1904년 군산에서 사역하던 전킨 부부가 전주로 발령받아 이주해 오면서 그해 9월 1일 전킨의 부인인 레이번Mary Leyburn Junkin, 전마리아에 의해 '전주여학교'혹은 여자청년학교로 개명했고, 레이번이 초대 교장으로 취임하였다. 이후 학교는 또 한번 개명하게 된다. 1909 년 7월 남장로교 선교사들은 조선 땅에서 생을 마감한 동료 전킨 의 훌륭한 선교 정신을 기념하기 위해 학교 이름을 '기전여학교'전킨을 기억하다라는 뜻로 개칭한 것이다.

　기전여학교는 날로 성장하고 발전했다. 1910년에는 화산동에 벽돌로 된 2층 교사와 기숙사를 신축했고, 1920년대에 이르러서 는 학생 수가 크게 증가했다. 그러나 기전여학교 역시 어려운 시 절을 겪었다. 이 학교의 선교사들과 교직원들 역시 일제의 신사참배 강요에 불응한 것이다. 결국 선교사들은 1937년 9월 신흥학교 폐교에 이어 10월 기전여학교 마저 자진 폐교하였다. 해방이 되고 다시 돌아온 선교사들은 1946년 11월 4년제 전주기전여자중학교 라는 이름으로 학교를 다시 열었다. 이후 학교는 1954년 4월 전주 기전여자중고등학교로 개편되었으며, 1956년 5월 화산동으로 신축 이전하였다. 그리고 2005년 3월 현재의 위치인 효자동으로 학교를 이전하였다.

신흥학교와 기전여학교 모두 일제강점기를 넘어서면서 우리나라 민족교육과 서양식 근대화 교육에서 중요한 역할을 감당했다. 특히 이 학교들은 조선의 독립과 해방을 위해 일한 걸출한 지도자들을 많이 양성했다. 그 가운데 가장 유명한 인물은 바로 임영신일 것이다. 임영신은 기전학교를 다닐 때 같은 반 친구인 김연실의 집에 갔다가 김연실의 아버지 김인전 목사를 만났고, 한동안 그에게서 신앙과 애국 사상을 배웠다. 김인전 목사에게 영향을 받은 임영신은 3.1운동 당시 함태영_{민족대표 48인중 1인}에게 독립선언문을 받아 스스로 수백 장을 등사하고 전주 만세운동에 참여한 사람들에게 전달했다. 이 일로 임영신은 체포되어 징역 6개월 집행유예 3년을 선고받았다. 이후, 미국으로 건너간 임영신은 로스앤젤레스에서 독립운동협회를 조직하여 과일 장사를 하면서 이승만의 독립운동 자금을 지원했다. 임영신은 그녀 스스로 기전학교에서 교육을 받은 대로 사회의 실질적인 문제를 해결해 나가는데 앞장섰던 사람이었다.

남장로교 선교부의 교육의 목적은 신자들을 교육해 사회 문제에 무관심하지 않고, 사회적 약자들을 돌보는 자질을 가진 리더를 세워나가는 것이었다. 전주신흥학교와 전주기전여학교는 이와 같은 교육을 충실히 수행하였고, 그에 따른 사람들을 배출했다. 그래서 3.1운동과 같이 사회 문제에 적극적으로 참여하였고, 가난한 자들과 함께 나누는 섬김의 삶을 살아냈다. 린튼 선교사의 교육 신학과 이념은 오늘날 기독교 정체성을 잃은채 제도화되고 세속화되어 버린 기독교학교들과 물질주의에 사로잡힌 한국교회에 자성을 촉구하고 있다.

전주서문교회 김인전 목사 기념비 앞
전북 전주시 완산구 전주천동로 220

 전주서문교회는 전주에 세워진 최초의 개신교회이다. 서문교회의 시작은 아무래도 서울에서 선교사들의 선교를 위한 사전 조사의 책임을 가지고 왔던 조선인 통역사 정해원鄭海元의 사역으로 보아야 한다. 정해원은 1893년 늦은 봄 전주로 내려왔다. 그는 전주의 한 주막에 머물면서 주변과 전주 일대를 탐사했는데, 어느 정도 조사를 마친 후 정해원은 선교사들이 내려올 경우 거주할 처소로 서문 밖 전주천 건너편 은송리 위쪽 언덕에 있던 주택을 하나 구입했다. 당시 법이 그랬다. 개화된지 꽤 시간이 흘렀음에도 조선 사람들은 여전히 외국인들을 경시했고 두려워했다. 그래서 외국인들은 밤에 성 내에 머무를 수 없었다. 그래서 정해원은 선교사들의

서문교회는 유서 깊은 역사를 품은 교회답게 교회 안에 별도의 백주년 기념 역사관을 운영하고 있다.

거주지를 서문 밖 은송리에 마련한 것이었다.

이렇게 기초 조사와 작업을 마무리한 정해원은 스스로 전도자가 되었다. 그는 자신의 거처도 은송리로 옮긴 후 이웃들에게 인사를 하며 그들에게 복음을 전했다. 그리고 은송리 그의 집에서 전주에서의 첫 예배를 드렸다. 역사적인 평가는 갈리지만 많은 사람이 정해원의 전도와 예배를 전주 서문교회의 시작으로 보기도 한다. 정해원이 터전을 마련하고 스스로 사역을 시작하자 한성의 선교 본부도 남장로교의 사역자들을 파송하기 시작했다. 테이트와 전킨 선교사가 먼저 내려왔다. 그들은 전주에 와서 정해원이 마련한 은송리 주택에 머물며 전도 사역에 전념했다. 선교사들은 정해원의 사역에 결실이 있다는 것에 놀라워했다. 정해원이 신앙교육을 시키고 회심하도록 한 사람들은 한결같이 단단한 믿음을 가지고 있었다.

그러나 선교사들은 전주에서 오래 사역할 수 없었다. 1894년 전라도 일대에서 동학농민항쟁이 일어나면서 전주는 동학군들의 주 거점이 되었다. 선교사들은 머무를 수 없었고 전주에서의 활동은 멈췄다. 전주에서의 사역이 다시 시작된 것은 1896년에 이르러서였다. 이때 사역은 남장로교 '7인의 선발대'였던 테이트 남매가 주도했고 이후 레이놀즈와 해리슨 등이 합류했다. 여동생 매티는 전주에 거주한 최초의 서양 여인이었기 때문에 성내에 들어가지 않더라도 그녀를 구경하러 온 호기심 가득한 여성들과 쉽게 접촉할 수 있었다. 그녀는 자신을 보기 위해 찾아온 여성들과 사람들에게 전도지 등을 나누어 주는 간단한 활동으로 선교를 시작했다. 한편 그녀의 오빠인 루이스는 전주교회의 초대 담임목사로서 사역했다. 루이스 테이트는 그의 한국어 선생과 함께 개인적인 접촉으로 안내 소책자를 배포하면서 전도 활동을 했다. 그 결과 일요일이면 은송리 루이스의 방에는 소년들과 청년들이, 매티의 방에는 소녀들과 부인들이 몰려들었다. 지금의 서문교회인 전주교회가 본격적인 교회로서 기능하게 된 것은 이때부터였다.

　전주교회 초대 목사로서 전주 및 인근 지역에 복음을 전했던 루이스 테이트는 1897년 7월 레이놀즈에게 전주교회 목회를 공식적으로 인계했다. 그는 예수병원 설립자 잉골드와 결혼한 후에도 전주와 전북 지역 선교를 위해 열심히 사역했다. 그러나 1918년 가을 순회 전도 여행 중 걸린 독감으로 크게 고생한 이후부터 몸이 쇠약해져 여러 질병을 앓았다. 그리고 결국 1925년 건강 악화로 은퇴를 결심하고 63세에 미국으로 돌아갔다. 루이스 테이트 선교사는 오늘 서문교회가 있게 한 장본인이었다. 그는 전주 스테이션의 병원과 학교를 위해 그리고 교회를 위해 수고했으며 전라북도 일대의 복음화를 위해서도 헌신했다. 그는 선교사로서 순회 전도자, 목사, 건축가, 교회 행정가로서 남도선교의 기틀을 잡는 데 크게 공헌했다. 남도 지역 최초의 스테이션인 전주 스테이션 개척과 함께 전주를 중심으로 남도 일대의 순회 사역을 통해 75개의 교회를 개척하고 1천 명에 가까운 교인들에게 세례를 주고, 남도지역의 모교회인 전주교회를 설립하고 사역했으며, 그리고 교회 행정가로서 한국의 장로교 교단 조직의 제도적 장치를 마련하는 데 이바지한 일 등은 그의 의미 있는 사역이었다. 테이트를 '진정한 개척자'이자 '남도 기독교의 주춧돌'이라고 평가하는 데는 그만한 이유가 있다.

1897년 전주교회의 2대 담임목사가 된 레이놀즈는 부임 즉시 유창한 한국어를 구사하며 주일에는 설교를, 평일에는 전주의 장터와 거리에서 전도에 힘썼다. 7월 17일에는 레이놀즈의 집례로 다섯 명이 첫 세례를 받았고, 8월 1일에는 레이놀즈의 집례 아래 전주교회의 첫 성찬식이 거행되었다. 당시 전주 스테이션에서는 은송리 옆 완산 언덕에 두 채의 건물을 신축하고 있었다. 그런데 레이놀즈의 전주교회는 곧 난관에 부딪혔다. 은송리 전주 선교 스테이션이 전라감사 이완용과 지역 유지들에 의해 땅을 몰수당할 처지에 놓인 것이다. 다행히 미국 공사관의 노력으로 스테이션은 중화산으로 이주하게 되었으나 전주교회가 문제였다. 이때 선교사들은 교회를 전주 읍성 서문 옆으로 옮기기로 했다. 그래서 보다 전주 사람들에게 가까이 다가선 교회가 되도록 했다. 교회를 옮긴 후 레이놀즈와 전킨은 열정적으로 교회 사역에 매진했다. 1899년 새롭게 시작된 성경반은 레이놀즈와 전킨이 강사로 나서 성서신학, 그리스도의 생애, 성서지리 등을 가르쳤고, 주일 오후에 나가 5분간 전도하는 시간을 가짐으로써 교인들에게 깊이 있는 훈련의 기회를 제공하였다.

레이놀즈와 전킨 등의 노력으로 이 시기 전주교회는 크게 성장했다. 개척 후 3년간 세례 교인은 9명이었지만, 1900년 봄 레이놀즈는 두 차례에 걸쳐 10명에게 세례를 주었다. 그해 6월 전주교회 평균 예배 인원은 50명이었다. 이즈음 해리슨이 전주로 다시 돌아와 전주교회의 사역에 열정적으로 참여하게 된다. 그렇게 해서 1901년 6월 전주교회의 성도는 113명으로 늘어나게 된다. 해리슨은 성경반을 여섯 개로 나누어 데이비스와 함께 체계적으로 성경을 가르쳤다. 그 결과 1903년 봄에 이르러 교회는 200명이 출석하는 공동체로 크게 성장하게 되었다. 이후 전주교회는 전킨과 레이놀즈 선교사가 번갈아 담임목회자로 사역했다. 그러는 사이 교회에는 첫 조선인 장로도 장립을 받았다. 교회에서 조사로 활동하던 김필수가 첫 장립자였다. 교회도 89평이나 되는 건물로 증축했다. 그뿐이 아니었다. 선교사들의 헌신과 노력으로 전라도에 교회의 협력을 도모하는 '노회'老會가 설립되어 이제는 조선인들 스스로 자립하여 교회를 운영할 힘을 얻게 되었다. 그렇게 전주교회에는 김병농 목사를 시작으로 김인전 목사 등의 조선인 목회자가 부임, 교회를 이끌게 되었다.

김인전 목사 기념비. 서문교회 마당에는 김인전 목사의 정신을 기리는 기념비가 서 있다.

　　이렇게 전주 복음화 중심에 있었던 전주교회는 이후 여러 훌륭한 목회자들을 세웠다. 그 가운데 김인전 목사는 누구보다 중요한 인물이다. 김인전 목사는 충남 서천에서 태어나 1913년에는 전주교회 장로로, 1914년 10월에는 전주교회 6대 담임목사이자, 한국인으로는 2대 담임목사로 부임하였다. 그는 여러 학문에 대한 해박한 지식을 가져 비신자들에게도 존경을 받았는데, 그가 가르치는 성경 공부에는 300~500여 명의 사람이 모여 들었을 정도였다. 그의 가르침도 훌륭했지만, 무엇보다 그는 사회에서 일어나는 일에 무관심하지 않았다. 그는 1919년 3월 13일 신흥, 기전학교 학생들과 시내 기독교인 그리고 시민 등과 함께 남문 광장에서 '대한독립만세'를 외쳤다. 1919년 4월에 3·1운동의 주모자로 김인전

에게 체포령이 떨어지자 그는 에베솔F. M. Eversole, 여부솔, 당시 전주신흥학교 교
장의 도움으로 상해로 망명하였다. 상해에서 그는 임시정부 지도자
들과 만났다. 그리고 거기서 홍보, 재정 및 외교 등의 요직을 맡아
임시정부가 안정적으로 자리 잡을 수 있도록 힘을 다했다. 그래서
많은 임시정부 요인들로부터 존경과 흠모를 받았다. 김인전은 이
후 마침내 의정원1919년 중국 상하이의 대한민국 임시 정부 안에 있던 입법 기관 의장이
되어 해외 독립운동을 주도하는 위치에 오르게 되었다.

남장로교 선교사들과 그의 조력자들에게 전주교회는 의미가 컸
다. 선교사들과 그의 조력자들은 전주 일대에서 의료사역과 교육
사역을 진행하면서 항상 전주교회에 모여 기도하고 하나님을 예
배하는 가운데 힘을 얻었다. 그들에게 전주교회는 일종의 영적인
중심지였다. 전주교회는 남장로교 선교사들에게 있어서 스테이션
의 중심에 있었다. 전주교회의 역할은 그렇게 남장로교 사역자들
의 전주 사역을 위한 근간이 되었고 그들을 돕던 조력자들에게도
신앙적인 중심지와 같은 역할을 하게 되었다. 이후 전주교회는 남
도 일대 곳곳에 신앙을 전하고 알리는 가운데 새로운 교회가 세워
지도록 하는 일의 본부와 같은 역할을 감당했다. 전주교회는 그렇
게 남도 일대 모든 장로교회의 모교회가 되어 갔다.

전주에서 사역했던 선교사들은 의료, 교육을 위해서도 앞장섰
지만, 그들의 중심에는 언제나 '복음'이 있었다. 의료와 교육의 현
장에서 선교사들을 만난 전주인들은 전주교회로 모여들었다. 교회
는 성경을 통해 영적인 필요를 채워주었음과 동시에 현실을 살아
가는 그리스도인은 어떤 모습을 가져야 하는가를 가르쳤다. 예배

를 통해 동력을 얻은 이들은 학교로 마을로 돌아가 자신들의 삶의 터전에서 그리스도인들로 살아갔다. 전주교회는 그 모든 것이 구현되는 현장이었고 중심이었다.

서문교회 전킨을 기념하는 종 앞

전주교회는 교회가 세워지던 초기 전주 읍성의 서문 밖에 있었던 관계로 '서문밖예배당'으로 불렸다. 그러다 1955년에 이르러 교회는 서문교회라는 이름을 교회의 정식 명칭으로 사용하게 된다. 교회 이름을 서문교회로 정하고서 교회는 교회 창립 70주년이 되는 1963년 부흥회를 열었다. 그리고 교회 앞에 오랫동안 서 있던 종탑을 높이 20미터로 크게 증축했다. 종탑은 서문교회와 성도들에게 의미가 있었다. 그것은 종탑과 교회의 초기 설립 멤버이며 교회를 크게 부흥시킨 목회자인 선교사 전킨과의 관계 때문이다.

남도 순례에서 전주-군산을 거치고 거기 이야기들을 다루면서 남장로교 7인의 선발대 가운데 한 사람인 전킨을 빼놓을 수 없다. 전킨은 1904년 3대 담임으로 전주교회에 부임했다. 전킨은 교회를 위해 열정적으로 사역했다. 그의 사역 기간에 교회는 크게 부흥하는 일들이 일어났다. 전킨은 1906년 현재 전주서문교회의 위치에 새로운 터를 마련하고, 벽돌집에 한식 기와를 얹은 일자형 예배당을 신축하였다. 이때부터 사람들은 전주교회를 '전주서문외교

전킨 선교사의 사역을 기리는 종과 종루. 전킨의 헌신은 그때나 지금이나 서문교회 사람들 마음에 깊이 새겨져 있다.

회'전주서문밖예배당 또는 전주부중교회라고 불렀다. 그렇게 전킨이 부임한 지 3년째이던 1907년이 되었을 때 교회는 매일 진행하던 정오 기도회에 참석하는 신자들이 늘어나고, 회개의 역사가 일어나는 등 큰 부흥을 경험했다. 이때 전킨은 전주교회외에도 김제와 금구에 있는 8개의 교회를 지방 순회 사역으로 섬겼고, 신흥학교 교장으로도 사역했다. 전킨은 서문교회, 지방 순회사역, 학교 등 다양한 분야에서 최선을 다해 사역했다. 하지만 1908년 지방 순회 사역에 매진하던 중 전킨은 그만 병을 얻고 말았다. 그리고 1월 2일 폐렴으로 세상을 떠나고 말았다. 본래 몸이 좋지 않았던 전킨은 남도의 낯선 풍토를 끝내 이기지 못했다. 그의 나이 아직 마흔하고도 세

살이던 때였다.

한 순간 전주교회는 담임목회자를 잃게 되었다. 교인들은 슬퍼했다. 무엇보다 열정적이고 헌신적이던 전킨의 지도력이 아쉬웠다. 전킨은 정말 열심히 사역한 목회자였다. 그는 정말이지 대단히 놀라운 결실을 교회와 전라도 지역에 선물로 남겼다. 전킨의 선교적 열정이 남긴 영향과 결실들이 얼마나 컸던지, 앞서 말한 것처럼 남장로교 선교부는 전킨이 세상을 떠난 다음 해인 1909년 7월에 전주여학교를 '기전여학교'로 개칭하였다. '전킨 선교사를 기념한다Junkin Memorial Girl's school'는 의미로 말이다. 전킨의 삶을 기억하는 것은 남장로교 선교부만이 아니었다. 전킨의 삶을 가장 가까이에서 보았고, 그와 가장 밀접하게 동역했던 사람은 그의 부인이었다. 전킨의 부인 메리 레이번은 남편의 숭고한 선교 업적을 기념하기 위해 미국 교회에 요청하여 종을 제작하였고, 서문교회에 헌납했다. 직경이 약 90센티미터인 종은 미국에서 출발해 기선을 타고 태평양을 건너 인천, 만경강 포구, 김제 쌍강포를 거쳐 들어왔다. 쌍강포에서는 쇠달구지에 실려 교회까지 왔다. 전주교회는 1908년 12월에 종을 매달기 위해 6미터 80센티미터 높이의 종각을 세웠다. 그러나 안타깝게도 종은 1944년 일제에 의해 수탈되었다. 무기를 만든다는 명분이었다. 그러나 전주교회 교우들은 전킨을 기억하는 일에 열심이었다. 해방 후 교회는 국내에서 비슷한 모양의 종을 구해 새로 달았다. 지금 남아 있는 종은 해방 후에 새로 단 그 종이다.

110년 전 전킨을 애도하며 만들어진 종의 소리는 약 20리 밖,

그러니까 10킬로미터 밖에까지 들렸다고 한다. 지금도 그렇지만 전주교회는 선교사들을 통해 복음을 전해 들은 사람들이 삶의 고단함을 잠시 벗어나 안식을 가질 수 있는 곳이었다. 교회는 병원에서 치료를 받으며 복음을 접했던 사람들이 복음의 신실함을 확인할 수 있었던 곳이었다. 교회는 학교에서 선교사들을 통해 교육을 받았던 학생들이 성경의 가치관을 가지고 세상을 어떻게 살아갈지에 대해서 다양한 물음과 해답을 찾을 수 있는 곳이었다. 전주 스테이션의 가장 높은 곳인 선교사 묘역에서 전주를 바라보면, 선교사들의 넓은 마음이 느껴진다. 그리고 전주천을 넘어 사람들의 삶의 터전 가까이에 있었던 교회에서는 전주인들의 삶을 응원하고 격려했던 선교사들의 깊은 마음이 느껴진다. 전주 서문교회의 종소리는 단순히 시간을 알리는 역할에 머무르지 않았다. 그것은 일제 강점기 어둡기만 하던 시절 내내 전주 사람들의 마음을 일깨웠고, 영혼을 일깨웠다. 주어진 현실의 삶의 시름에 젖어 있지만 말고 일어서라는 경각의 소리가 바로 전주 서문교회의 종소리였다. 서문교회의 종소리는 오늘 그 종탑 앞에 선 우리의 몸과 마음 그리고 영혼을 일깨운다. 남도를 순례하는 그 첫 발걸음에 서문교회의 종탑 앞에 서서 주저앉아만 있지 말고 일어서라는 경각의 소리에 무엇으로든 응답해야 한다.

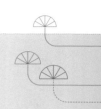

두 번째 순례지

세상의 빛이 된 선교

군산

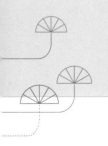

군산 옛 항구에 남아 있는 뜬다리 부두. 1899년 개항한 이후 군산은 주로 곡식 공출하기 위한 항만 시설이 발달했다.

 조망 ## 호남관세박물관

전북 군산시 해망로 244-7

금강과 만경강의 풍성한 황금빛 강물이 흐르고 흘러 서해 바다와 만나는 곳에 군산群山이 있다. 군산은 한반도 서해에 면한 항구 도시인데 남한만으로 따졌을 때 북쪽의 인천과 남쪽의 목포와 더불어 주요 연안 항로의 거점이 되는 곳이었다. 특별히 군산이 중요한 것은 주변의 곡창지대이다. 군산은 자기를 둘러 남과 동과 북으로 금강과 만경강의 널따란 범람원을 끼고 있는데, 이곳이 한반도의 곡창지대라고 불리는 호남평야이다. 덕분에 군산은 항구도시로서 풍족한 어족자원으로 인한 유명세보다는 한반도의 주요 곡물 유통지로서 이름을 더 많이 얻어왔다. 서해의 풍족한 수산물이 도시를 통해 내륙으로 들어가기도 했지만, 더 많은 양의 쌀과 같은 곡물이 군산으로 모여들어 이곳에서 전국으로 팔려 갔다.

풍성한 곡식과 수산물 유통 덕분에 군산은 상업적으로 크게 발달했다. 금강과 금강지류인 무명천현, 경포천을 통해 만경, 강경, 서천 방향으로 배편을 이용한 물건 운송이 편리했기 때문에 이곳에는 일찍이 경포시장과 경장시장이 자리하고 있었다. 특히 전주로 가는 가도에 자리 잡은 경장시장현, 군상고등학교 부근 팔마산 자락은 16세기 무렵 옥구군 경장리현 경장동에서 시작된 이래 군산, 서천, 한산 방면 이외에도 임피, 전주, 함열, 강경과 논산까지 풍성한 상거래가 이루어졌다. 한 마디로 군산은 한반도 전체를 통틀어 먹거리의 집산지이며 주요 유통지였다. 당연히 고대로부터 중앙정부와 외부 침략세력 모두 군산이 가진 물류 유통 능력에 큰 관심을 가지고 있었다.

그래서 이곳 군산에는 '조창'漕倉, 나라에 조세로 바치는 곡식의 수송과 보관을 위하여 강가나 바닷가에 곳간으로 쓰려고 지은 창고이라는 것이 있었다. 조창 기능은 백제와 같은 고대국가나 통일신라시대 그리고 고려시대에도 군산에 있었다. 그러나 이곳에 국가의 체계적인 조세 창구로서 조창이 처음 생긴 것은 조선 중종 7년인 1512년으로 알려져 있다. 군산의 조창은 옥구, 만경, 함열, 김제, 금구, 전주, 남원 등 부근 7개 주요 고을의 세곡을 모아 배편으로 한양 경창京倉, 서울 한강가에 있던 국가나 관청 소유의 각종 곡물 창고으로 보냈기 때문에 '칠읍경창'七邑京倉이라 불렸다. 조창이 운영되고 농업생산성이 높아지면서 군산의 중요성은 더욱 높아지게 되었다. 그리고 이러한 국가적 관심은 이후 일본 제국의 침략기에 군산을 더욱 중요한 거점 도시가 되도록 했다.

군산은 평안도 진남포鎭南浦와 남도 끝 목포木浦가 개항된 다음 해인 1899년 5월에 경상도 마산馬山, 함경도 성진城津과 함께 개항했다. 일본은 군산이 개항한 것을 계기로 인천-경성, 진남포-평양처럼 강경을 군산과 밀접한 관계를 맺게 함으로써 곡식의 반출, 수입 상품의 유통구조를 구축하려 했다. 1899년 개항 당시 군산에는 약 511명의 조선인이 거주했으며, 일본인은 77명 정도가 살고 있었다. 그러나 이후 일본인의 수는 계속 늘어났다. 그래서 1905년에는 1,620명, 1914에는 도시 전체 인구의 절반에 가까운 4,742명으로 증가했다. 이것은 일본 식민 정부가 이곳 군산을 어떻게 생각하고 있었는지를 잘 보여주는 증거라고 할 수 있다. 군산은 식민지 조선 통치에서 중요했다. 조선의 주요 곡창지대로부터 거두어들이는 막대한 양의 식량을 일본 본국으로 수탈해 가는 일에서 무엇보다 중요한 곳이었던 것이다.

일제 강점기 일본인들은 군산 일대 곡창지대의 토지를 직접 매수해 나갔다. 그들은 군산 배후의 소위 호남평야 곡창지대의 대부분을 소유했고 그 땅 대부분을 그들의 대농장으로 변모시켰다. 많은 일본인들이 앞다투어 이곳 군산 일대로 들어와 땅을 차지하고 농장을 운영하면서 대지주로 올라섰고 이곳 땅과 소출을 통해 막대한 양의 수익을 올렸다. 일본인들은 땅만 차지한 것이 아니었다. 그들은 미곡상, 고리대, 잡화상으로 군산 상권 전반을 장악했다. 이렇게 군산은 개항과 일제 강점으로 이어지는 시점에 식량과 먹

군산은 많은 양의 곡식이 유통되는 항구로서 일찌감치 근대화 되었다. 사진은 1908년 대한제국 시절 건설된 뜬다리 부두 인근 군산 세관 건물이다. 한동안 군산근대역사박물관으로 사용되다가 2017년부터 호남관세박물관이 되었다.

거리만이 아닌 다양한 상품들과 돈거래가 모여드는 일본인 중심의 상업 도시화가 본격적으로 이루어졌다.

군산이 수탈의 주요 거점 도시로 변모해 가는 동안 이 도시에 깊은 관심과 애정을 가진 사람들이 나타났다. 바로 남장로교 선교사들이었다. 군산이 사통팔달의 거점도시이며 상업도시라는 사실은 초기 선교사들에게, 역시 매력적으로 다가왔다. 특히 서울에서 배로 접근이 가능한 항구였다는 지리적 이점으로 미국 남장로교 선교부는 군산을 남도 선교를 위한 거점 스테이션으로 고려했다. 군산 스테이션은 이미 건설된 전주 스테이션에 선교 물품을 공급

하는 일에도 중요한 중간 기지가 될 수 있어 선교사들은 여러 면에서 군산에 새로운 거점을 형성하는 것은 남도 선교의 효율성 측면에서 의미 있는 일이라고 판단했다.

무엇보다 선교사들은 군산이 항구로서 다양한 이질적 문화들이 쉽게 뒤섞일 수 있는 개방성을 품고 있기에, 선교 활동에 대한 거부감이 덜할 것이라고 보았다. 그렇게 미국 남장로교회 선교부는 1895년 3월 군산에 새로운 스테이션을 개설하고, 소속 선교사였던 전킨교육 담당과 드루의료 담당를 군산으로 보냈다. 군산에 발을 내디딘 선교사들은 먼저 수덕산 부근현재 전북 군산시 금동 수덕공원 자리, 근대역사박물관 인근에 초가집 두 채를 매입하고, 예배 처소와 진료소를 구비했다. 전주에 이은 남장로교 선교부의 두 번째 선교 스테이션이었다. 선교사들은 수덕산 스테이션에 약 1개월가량 머물면서 진료와 전도활동에 매진했다. 특히 전킨은 이곳에서 두 명의 세례자를 얻었다. 그리고 군산 최초의 교회인 군산교회를 시작했다. 이렇게 군산에는 첫 복음의 씨앗이 심어졌다. 이후 전킨과 드루는 군산 선교를 위한 보다 중장기적인 준비의 필요를 절감했다. 그들은 잠시 군산을 떠나 경성으로 돌아왔다. 그리고 군산 선교를 위한 여러 가지를 재정비한 뒤 1896년 봄 다시 군산에 내려왔다.

이번에는 리니 데이비스 교사가 합류했다. 그렇게 해서 군산 선교의 틀이 갖추어지게 되었는데, 이들 선교사들의 군산선교는 가히 폭발적이었다. 전킨과 데이비스는 주로 복음을 전하고 교육받게 한 후 세례를 받게 하는 일에 주력했다. 그렇게 수덕산 스테이션에서는 많은 사람이 복음을 받아들이고 신자가 되었다. 특히 데이비스 선교사의 사역은 대단했다. 그는 전킨이 세운 군산교회에서 사역하면서 여러 성경공부반을 운영하여 교회를 튼튼하게 했고, 여성반과 소년반 등 여러 조직을 확장하고 발전시켰다. 군산교회의 사역은 드루 선교사의 의료사역과 보조를 맞추어 함께 발전했다. 드루 선교사가 수덕산에 진료소를 세운 이래 이곳은 일약 명소가 되었다. 그래서 데이비스 선교사가 합류하던 시점까지 이미 약 4천여 명의 환자를 진료했다. 드루 선교사의 진료를 받은 사람들은 곧 데이비스나 전킨과 마주했다. 그리고 그들에게 영혼을 고치고 새롭게 하는 복된 소식을 들었다. 전부는 아니라 할지라도 이때 많은 사람이 신앙을 받아들이고 교회에 다니게 되는 놀라운 일들이 일어났다.

군산 선교가 큰 결실을 이루자 경성의 선교부는 군산에 새로운 선교 거점 즉, 스테이션을 마련하기로 결의했다. 이 결정에 따라 전킨 선교사는 자신의 수덕산 집에서 약 5킬로미터쯤 내륙으로 들어간 궁멀이라고 불리는 구암산龜岩山에 새로운 선교 거점을 마련했다. 이때 남장로교 선교부는 구암산 스테이션 일대에 전킨과 드루 등 선교사들을 위한 사택과 진료소 그리고 학교 등 여섯 채 집을 짓고 후일 군산예수병원으로 불리게 되는 진료소를 열었으며, 영명학교와 멜볼딘 여학교 등을 개교하기 위한 기초를 다지게 된다. 구암산 스테이션의 사역은 대단했다. 1898년부터 1900년 사이 선교사들은 이곳에서 약 250여 명에게 세례를 베풀었고 그 가운데 110여 명이 군산교회에 출석하여 정식 교인이 되었다. 전킨과 그의 새로운 동역자 윌리엄 불William F. Bull, 부위렴은 군산 일대 많

현재 구암포구에서 바라보이는 구암산 일대(오른쪽 아래). 수덕산 스테이션에서 궁멀로 스테이션을 옮긴 남장로교 선교사들은 본격적으로 금강과 만경강 내륙 선교를 시작했다.

은 사람에게 복음을 전하고 세례를 베풀었다. 그리고 대야와 익산, 김제 등에 여러 교회들을 세웠다. 덕분에 현지 사람들은 구암산 군산교회까지 와서 예배를 드리는 수고를 덜게 되었다. 이 시기 군산 진료소도 계속해서 왕성한 사역을 이어갔다. 드루 선교사는 구암산 스테이션과 구암 포구가 지척이라는 이점을 살려 많은 의료 물자를 들여왔다. 그리고 인근 여러 곳에서 몰려오는 환자들을 성심껏 진료했다.

전킨과 드루 그리고 데이비스 등의 헌신적인 사역으로 자리를 잡은 구암산의 스테이션은 당시 모든 선교지의 모범이 되었다. 당장 지리적인 여건이 그랬다. 군산 스테이션은 경성으로부터 교육 그리고 의료를 위한 물자들을 보급받기에 안성맞춤인 곳이었다. 그뿐이 아니다. 구암 스테이션은 금강이 바다로 흘러 들어가는 입구에 자리 잡고 있어서 선교사들의 내륙으로 이어지는 사역을 위해 전진기지로도 역시 최적의 장소였다. 이렇게 전킨을 비롯한 남장로교 선교사들은 수덕산에 이어 이곳 구암 스테이션을 중심으로 군산 일대와 금강 내륙으로 이어지는 주요 포구에 복음을 전하며 의료 선교와 교육 선교의 기회를 확장했다.

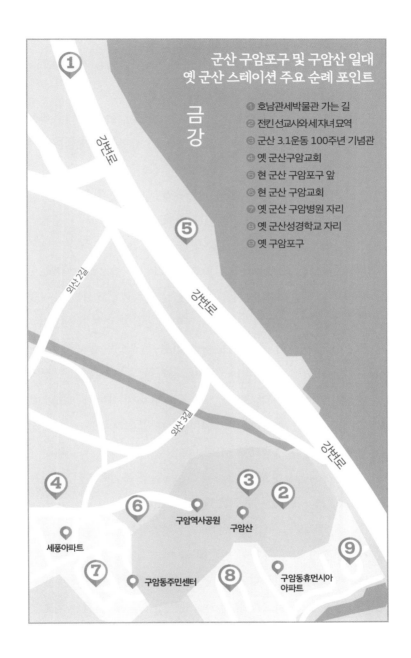

군산 구암포구 및 구암산 일대
옛 군산 스테이션 주요 순례 포인트

① 호남관세박물관 가는 길
② 전킨 선교사와 세자녀 묘역
③ 군산 3.1운동 100주년 기념관
④ 옛 군산구암교회
⑤ 현 군산 구암포구 앞
⑥ 현 군산 구암교회
⑦ 옛 군산 구암병원 자리
⑧ 옛 군산성경학교 자리
⑨ 옛 구암포구

금강

강변로

익산2길

강변로

익산3길

강변로

① ⑤ ④ ⑥ ③ ② ⑦ ⑧ ⑨

구암역사공원

구암산

세풍아파트

구암동주민센터

구암동휴먼시아
아파트

구암산은 산이라기보다는 작은 언덕이라 불리는 것이 더 어울리는 곳이다. 군산과 장항 사이를 연결하는 하구둑이 만들어지기 전 이곳은 군산팔경群山八景 가운데 하나 '궁포귀범'弓捕歸帆이라 불리던 멋진 풍광이 그려지던 곳이다. '궁포귀범'이라는 것은 군산항보다 상류의 여러 포구들을 전전하다 돌아오던 황포돛배가 군산항으로 돌아돌 때 지는 해의 따뜻한 빛을 받아 노랗게 빛나는 모습을 구암산궁멀에서 바라보는 풍경을 말한다. 그만큼 구암산에서 바라보는 금강은 아름다웠다. 전킨을 비롯한 남장로교 선교사들은 이렇게 아름다운 곳에 그들의 거주지와 사역 기반을 마련하고 세웠다.

군산 선교 시작의 공은 아무래도 전킨 선교사로 보아야 한다. 전킨은 1865년 미국 버지니아 주에 정착한 남부 유럽계 전형적인 믿음의 가정에서 태어났다. 고조할아버지가 버지니아 최초로 교회를 설립한 사람일 정도로 그의 집안은 믿음의 명문가였다. 전킨은 당대의 명문 가운데 하나였던 워싱턴앤리대학교Washington&Lee University와 유니온신학교Union Presbyterian Seminary를 졸업하였다. 유니온신학교에 다닐 때 그는 친구인 레이놀즈후일에 전킨과 함께 조선에 선교사로 왔다.와 함께 네쉬빌Nashville에서 열린 학생신앙운동연합 모임에 참석했다가 거기서 다른 '7인의 선발대'와 마찬가지로 언더우드의 조선 선교 보고를 듣게 된다. 당시 언더우드는 밴더빌트 대학에 다니던 조선인 학생, 윤치호와 함께 연설했는데, 그 자리에서 윤치호는

구암산은 군산과 금강 입구 사이 평야지대에 솟은 작은 동산이다. 사방 시야가 탁 트인 멋진 곳이다. 특히 구암산 앞에는 궁멀 포구가 있어서 금강을 통해 내륙으로 드나들기에 편리함이 있었다.

이렇게 외쳤다. "신학생 여러분, 지금 한국이 여러분을 부르고 있습니다." 이어서 언더우드 선교사는 다른 어느 곳보다 "조선에 선교사가 필요하다."라며 조선 선교의 필요성을 강조했는데, 그 말을 듣고 전킨을 비롯한 청년들은 조선 선교사로 자원했다. 그 자리에는 북장로교 계통의 맥코믹신학교McComick Theological Seminary 출신 루이스 테이트Lewis B. Tate도 있었다.

이후 전킨은 남장로교 해외선교위원회에 자신을 조선을 위한 선교사로 파송해 달라는 편지를 보냈다. 그러나 남장로교 본부는 명망 있는 가문 출신이며 중산층에서 안정적으로 자란 전킨이 조선과 같은 낙후된 나라의 선교사로 가는 일이 어울리지 않는다고 여겼다. 그래서 그의 요청을 한차례 반려했다. 그러나 전킨은 간절했다. 그는 "한국에 가서 복음을 전하고 싶다"는 뜻을 굽히지 않았다. 그는 지속적으로 선교위원회에 편지하여 자신의 뜻을 밝혔다. 그의 간절한 요청에 감동한 위원회는 결국 1892년 8월 전킨을 교육 선교사로 세워 조선에 파견했다.

이렇게 해서 전킨과 그의 아내 메리, 그의 친구인 레이놀즈 부부와 또 다른 자원자인 테이트 남매 그리고 리니 데이비스는 1892년 8월 조선을 향해 출발하게 된다. 전킨과 일곱 명의 남장로교 선교사들은 1982년 11월 3일 제물포를 통해 조선에 들어왔다. 이후 이 일곱 명의 남장로교 선교사들은 소위 '예양협정'the Comity Agreements에 따라 조선 호남지역을 주선교지로 할당 받아 소위 '남도'를 주무대로 사역하게 된다. 그리고 전킨은 레이놀즈 그리고 테이트 등과 호남의 천 선교지인 전주를 개척했다. 그러나 하나님께서 전킨에게 주신 진정한 '땅끝'은 오히려 다른 곳에 있었다. 남장로교 선교부는 의욕을 가지고 시작한 호남지역 선교가 보다 효율적으로 이루어질 수 있도록 선교사들의 사역을 재배치했다. 그리고 테이트 남매를 전주로 파송하고 전킨을 군산으로 파송하기로 했다. 이렇게 해서 전킨은 군산을 그의 선교 사역지로 삼아 본격적으로 군산의 복음화를 위해 헌신하게 된다.

전킨의 군산에서의 사역은 훌륭했다. 1895년 본격적으로 군산 사역을 시작한 전킨은 앞서 언급한 대로 수덕산 일대에 선교 본부를 차리고 옛 군산항 일대에서 복음을 전했다. 그는 특히 의료 선교사인 동료 드루와 함께 군산 일대 복음화와 의료 및 교육적 구호를 위해 열심히 일했다. 그들은 의료와 교육선교 활동으로 사람들에게 많은 혜택을 전해주는 한편으로, 그들에게 복음을 전하고 결신하게 하고 세례를 받게 하는 일에 주력했다. 주변 고군산열도 일대에 대한 선교의 기회도 놓치지 않았다. 그들은 열심히 일했고 최선을 다해 사역해 결실했다. 그러나 수덕산에서의 사역은 여러 가지 어려움에 직면했다. 당장 전킨의 아이들 조지와 시드니가 차례로 세상을 떠난 것이다. 전킨은 아이들을 군산에 묻었다. 그런데 이번에는 전킨이 아팠다. 결국 전킨은 군산 사역을 내려놓고 일본으로 가서 거기서 안식했다. 하지만 계속 쉬고만 있을 수는 없었다. 수덕산 선교 기지 일대가 조선을 잠식하던 일본인들에 의해 조계지가 되면서 선교사들의 거주지 자체를 빼앗길 위기에 처한 것이다. 결국 남장로교 선교부와 전킨은 선교 스테이션을 궁멀 그러니까 구암산으로 옮기게 된다.

1898년 구암 스테이션이 구축되면서 군산 선교는 전혀 새로운 전기를 마련하게 된다. 남장로교 선교부는 이때 구암산에서 일어났던 일들을 기록하고 보고하면서 "미국 교회는 군산을 배워야 한다."라고 썼다. 그만큼 군산 선교는 놀랍고 멋진 일들로 가득했다. 남장로교 군산 선교의 놀라운 결실은 특히 전킨 가족이 안식년을 마치고 돌아온 1902년부터 나타나기 시작했다. 가장 중요한 발전은 복음 전파가 급속도로 이루어진 것이다. 전킨은 새로 합류한 불 선교사와 더불어 군산교회를 중심으로 복음 전파에 진력했다. 그들은 1903년 상반기까지 1천여 장의 전도지와 2천여 권의 성

최근 역사 공원화가 이루어진 구암산 정상 일대. 전킨과 드루는 구암산 정상 부분에 선교사들의 사택을 마련하고 그 아래에 영명학교와 멜볼딘여학교 등을 세웠다. 그리고 그 아랫자락에 군산예수병원과 구암교회, 군산 유치원과 군산 알락소학교 등을 두었다.

경 찬송가, 그리고 소책자를 지역에 배포했고 500여 권의 신앙 달력을 판매하기도 했다. 그렇게 군산교회 및 여러 지역교회가 안정되고 스스로 목회자를 배출하는 등 자립의 길로 나아가게 되자 전킨과 선교사들은 보다 체계적이고 효율적인 선교활동으로 나서게된다. 학교를 세우고 병원을 짓는 일이었다.

전킨은 1902년에 먼저 남학생들을 위한 영명학교永明學校를 시작했다. 이어서 1903년에는 그의 아내 메리가 멜볼딘여학교Mary-Baldwin女學校를 열었다. 구암산 전킨의 집 서재에서 시작된 영명학교는 1903년에 남장로교 선교부에 의해 공식학교로 인정되었다. 정식 인가를 받는 1909년까지 영명학교는 유진 벨과 그의 여동생들 그리고 불 선교사의 여동생들에 의해 운영되었다. 영명학교는 '영원한 빛'이라는 뜻을 가지고 있다. 영명학교는 이후 그 이름의 뜻에 걸맞게 민족과 나라를 위해 꺼지지 않는 밝은 빛의 역할을 다하게 된다. 멜볼딘여학교 역시 비슷한 길로 나아갔다. 전킨의 서재에서 영명학교가 시작되어 운영되고 있었다면, 그 건너편 방에서는 메리가 여학생들을 가르쳤다. 메리는 상대적으로 열악한 환경의 여학생들이 배움의 기회를 얻기를 바랐다. 그래서 선교사 부인들 그리고 여형제들과 함께 군산의 여학생들을 가르치고 일깨우는 일에 주력했다.

그러나 1890년대 말부터 1900년대 초반까지 남장로교 선교사들이 군산에서 벌인 일 가운데 무엇보다 놀라운 것은 군산에 전주와 동일한 '예수병원'을 세운 것이다. 주로 드루 선교사에 의해 운영된 군산예수병원은 드루의 헌신적인 사역으로 크게 성공했다. 특히 드루가 선교헌금으로 구입한 의료선교선medical mission vessel은 무엇보다 큰 역할을 감당했다. 드루는 이 배를 타고 금강과 만경강 내륙 곳곳을 다니며 의료활동을 펼쳤고 문제가 있는 환자들은 군산으로 데려와 거기 군산예수병원에서 치료했다. 사실 드루는 너무 열심히 일했다. 그 덕에 그는 건강을 해치고 말았다. 드루는 결국 선교부의 강제 귀국 조치에 따라 1901년 미국으로 돌아갔다. 이후 그는 입국자들을 심사하는 샌프란시스코 검역소에 근무하면서 조선인들의 교회에 출석했고 언젠가는 안창호 부부의 미국 입국을 돕기도 했다. 그는 그의 꿈만 같았던 선교지 조선으로 돌아오지 못했다. 헌신적이었던 드루 선교사는 1926년 미국에서 평범한 신앙인으로 생을 마감했다.

드루를 떠나보내고 전킨은 군산 스테이션의 사역을 계속 이어 갔다. 충실한 동료 불 선교사가 함께했고, 무엇보다 그에게는 신실한 리니 데이비스가 있었다. 그러나 1901년 드루가 귀국했고, 1903년에는 7인의 선발대 가운데 한 사람이자 남장로교 선교사 가운데 가장 먼저 이 땅을 밟았던 리니 데이비스마저 순직했다. 1900년대 초반 남장로교 선교사들의 호남 사역은 쉽지 않았다. 결국 남장로교 선교부는 호남 사역의 인적 배치를 새롭게 했다. 군산 스테이션의 사역자들을 새롭게 세우고 전킨과 부인 메리를 전주로 옮긴 것이다. 전킨은 그렇게 사역지를 전주로 옮겼고, 그곳 전주에서도 헌신적인 선교사역을 감당했다. 전주에서 전킨은 서문교회를 목회했고, 후에는 순회목회자로 전북 일대를 다니며 곳곳에서 복음을 전하고 사람들에게 교육과 의료 혜택을 주기 위해 노력했다. 헌신적인 전킨의 사역은 그러나 오래가지 못했다. 그는 1907년 순회 목회로 헌신하다가 열병에 걸려 결국 선교지에서 순직하고 말았다. 전킨은 숨을 거두기 전에 자신은 "궁멀 전씨 전위렴이니 구암에 묻어달라"라고 유언을 남겼다. 그래서 전킨은 그의 어린 세 아이와 더불어 군산 구암교회 뒤편 언덕에 묻혔다.

사실 전킨과 그 세 아들의 묘비는 전주와 군산 두 곳 모두에 있다. 그리고 여기에는 가슴 아픈 사연이 있다. 해방이되고 얼마 후 어찌된 일인지 군산 구암 스테이션은 '한국전력' 측에 매각되었고, 한국전력 측은 이곳에 아파트를 짓게 된다. 그렇게 그 땅에 복잡한

군산 구암산 정상 인근, 옛 선교사들의 사택 터전에 남아 있는 전킨 선교사와 그 세 자녀의 묘비. 원 묘비는 구암산 스테이션이 팔리면서 훼손된 후 전주 중화산 선교사 묘역으로 옮겨가고 이곳에 는 선교사와 세 자녀의 묘역이었다는 표지석만 남았다.

일들이 이어지던 가운데 누가 말릴 사이도 없이 전킨과 세 자녀의 묘는 비극적으로 파헤쳐지고 말았다. 이 소식을 들은 전주예수병원 선교사들은 급히 현장에 달려가 겨우 그와 그의 세 아들의 묘비들을 전주로 가져왔다. 그와 그의 아들들의 유골은 어디에, 어떻게 되었는지 아무도 모르게 되고 만 뒤였다.

　군산의 전킨은 말 그대로 훌륭한 목회자요 선교사였다. 그의 사역이 얼마나 대단하고 훌륭했던지 그가 한 번 안식년을 위해 군산을 떠났을 때 수 많은 사람들이 그를 배웅하며 그와의 이별을 슬퍼했다. 그때 군산의 성도들과 사람들은 그를 태우고 떠나는 배를 바

라보며 "우리 다시 만날 때까지"*God Be with You until We Meet Again*를 노래
했다. 흥미롭게도 이 노래는 전킨이 처음 미국을 떠날 때, 그의 동
향 사람들이 그의 안녕을 위해 불러주었던 노래와 같은 것이었다.
이렇듯 전킨은 모두에게 존경받는 선교사였다. 사실 그를 향한 존
경심은 모든 것을 내려놓고 헌신하기를 다했던 그의 선교 열정에
기인한 것이다. 그래서인지 언젠가 그는 전북 일대 순회 선교 중에
이런 말을 남겼다.

> "나는 말에서 떨어져 갈비뼈가 부러졌고 세 번의 편도선염
> 을 겪었다. 편도선 제거 수술을 할 때는 마취가 충분히 되지
> 않아 너무 힘들었다. 내 어린 것들은 집에서 의사도 없이 태
> 어나 며칠 후 폐렴으로 죽었다."

그의 말은 마치 죽을 고비로 소아시아 선교 현장을 넘어서는 바
울의 고백과도 같다.고후 11:23-27 전킨은 이 땅에 첫 선교사로 와서
군산과 전주 그리고 그 주변을 샅샅이 다니며 복음의 일꾼으로 헌
신하다가 그가 선교하던 땅에서 숨을 거두었다. 지금 전킨이 세운
두 곳 선교 스테이션은 각기 수덕공원과 구암공원으로 남아 있다.
특히 구암공원은 금강 하류를 바라보는 자리에 여전한 모습으로
남아 있다. 구암공원 자리에서 우리는 이제 전킨과 그의 동료들의
헌신을 기억해야 한다. 그들의 모든 것을 내려놓은 헌신으로 오늘
우리가 있고 우리 다음 세대의 내일이 있다.

군산 3.1운동 100주년 기념관

전라북도 군산시 영명길 29

전킨 선교사와 부인 메리는 군산에 와서 그들이 원래 사명으로 품은 교육 선교 사역을 시작했다. 영명학교와 멜볼딘여학교는 그렇게 1902년과 1903년에 구암 스테이션 경내에서 처음 문을 열게 된다. 선교사들의 현지 사정에 따른 필요에 의해 문을 연 두 학교는 1903년에 남장로교 선교부에 의해 정식 선교지 학교로 인정을 받았다. 그리고 여러 선교사와 선교사 가족들의 지원을 받게 된다. 이후 두 학교는 군산의 근대교육을 이끄는 중심이요 힘이 되었다. 군산의 많은 사람이 자녀를 이 학교들에 보내 선교사들에게서 근대식 교육을 받도록 했다. 영명과 멜볼딘학교는 말 그대로 군산 미래의 중심이 되었다. 특히 두 학교는 1919년 3.1 운동의 시발점과 구심점 역할을 하면서 군산의 민족 정신을 이어가고 민족의 독립을 위해 힘쓰는 핵심이 되었다.

전킨의 서재에서 시작된 영명학교는 처음 초등과정으로 운영되다가 1904년 해리슨William B. Harrison 선교사가 부인 리니 데이비스 Linnie Davis Harrison 선교사의 죽음 이후 전주에서 군산으로 오면서 본격적으로 중등교육까지 포함하는 교육기관으로 자리를 잡게 된다. 그리고 아직 대한제국이던 시절 1909년 학부學部의 정식 인가를 받은 정규 교육기관이 되었다. 기존의 초등교육과정은 구암교회가 새롭게 연 안락소학교에서 담당하도록 했다. 영명학교의 발전은 미국 루이빌 대학에서 의학을 공부하고 의료 선교사가 되어 돌아

전킨 등 남장로교 선교사들이 세운 군산 영명학교. 멜볼딘여학교와 더불어 군산의 주요 기독교사립학교로 발전했다. 1940년 군산 스테이션이 문을 닫으면서 폐교되었다가 최근 구암산 일대가 역사공원으로 조성되면서 옛 모습 그대로 복원되었다.

온 조선인 오긍선이 학교 운영과 책임을 맡으면서 본격적으로 이루어졌다. 미국 남장로교 선교부는 학교의 선교사 교직원들에 대한 일체의 인건비 및 학교 운영비를 지원했고 구암 스테이션에 지상 3층의 학교 건물을 신축해 주기도 했다. 학교는 1911년부터 졸업생을 배출하기 시작했고 1913년에 이르러서는 정규 고등과정^{지금의 고등학교}을 모두 마친 학생들이 졸업하여 사회의 일꾼으로 나가게 되었다.

멜볼딘 여학교는 영명학교와는 다르게 선교사들의 지원이 각별했다. 멜볼딘 여학교는 1884년에 한성에 세워진 이화학당^{梨花學堂}

이후 지방에 세워진 최초의 근대식 여성교육기관이었다. 상대적으로 사회적인 약자로 여겨지던 여성들을 교육하는 일에 대해 선교사들 자신이나 미국 본국 선교본부 혹은 주변의 후원자들의 관심은 각별했다. 학교의 원래 이름은 군산여학교였는데, 후에 두 번째 교장이 된 불 선교사의 부인 엘리자베스 불Mrs. Elizabeth Bull이 미국 버지니아의 렉싱턴장로교회Lexington Presbyterian Church 성도들의 헌금을 모아 1912년 학교를 건축하고 매리-볼드윈여자대학교Mary-Baldwin Women's University 학생회의 도움으로 학교의 집기와 비품들을 채우면서 학교이름을 멜볼딘으로 부르게 되었다. 멜볼딘여학교는 1913년 일제식민정부의 교육부로부터 정식 학교로 인가를 받아 군산의 중요한 여성교육기관으로 자리를 잡게 된다.

흥미롭게도 이 두 학교는 1910년 개교한 이래 일제강점기에 군산에서 벌어진 여러 다양한 독립운동의 주요한 시발점이자 근거지가 된다. 특히 군산의 3.1운동은 구암산에 자리 잡은 영명학교와 멜볼딘학교의 주도하에 예수병원 직원들이 협력해 이루어진 큰 사건이라고 봐도 과언이 아니다. 미국 남장로교회가 추구하는 목적에 따라 학생들을 가르친 선교 학교들은 민족과 나라의 미래 역사에 기여하고, 사회적으로 가난하고 낮은 자들과 함께하는 일이 무엇보다 중심이었다. 그래서 영명학교와 멜볼딘학교 출신들은 군산과 나아가 전라도 그리고 조선 반도 전체에 걸쳐 다양한 사회적 영향을 끼치는 일꾼이 되고자 노력했다. 그러던 1919년 일제의 식민통치에 반대하고 민족자결民族自決을 주장하는 독립운동이 경성을 중심으로 먼저 전개되었다. 이렇게 시작된 소위 '만세운동'

구암산의 만세운동 기념 조형물. 구암산은 군산에서 3.1만세운동이 일어난 중요한 역사적 장소이다. 이곳에서부터 시작된 만세운동은 이후 전라도 일대를 비롯한 인근 곳곳에 퍼져 나갔다.

은 전국 각지로 퍼져나갔다. 경성에서 시작된 만세의 물결은 여러 지방의 도시들로 들불 번지듯 퍼져나갔다. 각 지역의 지도자들은 경성에서 먼저 인쇄되어 뿌려진 독립선언서와 태극기를 얻어 자체적으로 제작 배포했다. 그리고 서로 날짜를 정해 만세 운동을 펼쳤다.

그 가운데 영명학교는 경성 이남에서 최초로 만세운동이 일어난 곳이다. 경성을 제외한 대부분 지역에서 아직 만세운동의 조짐만 일어나고 있을 때 군산에서는 지방의 만세운동이 처음 실제로 일어난 것이다. 군산은 1919년 3월 5일 일어난 영명학교 만세운동을 시작으로 전 도시에 걸쳐 만세운동이 퍼져나갔다. 전킨을 비롯한 선교사들과 교사들의 신실한 가르침이 결실하게 된 순간이었다.

영명학교 만세운동의 전말은 이렇다. 1919년 당시 영명남학교 졸업생이자 세브란스 의전 학생이었던 김병수는 민족대표 33인 중 한 명이었던 이갑성남대문교회 집사으로부터 군산지역 연락 책임자로 임명되었다. 그는 2월 26일 영명남학교 교사로 재직 중이던 이모부 박연세구암교회 장로를 만나 경성의 상황을 전하고 숨겨 가져온 독립선언서 90여 장을 건넸다. 박연세는 구암교회 성도였던 동료 교사 이두열과 이준영에게 이 상황을 전하고 대대적인 만세운동을 계획했다. 그리고 학교 숙직실과 기숙사 다락방에서 독립선언서 7천여 장을 등사해 구암교회 성도, 영명학교와 멜볼딘여학교 학생, 예수병원 직원 등에게 전달했다. 거사는 장날인 3월 6일로 정했다.

그런데 이틀 전인 3월 4일 시위 움직임을 눈치챈 일경이 학교를 급습해 박연세, 이두열을 강제로 연행해가는 위기가 찾아왔다. 그러나 구암교회와 영명학교 그리고 멜볼딘학교 등의 신실한 성도들이 품은 민족의 자유를 향한 집념은 군산 사람들을 더 강하게 결집했다. 구암교회 출신 교사와 학생들은 3월 4일 긴급히 모임을 갖고 교사들의 석방을 요구하는 시위를 벌였다. 이때 영명학교에서 중학교 졸업시험을 준비하던 일단의 학생들은 시험을 거부하고 거리로 나섰다. 그들은 "독립후에 졸업하자"라고 외치며 시위대에 합류했고 그 가운데 상당히 많은 학생이 일제 경찰에게 체포되어 잡혀갔다. 덕분에 학생들 상당수는 그해 졸업을 할 수 없게 되었다. 그래서 지금도 1919년과 1920년 사이 영명학교 졸업생명부는 비어있다.

이어서 3월 5일이 되자 체포되지 않은 학생들은 "오늘 만세운동을 펼치자"라고 결단했다. 그리고 예수병원 직원들, 구암교회 성도들 및 군산 개신교 신자들, 그리고 다른 종교 지도자들 및 시민들과 심지어 멜볼딘 여학교 학생들까지 동참하는 대규모 시위를 시작했다. 구암산 영명학교로부터 만세운동을 시작해 군산시로 진입하는 계획을 세워 실행했다. 예상치 못한 대규모 시위에 일제 경찰은 당황했다. 결국 그들은 익산 지역 헌병대까지 동원해 무차별 총격을 벌이며 탄압에 나섰다. 그러나 시위대는 굴하지 않았다. 사망, 부상, 그리고 투옥 등을 겪었지만, 군산의 만세운동은 들불처럼 번졌고 곧이어 군산 전체가 들고 일어서는 놀라운 일이 일어났다. 군산의 만세운동은 대단했다. 3월 4일 영명학교에서 시작된 시위는 같은 해 4월 5일 일천여 명이 참여하는 대규모 시위로 발전해 나갔다. 상황이 이렇게 되자 군산의 일제 경찰과 헌병은 강제 진압과 연행과 투옥 등의 강경 일변도 대응을 철회하고 보다 부드러운 방법으로 시민들을 달래기도 했다. 어쨌든 군산 구암산에서 시작된 만세운동의 불길은 충분한 도화선이 되어 남도의 다른 도시들로 그리고 충청도 전역으로 확산해 나갔다.

영명학교 만세운동은 사실 구암 스테이션 선교사들의 굳은 의지가 이끈 결과였다, 전킨으로부터 이어진 군산의 교육선교사들은 영명과 멜볼딘 등 두 학교의 학생들에게 바르고 의롭게 살 것, 민족과 나라 공동체를 귀하게 여길 것 등을 가르쳐 왔다.

이런 일도 있었다. 조선 총독부의 개정된 '사립학교규칙'에 따라 조선의 각 사립학교들은 '고등보통학교'와 '각종학교' 중 한 가지를 선택을 해야 했다. 그런데 고등보통학교를 선택하면 식민 정부의 지원을 받는 대신 성경과 같은 과목을 가르칠 수 없었다. 당시 남장로교 선교사로 사역하던 린튼William A. Linton은 기독교 학교는 "기독교인 가정의 자녀들을 어릴 때부터 고등학교 과정까지 신실한 기독교인 교사들에 의해 기독교적인 환경에서 교육함"으로써 그리스도를 위한 사람과 교회와 사회를 이끌어나갈 기독교 지도자로 길러내야 하는 곳이어야 한다고 강하게 주장하며, 각종학교를 선택했다. 그뿐이 아니었다. 영명학교는 다른 호남지역의 남장로교 소속 학교들과 마찬가지로 일제의 신사참배 강요에 절대로 응하지 않았다. 선교사들과 교사들 그리고 학생들은 학교 교정에서 황궁요배를 하거나 신사에 찾아가 참배를 하는 등의 활동을 따르느니 차라리 학교를 폐교하겠다고 결단했다. 그렇게 해서 1940년 영명학교와 멜본딘여학교는 폐교되고 말았다.

해방후 선교지로 복귀한 선교사들은 여러 가지 이유로 군산 구암 스테이션에 복귀하지 못했다. 결국 남장로교 선교부는 군산 스테이션을 포기하게 되었다. 당연히 영명학교와 멜볼딘여학교의 복구와 재개교는 요원한 일이 되었다. 그런데 다행히도 대한예수교장로회 군산 노회가 영명학교의 재개교를 추진했다. 그렇게 1952년 영명학교는 다시 학교문을 열게 되었다. 이후 1962년에는 멜볼딘여자중고등학교가 분리해 나갔다. 그러나 영명학교는 기독교 학교로서 계속 유지될 수 없었다. 학교는 결국 1975년 지역 유지 고판남에게 인수되어 군산제일고등학교로 바뀌어 오늘에 이르게

구암산에서 군산으로 가는 내리막길. 영명학교와 멜볼딘여학교 학생들 그리고 구암교회 및 구암 예수병원 교인들과 직원들은 만세를 외치며 구암산을 내려가 군산 시내로 향했다.

된다. 멜볼딘여학교의 경우 1965년 영명학교에서 분리하여 별도의 법인을 설립하여 유지되다가 1980년 군산영광여중고등학교로 개명해 오늘에 이르고 있다.

　오늘날 군산 구암산 공원에 가보면 옛 영명학교를 복원한 건물이 있다. 군산에서 벌어진 3.1운동 백 주년에 그때를 기억해 개관한 기념관이다. 기념관에는 3.5운동이라고 해야 어울릴 여러 사건들에 대한 기록들이 유물들과 함께 남아 있다. 그뿐이 아니다. 기념관에는 영명학교를 개교하고 건물을 지어 신앙과 민족정신 가운데 학생들을 가르친 선교사들의 활동에 대한 기록과 그리고 그들에 관한 유품들도 다수 남아 있다. 군산 3.1운동 백 주년 기념관

은 선교사들의 바르게 가르치고자 하는 열정의 흔적과 그들의 성
실한 가르침에 화답하여 당대 세상을 향해 의로운 빛을 드러낸 학
생들의 이야기로 풍성하다.

옛 군산 구암교회 앞
전라북도 군산시 영명길 22

3.1운동 100주년 기념관 앞에서 군산 스테이션을 바라보면 왼
쪽 방향으로는 옛 군산 예수병원 직원 숙소자리에 새로 지은 구암
교회가 있고, 오른쪽 방향으로는 1901년도 군산 예수병원의 벽돌
을 사용해 1959년에 건축된 옛 구암교회가 있다.

군산 구암 스테이션의 입구에는 지금은 사라졌지만 '군산예수
병원'도 있었다. 군산예수병원은 1896년 4월 6일 이곳에 세워졌
다. 의료 선교사 드루의 사랑방 진료가 그 시작이었다. 드루는 군
산뿐만 아니라, 금강과 만경강 일대를 오르내리며 의료 선교 활동
을 했다. 선교사들의 의료 사역에는 복음 전파도 항상 함께했기 때
문에 많은 사람이 치료받으면서 동시에 복음을 접했다. 드루의 치
료를 받은 사람들은 그의 의술과 인격에 감동했고 결국 그의 손
에 이끌려 교회로 나왔다. 그렇게 헌신적으로 사역한 결과가 바로
군산교회였다. 전킨의 부지런한 선교도 한몫했지만 드루의 인격
과 인도로 1897년 군산교회 예배 인원은 40여 명에 이르렀다. 그
러나 드루는 사역을 오래 지속하지 못했다. 스스로 의사였지만 당

현 군산 구암교회. 구암교회는 선교사들이 군산 스테이션을 처음 세우던 때로부터 지금껏 꾸준히
구암산을 지키고 있다. 이 구암교회로부터 전라북도 여러 곳에 많은 교회들이 세워졌다.

시 선교지 조선의 열악한 현실을 이기지 못한 것이다. 결국 두루는 1901년 고향 미국으로 돌아갔다.

드루의 뒤를 이어 군산에 온 것은 알렉산더John Alexander, 안력산 선교사였다. 1902년 12월이었다. 그러나 그는 얼마 지나지 않아 고국에서 부친이 사망했다는 소식을 듣고 유업을 잇기 위해 고국으로 돌아갔다. 알렉산더 선교사는 그러나 고국으로 돌아가는 길에 오긍선을 데리고 가서 그의 의과대학 진학과 공부에 필요한 모든 것을 도왔다. 오긍선은 이후 조선에 돌아와 조국의 의학 발전에 크게 기여했다. 무엇보다 오긍선은 알렉산더가 다 채우지 못한 군산 예수병원의 사역을 이었다. 어쨌든 알렉산더의 짧은 임기 후 후임으로 군산으로 온 선교사는 다니엘Thomas H. Daniel이었다. 다니엘은 한동안 드루가 진료하던 공간에서 계속 진료하다가, 1905년 군산 스테이션 내의 학교에서 진료를 이어갔다. 그리고 1906년 3월에는 새로 지은 건물에 진료소를 차려 거기서 진료했다. 다니엘은 후에 앳킨슨Geo H. Atkinson의 지원 속에 1907년 5월 수술실과 병실을 갖춘 병원을 갖추었다. 그리고 본격적으로 의료 사역에 매진할 수 있게 되었다. 앳킨슨의 지원은 사실 전킨이 1900년에 안식년을 보내며 조선 선교에 대한 보고 및 후원 활동을 벌인 결과였다. 전킨은 군산에 병원을 세우는 일이 시급하다는 것을 알렸고 그 결과 앳킨슨은 그의 병원 건축을 도왔다. 물론 새로운 건물에서 사역한 것은 다니엘이었다. 다니엘은 이 병원을 '프랜시스가 다리를 놓은 앳킨슨 기념 병원'Francis Bridges Atkinson Memorial Hospital이라고 불렀다. 아마도 전킨이 죽은 또 다른 아들 프랜시스를 생각한 것으로 보인다. 그러나 군산 사람들은 그 병원을 군산예수병원群山耶蘇病院으로 불렀다.

앳킨슨에 의해 새롭게 건축된 이후 군산예수병원은 크게 발전했다. 1905년에는 간호사 케슬러Ethel E. Kestler, 계슬라가 합류하고 1907년에는 드디어 조선인 의사 오긍선이 합류하게 되었다. 이렇게 해서 병원은 더 안정적인 운영이 가능해졌다. 당시 군산 스테이션은 시가지와 멀리 떨어진 구암 언덕에 있었다. 그래서 다니엘이 안식년으로 본국에 있을 때, 오긍선은 군산 시내에 별도의 진료소를 설치해 운영했고, 오전과 오후로 나누어 구암과 시내 두 곳 모두에서 진료했다. 양쪽의 진료소 운영은 오긍선이 목포로 떠난 이후에는 더 이어지지 못했다. 결국 1914년 시내 진료소가 구암의 병원으로 흡수되면서 군산예수병원은 다시 한 곳에서만 운영이 이루어졌다.

사실 군산 예수병원의 운영이 쉬운 일은 아니었다. 선교 현장에서 무엇보다 중요한 의료 사역을 목적으로 세워진 병원이었으나 병원의 운영은 한마디로 부침의 시간들이었다. 의료 선교사들은 여러 가지 문제로 꾸준히 교체되었고 새로운 인원이 보강되기를 거듭했다. 그럼에도 대부분의 선교사들은 짧은 시간이나 긴 시간이 구별없이 모두 병원을 위해 그리고 이땅의 불쌍한 영혼들을 위해 최선을 다했다.

다니엘의 후임으로 1909년 8월에 부임한 패터슨Jacob B. Patterson, 손배순은 군산예수병원의 중흥기를 이끈 인물이다. 그는 한국식 온돌로 된 병실 운영을 장려하는 가운데 병원을 확장하였고, 군산예수병원을 남장로교 병원 가운데 가장 큰 병원으로 만들었다. 하지만 패터슨과 아내는 건강에 문제가 있었다. 그리고 결국에는 부부 모두 건강이 악화되어 할 수 없이 고국으로 안식년을 떠났다. 그렇게 1924년에는 브랜드Louis C. Brand, 부란도가 패터슨의 후임으로 군산에 왔다. 그는 1924년 11월부터 5년간 진료하다가 역시 건강상의 문제로 1925년부터 안식년을 맞아 병원을 떠났다. 그는 2년간의 휴가를 보내고 1929년 다시 한국에 돌아왔는데 군산으로 가지 못하고 그해 겨울에 광주로 갔다. 안타깝게도 브랜드 이후 1930년대 미국의 대공황기로 본국에서 더 이상의 의료 선교사가 파송되지는 못하게 되자 군산예수병원은 한동안 의료진이 없는 상태로 남겨지게 된다.

그래도 병원은 다시 일어섰다. 1931년에 홀리스터William Hollister, 하라시가 목포에서 군산 예수병원으로 부임해 왔다. 그가 목포를 떠나 군산으로 오게 되자 결국 목포의 프렌치병원은 한국인 의사에게 운영이 넘어가고 말았다. 그런데 홀리스터 역시 1933년 봄 장티푸스와 결핵 합병증을 앓게 되어 그해 7월 본국으로 돌아가야 했다. 이후 병원은 그린Willie B. Greene, 구리인이 홀로 맡게 되었는데, 다행히 홀리스터가 건강이 회복되어 다시 군산으로 돌아오게 되어 1935년 군산예수병원은 다시 활력을 찾게 되었다. 1933년 홀리스터의 후임으로 여수 애양원 원장을 지낸 로버트 윌슨Robert M. Wilson, 우일선의 아들 제임스 윌슨James S. Wilson이 부임하였다. 하지만 그가 부임하고 얼마지 않아 태평양 전쟁이 발발했다. 일본이 미국을 상대로 전쟁을 시작한 것이다. 이 일로 1940년부터 모든 미국 선교사들은 철수할 수밖에 없었다. 선교사들은 전쟁이 끝날 때까지 본국에 머물거나 전쟁에 참전했다. 그렇게 미국 남장로교 선교부는 군산 스테이션을 폐쇄하였고, 병원은 해방이 된 이후에도 다시 문을 열지 못했다.

군산예수병원은 헌신적인 의사들과 함께해온 헌신적인 간호사들 덕분에 의료 선교 사역이 더욱 빛을 발했다. 1905년부터 간호사로 있던 케슬러는 1912년에 전주로 갔고, 뒤이어 온 쉐핑Elizabeth J. Shepping, 서서평이 1918년까지 간호 사역을 성실하게 감당했다. 쉐핑의 후임으로는 목포프렌치병원에서 사역했던 래쓰롭Lillie O. Lathrop, 라두리이 있었는데, 그녀는 건강 문제로 1927년까지만 사역할 수 있었다. 브랜드의 사역이 이어지던 1927년에는 군산 예수병원의 다섯 번째 간호사로 그리어Anna L. Greer, 한국명 기안나가 순천에서 왔다. 그녀는 한국인 간호사 관리뿐만 아니라 병원 운영의 많은 부분을 감당했다. 그녀는 브랜드가 건강상의 이유로 광주로 갔을 때도, 군산예수병원을 지켰다. 군산예수병원을 홀로 맡았던 간호사 그리어는 홀리스터의 부임 후, 1931년 2월 안식년을 맞아 고국으로 돌아갔다. 이후 홀리스터가 질병으로 고국으로 돌아가게 되고 후임으로 그린Willie B. Greene, 구리인이 부임하자 선교부는 그린을 효과적으로 도울 일을 위해 안식년 중이던 그리어에게 도움을 요청했다. 그리어는 즉시 군산으로 돌아와 군산 예수병원의 간호 역할과 운영을 다시 맡았다. 이후 홀리스터가 건강을 회복한 뒤 다시 군산으로 다시 왔고, 그때 1935년 6월 그리어는 다시 미국으로 돌아갈 수 있었다.

옛 군산 구암교회. 1957년 지어진 교회 건물은 현재 군산 3.1운동 영상박물관으로 사용되고 있다.

　　군산예수병원에서 특히나 기억해야 할 인물은 1909년 8월 조선에 온 다니엘의 후임인 패터슨Jacob B. Patterson, 손배순이다. 그는 한국식 온돌을 갖춘 병실을 열고 군산 예수병원을 남장로교에서 가장 큰 병원으로 만들었다. 패터슨이 활동하던 1911년에는 일본인 환자들이 조선인들과 견줄 수 있을 정도로 많았다. 일본인들은 1899년에 군산 이주를 시작했는데, 1909년에는 군산 인구의 절반을 차지했다. 선교사들이 보기에 군산은 일본인과 조선인들의 삶의 편차를 확연히 볼 수 있는 곳이었다. 선교사들은 일본인들에

비해 삶의 질이 떨어지는 조선인들을 향해 긍휼의 마음을 품었고 조선인 의료 사역에 집중하는 열정을 품었다. 선교사들은 일본인 환자들에게는 병원비 전액을 받았다. 그렇게 일본인들의 병원비 전액 납부는 군산 예수병원의 자립에 큰 영향을 미쳤을 뿐 아니라, 병원비를 온전히 내지 못하거나 아예 낼 수 없었던 조선인들을 진료하는 데도 큰 도움을 주었다. 그렇게 패터슨은 '긍휼의 대상' 조선인 환자들을 위해 온돌 병실을 만들었고, '수익성이 좋은' 일본인들을 위해서는 별도의 병동을 운영하였다.

패터슨의 최선을 다한 의료 사역을 통해 1920년 군산예수병원에는 1,799명의 입원 환자가 있었다. 이는 당시 6개의 선교회가 의사와 간호사를 공동으로 파송하여 운영 중이었던 서울 세브란스연합병원과 맞먹는 숫자였다. 그렇게 군산 예수병원은 날로 발전하여 1923년에는 17,303명의 환자를 치료하고 3만 불의 총수입을 올리는 등 놀라운 결실을 보였다. 당시 패터슨은 단 한 명의 의사로서는 도저히 불가능한 놀라운 일들을 수행했다.

선교사들이 조선인들에게 우선하여 심어주고 싶어 했던 것은 '복음'이었다. 그것은 당시 조선에 와 있던 모든 교단과 교파 선교사들도 마찬가지였다. 남장로교 선교사들 역시 어떤 사역을 수행하든지 그들의 손과 마음은 항상 복음이 함께 했다. 패터슨도 환자들을 진료하는 일과 동시에 성경을 가르치려고 애썼다. 선교사들은 조선인들의 육신의 필요와 영혼의 필요를 동시에 채워주었다. 도저히 불가능해 보이는 의료 사역을 감당하고, 그 가운데서도 복음 전파를 잊지 않았던 패터슨의 헌신적인 사역은 조선인들을 향한 열정이 얼마나 대단했는지를 느끼게 해 준다. 태평양 전쟁 이후, 스테이션의 폐쇄로 병원을 다시는 볼 수 없게 되었지만, 선교사들의 헌신적인 삶의 열매들은 지금도 군산 곳곳에 남아 선교사들의 흔적을 느낄 수 있게 해 준다.

전킨을 비롯한 남장로교 사역자들이 의료 선교의 중요한 거점으로 사용하던 구암산 스테이션에는 현재 군산 3.1운동 100주년 기념관이 자리하고 있다. 현재 건물은 과거 멜볼딘여학교 위치에 있으며, 건물의 모양은 과거 3.1운동의 출발점이었던 영명남학교의 모습을 재현했다. 이즈음에서 우리가 잊지 말아야 할 것은 여기에 일제강점기 내내 군산예수병원이 자리하고 있었다는 것이다. 군산예수병원은 일제가 강점하고 있던 어려운 시절 전주예수병원과 더불어 많은 사람들에게 희망의 등불이었다. 군산예수병원이 구암산 자락에 자리하고 있던 시간, 이곳에는 하나님의 사랑을 품은 파란 눈의 선교 사역자들이 자기들의 삶을 회복해주기를 바라는 마음으로 찾아오는 이들의 발걸음이 끊이지 않았다. 이 모든 일이 가능했던 것은 드루를 시작으로 이후 45년간 벌어진 군산의 의료선교 사역자들의 헌신 덕분이었다. 그러니 구암산에서 우리는 군산예수병원의 흔적과 향기를 찾아야 한다. 그곳에서 수고를 다했던 미국 남장로교 선교사들의 마음을 느껴야 한다.

금강 구암포구 앞

전라북도 군산시 구암동 601-42

구암산 정상에서 동북쪽을 바라보면 한반도 젖줄 가운데 하나인 금강의 멋진 모습을 볼 수 있다. 군산 위쪽으로 흘러 서해로 들어가는 금강은 전킨과 드루 등 초기 선교사들이 벌인 놀라운 선교 역사를 그대로 품고 있다. 수덕산에서 구암산으로 스테이션을 옮긴 전킨과 드루는 이곳을 중심으로 선교 영역을 넓혀 나갔다. 특히 의사 드루는 동료 의사 알렉산더와 함께 팀을 이뤄 작은 의료선교용 배를 이용하여 금강과 만경강을 따라 군산 주변의 작은 마을을 찾아다니며 복음을 전했다. 그들의 헌신으로 많은 이들이 복음을 받아들였고 역시 많은 교회가 세워졌다. 드루와 알렉산더 뿐이 아니었다. 전킨과 불 선교사 역시 선교용으로 마련한 배를 이용해 내륙 전도에 힘썼다. 그렇게 복음을 전한 결과 전라북도 여러 곳에서 복음을 받아들인 사람들이 나타났고 그들은 선교사들과 더불어 자기 마을에 교회를 세우기 시작했다.

군산의 배후 내륙 지역에서 처음 세워진 교회는 남전교회이다. 전킨 선교사에 의해 전도된 일곱 명의 신자가 지금의 익산시 오산면 남전리에 1897년에 세운 교회이다. 전킨은 1899년에 남전교회에서 두 명에게 세례를 베풀면서 남전교회가 온전히 자리잡을 수 있도록 도왔다. 이후 군산에서 익산으로 이어지는 일대의 선교는 빠르게 이루어졌다. 1901년 황등의 동련교회가 세워지고 1903년 삼기면의 서두교회, 여산면의 고내리교회 그리고 망성면

웅포 나루터. 구암산을 출발해 금강을 따라 올라가다 보면 몇 개의 나루터가 있다. 곰개나루라고 불리는 웅포와 성당포구, 그리고 강경포구가 대표적이다. 선교사들은 배를 구입해 금강을 따라 이동하며 선교활동을 펼쳤다.

의 무형교회가 1904년에 세워졌다. 1906년에는 웅포면의 웅포교회와 대붕암교회(제석교회)가 세워졌으며 영안면의 송산교회도 세워졌다. 그런데 흥미롭게도 이 교회들은 하나같이 지역의 교육기관 역할도 도맡았다. 처음 구암산 자락에서 구암교회와 더불어 영명학교와 안락소학교가 세워지더니 이후 잇달아 익산 일대에 세워진 교회들도 그 길을 따랐다. 남전교회는 도남학교道南學校, 동련교회는 계동학교啓東學校를 세웠고 제석교회 역시 부용학교芙蓉學校를 세워 어린이들에게 근대식 지식과 민족정신 그리고 신앙을 함께 가르쳤다. 교회와 학교가 같이 세워져 복음선교와 교육선교가 함께 이루어지는 패턴은 아무래도 선교사들의 영향이 크다. 불 선교사와 해리슨 선교사는 특히 교회와 더불어 학교 설립과 운영에 깊은 관심을 가졌다. 그들은 학교가 많이 세워지는 일이 그들 선교에서 무엇보다 중요한 과제요 사명이라고 여겼다.

선교사들의 이런 남다른 노력은 1919년 군산에서 벌어진 3.5 만세운동 이후 4.4 익산 만세운동에 큰 영향을 끼쳤다. 군산 영명학교에서 만세운동이 시작되었다는 이야기를 들은 익산의 교회와 성도들은 익산의 장이 열리는 4월 4일에 만세운동을 열기로 준비했다. 남전교회 문용기, 박영문, 장경춘, 서정만, 그리고 박도현 등이 교회에서 운영하던 도남학교 학생들과 약 2백여명의 시위대를 구성해 익산의 장터에서 대대적인 만세운동을 벌였다. 일본 경찰과 헌병대의 진압은 잔인했다. 시위대 맨 앞 줄에 서서 만세운동을 주도하던 문용기는 그 자리에서 죽임을 당했고 많은 학생들이 연행되어 끌려갔다. 이런 일은 고현교회와 그리고 제석교회에서도 벌여졌다. 고현교회 장로 오덕근은 익산에서 만세운동이 일어났다는 소식을 교회에 전하면서 교회 성도들에게 준비한 태극기를 나누어주고 만세운동을 이끌다가 붙잡혀 옥고를 치렀다. 이후 오덕근 장로는 동료인 김한규 장로와 함께 민족교육을 위해 경신학교를 설립해 학생들을 가르치다가 일제에 의해 폐교 당하는 어려움을 겪기도 했다. 선교사들이 세운 학교 학생들이 주도하는 만세운동은 웅포에서도 있었다. 제석교회가 운영하던 부용학교 출신이자 군산의 영명학교 재학생이던 강인성과 강관성이 영명학교와 군산의 만세운동에 참여한 것이다. 이외에도 강성주와 한길용은 강경

옥녀봉에서 바라본 강경포구 일대. 선교사들은 금강을 타고 다니며 선교활동을 벌였다. 특히 드루는 선교부의 도움으로 구입한 의료선을 타고 다녔는데 멀리는 공주 포구까지 올라가 사역하기도 했다.

읍에서의 만세운동을 주도했고 이형우는 웅포면 자체의 만세운동을 주도했다.

　전킨과 불, 해리슨 선교사들은 드루와 알렉산더가 주로 운영하던 배를 타고 금강을 왕래했다. 그들은 궁멀나루라 불리던 구암을 출발해 역시 곰개나루라 불리던 웅포熊浦를 지나고 세금으로 바치던 곡식을 모아두는 창고가 있던 성당聖堂 나루를 지나 강경江景나루와 심지어 부여扶餘나루와 공주公州나루까지 올라갔다. 그리고 곳곳에서 만나는 사람들에게 복음을 전하고 그들의 병 치료를 위해 수고했다. 선교사들은 포구에서만 복음을 전하지 않았다. 그들은 배에서 내려 나루를 통해 육지로 들어갔다. 그리고 전라북도 일대 곳곳 마을마다 다니며 복음을 전했다. 교통이 불편하고 문화가 다른 곳에서 그들이 벌인 선교적 노력은 대단한 것이었다. 며칠 동안 배를 타고 상류로 올라가 곳곳에서 복음을 전하던 선교사들은 이내 그들이 배를 댔던 나루로 돌아와 다시 배를 타고 다시 하류의 궁멀 나루로 돌아왔다. 선교사들과 그들을 돕던 구암산 사람들은 저녁나절 상류로부터 내려오는 여러 배들 가운데 선교사들의 배를 볼 수 있었다. 구암산 사람들은 노랗게 빛나는 선교선의 돛과 그 아래 앉아 손을 흔드는 선교사들의 모습을 보면서 하나님께 감사의 예배를 드렸다.

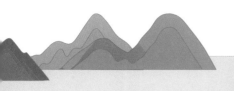
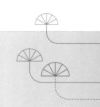

세 번째 순례지

영산강 뱃길로 이어진 선교
목포

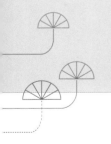

목포 내항 구 시가지. 목포는 제물포보다는 늦게 그러나 군산보다는 이른 1897년 대외에 개항했다. 덕분에 작은 포구에 불과했던 목포는 제법 도시의 모습을 갖춘 시가지의 모습이 형성되었다.

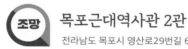 목포근대역사관 2관

전라남도 목포시 영산로29번길 6

    남도 서남부 끝자락 항구 도시 목포에는 두 개의 근대역사관이 있다. 1관과 2관이 있는데, 이 두 개 건물 모두가 일제강점기 주요 건물을 역사적 교훈의 장으로 활용하고 있다는 특징이 있다. 1관은 옛 일본영사관 건물이고, 2관은 옛 동양척식주식회사東洋拓殖株式會社, 목포시 번화로 18 건물이었다. 1관에는 목포 근대화 역사와 순례의 중요한 포인트가 되는 선교 스테이션의 주요 정보들이 있다. 2관에서는 목포의 과거와 현재를 비교해서 볼 수 있고, 특히나 독립을 위해 삶을 바쳤던 선열들을 기억할 수 있는 공간이 있다. 목포에서 선교의 역사와 일제 강점기의 역사 그리고 근대화의 역사는 맥을 함께한다.

'목포'라는 이름은 지리적인 환경 때문에 생겨났다. 목포는 무안 반도務安半島 끝자락에 있다. 서해와 남해가 연결되는 지역이기도 하고 무엇보다 전라남도의 주요 중심지인 나주羅州와 연결되는 영산강의 하구 끝자락에 위치해 있다. 그래서 목포는 이리저리 여러 곳에 대해 '목처럼 중요한 역할을 한다'라는 의미로 '목개'라는 우리말로 불렸다. 그래서인지 이곳은 왜구들을 비롯한 여러 해적들이 끊임없이 출몰하는 곳이었다. 그래서 국가의 영토 개념이 중요해진 고려조로부터 이곳에는 작으나마 해군기지가 늘 있었다. 해군기지가 들어서면서 사람들은 그 기지에 기대어 작은 포구를 형성했다. 그러다 조선시대에 이르러 이곳 목포에는 수군만호水軍萬戶가 상주하는 해군기지가 만들어졌다. 그리고 임진왜란을 거치면서 서해를 지키는 길목으로서 그리고 나주의 외항으로서 그 중요성이 크게 부각되게 되었다. 무엇보다 목포가 유명하게 된 것은 충무공 이순신 장군이 이 근처 고하도에 목화木花를 심어 생산한 목화솜을 가져다 포구에 쌓아두면서 木浦목포라는 한자식 이름을 얻게 되면서이다.

1895년 조선왕조 마지막 임금 고종은 관제를 개혁하면서 목포를 무안군과 분리한 후 별도의 목포만호청을 두었다. 그리고 목포에 외국인들이 거주할 수 있도록 조처했다. 이어서 1897년 10월 1일에는 목포를 정식으로 외국에 개항하고 이름을 목포항이라고

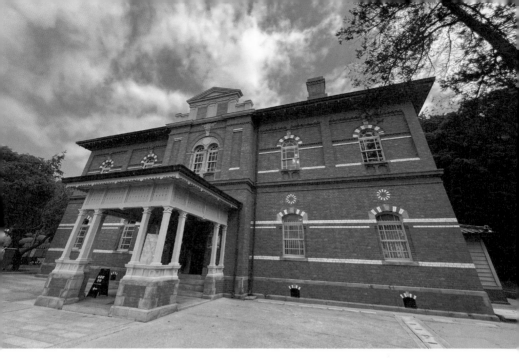

목포근대역사관 1관. 목포 일본영사관으로, 그리고 일제강점기에는 목포부 청사로 사용되던 건물이다. 목포근대역사관은 2관도 있는데 이 건물은 일본의 식민지 착취 상징이었던 동양척식회사가 있었다.

부르기로 했다. 다른 개항도시들과 마찬가지로 목포에도 '각국공동거류지'各國共同居留地 구역이 들어서게 되었다. 주로 일본인들과 청나라 사람들이 들어와 살았지만, 어쨌든 외국인들의 거류지역이 들어서면서 목포를 급속도로 발전하기 시작했다. 외국인들이 도시를 바꾸기 시작하자, 목포에 거주하던 조선인들 역시 외부인들의 문화의 영향을 받기 시작했다. 소위 도시화가 이루어지기 시작한 것이다. 이렇게 개항이 이루어지고 도시화가 시작되면서 목포에는 새로운 기회를 찾아 사람들이 몰려들었다.

1893년 이래 조선에 들어와 남도 선교를 위해 힘쓰고 있던 남장로교 선교부는 목포 개항에 관심을 기울였다. 만일에 목포에 선교 스테이션을 구축할 수 있다면 목포를 중심으로 남서로 펼쳐진 해안 마을이나 주요 거점 도시들을 선교적으로 공략할 근거지가 마련되는 일이었다. 무엇보다 목포가 끼고 있는 영산강을 통해 나주와 광주 등으로 선교적인 활동을 넓혀갈 수도 있다. 한성의 남장로교 선교부는 때마침 한성에 와 있던 미국 남장로교 본부의 선교 책임자 체스터S. H. Chester 와 목포 선교 기지 설립의 필요를 공감하고 곧 목포 스테이션 개설 작업에 필요한 자금 1천5백 달러를 미국 선교본부에 요청했다. 그리고 자금이 마련되자 레이놀즈William D. Reynolds, 이눌서와 유진 벨Eugene Bell, 배유지에게 목포 스테이션 개설 업무를 맡겼다. 이런 결정이 이루어지던 1895년 당시 유진 벨은 이미 조선에 들어와 남도 일대를 광범위하게 다니며 조사활동을 벌이고 있었다. 그리고 목포가 남도 선교를 위한 전초기지로 중요하다는 것을 인식하고 있었다.

레이놀즈와 유진 벨은 선교부의 결정에 따라 준비기간을 거쳐 이듬해인 1896년 2월 목포에 내려왔다. 그는 이후 양동陽洞의 언덕을 대대적으로 매입해 선교사들의 사택과 진료소와 그리고 학교 등을 세울 예정이었다. 이 모든 일은 당시 조선 조정의 목포 개항 계획에 맞물려 진행될 예정이었다. 그런데 1896년 4월 예정이었던 목포의 자유무역항 개항은 아관파천俄館播遷, 을미사변으로 신변의 위협을 느낀 고종과 세자가 러시아로 피신한 사건으로 연기되고 말았다. 그렇게 개항이 늦어지고 목포에서의 사역 진척이 늦어지자 남장로교 선교부는 1896년 12월에 새로운 스테이션 장소로 전라남도 나주羅州를 선택했다. 당시 나주는 전라북도 전주에 필적하는 남도의 인구 밀집 지역이었다. 1897년 3월 유진 벨은 자신의 한국어 선생이었던 변창연(邊昌淵)과 함께 나주로 내려갔다. 하지만 기대와 달리 나주 사람들은 외국인인 유진 벨을 배척했고, 살해 위협까지 했다. 나주에서 더 나은 사역 진척이 없자 선교부와 유진 벨은 내륙 선교의 기점을 나주로 삼고자 했던 계획을 철회했다. 안타까운 일이었다. 하지만 절망은 잠시뿐, 그해 10월에 기다리던 목포가 개항하자 선교사들은 원래 품고 있던 남도를 향한 복음의 열정을 다시 지필 수 있었다.

선교사들은 마음을 가다듬고 원래 세 번째 스테이션을 세우려 했던 목포에 스테이션 건설을 결단했다. 그리고 1897년 12월 유진 벨이 가장 먼저 목포로 이주하였다. 유진 벨은 처음 그가 마음으로 품고 있던 양동에 한국식 주택을 하나 지었다. 그렇게 유진 벨은 1898년 5월에 가족과 함께 할 임시 거주지를 마련하였고, 그곳에서 첫 예배를 드렸다. 이것이 목포에서 드린 첫 개신교 예배였다. 이렇게 시작된 목포에서의 선교활동은 이후 한 달여 만에 30여 명이 출석하는 교회로 발전하게 된다. 양동교회의 시작이었다. 유진 벨은 이후 양동 일대 땅들을 차근차근 매입하고서 그곳에 선교사들을 위한 서양식 사택을 짓기 시작했다. 그리고 마침내 1898년 12월 스스로 먼저 가족과 함께 사택에 입주했다.

유진 벨은 그의 동료로 활동할 의료선교사를 학수고대했다. 전주나 군산에서 이미 확인된 것처럼 조선 선교 사역에서 의료 선교사의 사역은 무엇보다 중요했다. 다행히 유진 벨이 양동에 선교사들을 위한 사택 건축을 완료한 시점에 오웬Clement C. Owen, 오기원이 합류했다. 오웬 선교사의 사택에는 진료소가 함께 있었다. 오웬 선교사의 사역은 대단했다. 그 역시 사역을 시작한 지 한 달여 만에 4백여 명이 넘는 환자를 돌보았다. 그리고 양동 일대를 유명한 명소가 되도록 했다. 이어 1899년 여성 선교사 스트래퍼Frederick E. Straeffer, 서여사가 합류했다. 그녀는 여성과 어린이 교육선교를 담당했다. 이렇게 해서 남장로교 선교부가 계획한 목포 스테이션의 큰 틀은 얼추 맞추어지게 되었다.

경성의 남장로교 선교부는 이후에도 계속해서 목포 스테이션 확장을 위해 노력했다. 선교사들을 위한 사택들을 추가로 건축하고 여러 부대시설들도 갖추도록 했다. 대한제국을 거쳐 일제강점기로 들어서면서 목포는 확실히 발전하는 도시였다. 생각보다 많은 사람이 목포로 몰려들었고 거기서 일자리를 구했다. 100여 명의 주민이 만호의 주도아래 조용히 살아가던 포구는 이전의 모습을 찾을 수 없을 정도로 커졌고 발전했다. 1910년에는 도시 인구가 1만2천 명이 되었고 1925년에는 3만7천 명에 이르렀다. 일확천금을 원하는 사람들도 목포로 왔다. 어떤 사람들은 치솟는 땅 값에 떼부자가 되기도 했다. 도시가 크게 확장하고 발전하자 당연히 선교사들의 일도 많아졌다. 무엇보다 도시민들을 위한 교육과 의료 혜택을 늘려야 했다. 결국 경성의 선교부나 목포 스테이션의 선교사들은 목포의 사역을 확장했다. 특히 1903년 유진 벨과 오웬이 새로 개척하는 광주 스테이션 설립을 위해 목포를 떠나고 새로 부임한 프레스톤John. F. Preston, 변요한과 놀런 선교사의 사역은 목포 스테이션의 새로운 발전에 전기가 되었다. 1908년에는 부흥하는 목포 스테이션의 늘어나는 사람들을 수용하기 위해 약 6,000달러의 예산을 배정하여 선교사 주택을 추가로 건축하기 시작했다. 그렇게 1924년 목포 양동 스테이션의 약 1만 4천 평 구내에는 다섯 채의 선교사 주택과 남학교, 여학교, 병원, 시약소 그리고 한국인 직원 숙소 마저도 세워졌다.

목포가 개항할 당시 세계는 이 작은 항구에 주목했다. 아직 경부선 철도가 본격적으로 놓여지기 전 사람들은 이 도시가 시베리아 철도의 종착지가 되리라는 기대감이 있었다. 사람들은 이 도시를 동아시아의 지브롤터Gibraltar, 지중해와 대서양을 잇는 길목, 이베리아 반도 아래 영국령 땅라고 불렀다. 세계가 이 작은 항구를 통해 들고 날 것이라 생각한 것이다. 그렇게 목포가 세계의 주목을 받기 시작할 무렵 남장로교 선교사들은 그 도시가 세속의 상업적인 마인드로 가득하기 전에 하나님의 복음이 든든하게 세워져야 한다고 생각했다. 남장로교 선교사들의 목포에 대한 마음은 그렇게 남달랐다. 그렇게 목포에는 교회가 세워지고 학교와 그리고 병원이 세워지게 되었으며 1980년대에 이르기까지 약 280여 명의 선교사들이 그곳에서 헌신하고 수고했다.

목포 양동 일대 순례 포인트

목포해양대학교

④

온금근린공원

⑧

북교초등학교

②

유달초등학교 ⑤

① ③

⑥ 목포여자
고등학교

⑦

동명동
행정복지센터

목포제일정보
중고등학교

❶ 목포근대역사박물관   ❺ 노적봉
❷ 양동교회   ❻ 목포내항
❸ 정명여자중고등학교   ❼ 호남선 목포역
❹ 공생원   ❽ 유달산

목포양동교회

전남 목포시 호남로 15

목포역에서 북항으로 이어지는 호남로를 따라가면 정명여자중
고등학교가 있고 조금 더 올라가면 양동교회가 나온다. 선교사 유
진 벨에 의해 설립된 석조건물이다. 양동교회당시는 목포교회의 시작은
화려하지 못했다. 1897년 3월 5일 유진 벨은 동료 레이놀즈와 그
리고 자신의 조사 변창연과 함께 목포 유달산 아래 초분터草墳攄, 송
장을 풀이나 짚으로 덮어 장례했던 곳에 장막을 치고 둘이 예배를 드렸다. 이후
1898년 5월에 유진 벨은 목포 양동 임시주택으로 옮기고서 거기
서 소문을 듣고 찾아온 한국인들과 함께 첫 예배를 드렸다. 이것이
목포 양동교회의 첫 예배였다. 초라한 시작으로 볼 수도 있겠으나,
이것이 남도에서 드린 첫 예배이니 그 시작은 참으로 은혜로운 것
이었다.

유진 벨은 양동 일대 야트막한 언덕 일대에 목포 선교 스테이션
을 구축했다. 그리고 그 중심에 양동교회를 세웠다. 양동교회 사역
은 유진 벨이 계획했던 대로 의료 사역과 교육사역이 병행하는 것
이었다. 처음 스테이션을 세우고 사역을 확장해 나가던 시절에는
오웬와 스트래퍼가 그 사역을 도왔다. 유진 벨은 교회를 중심으로
사역하고 오웬이 진료소를 운영하는 한편으로 스트래퍼가 어린이
와 여성들을 위해 학교를 운영하는 방식이었다. 의료 사역 및 교
육사역과 더불어 교회는 점점 부흥했다. 오웬에게 의료 혜택을 받
은 사람들과 스트래퍼를 통해 교육을 받은 부녀자들 그리고 어린

현 양동교회. 유진 벨은 1897년 3월 5일 이곳 양동 언덕에 와서 동료 레이놀즈, 그리고 조선인 조사 변창연 등과 함께 목포에서의 첫 예배를 드렸다.

이들이 교회에 다니면서 자연스럽게 교회도 성장한 것이다. 유진 벨과 오웬 그리고 스트래퍼는 주간에는 각자 맡은 사역에 충실했지만, 주말과 주일에는 교회 사역에 집중했다. 그래서 양동의 목포 스테이션은 다른 무엇보다 교회가 중심이 되는 선교 사역이 제대로 힘을 발휘했다. 유진 벨과 오웬 그리고 스트래퍼의 삼박자 사역은 많은 결실을 맺었다. 그렇게 양동교회에서는 1900년 8월에 첫 세례식이 있었고, 1903년에는 교인들이 힘을 합쳐 아주 멋진 예배당을 건립하였다.

사실 양동교회와 목포 스테이션이 설립되던 시절 이 모든 책임을 지고 있던 유진 벨에는 매우 고통스러운 일이 있었다. 그의 헌신적인 아내 로티 위더스푼Lottie Witherspoon Bell이 이곳 목포에서 사역하다가 심장질환으로 순직한 것이다. 1901년의 일이었다. 유진 벨은 사랑하는 아내의 죽음을 이기지 못했다. 그는 결국 선교부의 배려로 잠시 안식년을 가졌다. 이즈음 유진 벨의 충성승러운 동료인 오웬 역시 몸이 좋지 않았다. 그래서 그 역시 안식년을 갖게 되었다. 결국 목포 양동 스테이션은 어쩔 수 없이 일정기간 휴지기간을 가졌다. 여성인 스트래퍼 혼자 스테이션을 유지하기는 너무 어려운 일이었기 때문이다. 유진 벨은 아내를 먼저 보낸 충격으로부터 헤어나오기 어려웠다. 그러나 사역지 목포를 그대로 내버려둘 수도 없었다. 그는 1902년 결국 마음을 추스르고 다시 목포로 돌아왔다. 그가 돌아왔다는 소식이 알려지자 그의 동료 스트래퍼도 오랜 기간 일본에서의 뜻하지 않은 안식년을 끝내고 다시 목포로 돌아왔다. 그렇게 목포 스테이션은 어렵사리 사역을 이어갔다. 그러나 하나님께서는 유진 벨과 그의 아내 로티의 헌신을 그냥 두지 않으셨다. 누구보다 목포 양동교회 성도들은 로티의 헌신과 사랑을 기억하고 있었다. 결국 양동교회 성도들은 1903년 사랑하는 로티 위더스푼 선교사를 기억하며 그녀의 이름으로 양동교회를 건축했다. 이 예배당은 가난하게 살던 조선인 교인들이 건축비의 대부분을 감당하여 건축한 건물로, 당시 교인들의 신앙과 헌신의 높은 수준을 단적으로 보여준 예배당이었다.

남도의 초기 선교사들은 분주했다. 그들은 한곳에 오래 머물며 사역할 여유가 없었다. 유진 벨과 오웬 역시 마찬가지였다. 그들은 경성의 선교부로부터 광주에 새로운 스테이션 설립을 지시받았다. 그렇게 유진 벨과 오웬 선교사는 1904년 광주 스테이션 준비를 위해 목포를 떠났다. 물론 목포에는 더 훌륭한 사역자들이 들어왔다. 프레스톤이 뒤를 이었고 그 다음은 해리슨W. B. Harrison, 하위렴이 목포로 와서 연이어 양동교회를 섬겼다. 어쨌든 프레스톤과 해리슨의 노력으로 양동교회와 목포의 선교사역은 굉장한 결실을 거두었다. 목포 지역의 부흥 운동으로 교세가 확장되자 양동 스테이션의 선교사들과 양동교회 교인들은 1906년 교회를 새롭게 건축했다. 그리고 1911년에는 600명을 수용할 수 있는 멋진 석조예배당을 완공했다. 겨울에 준공된 목포양동교회 새 예배당은 전형적인 서양식 조적조벽돌 등을 쌓아 올려서 벽을 만드는 건축 구조 건물로서 1982년 한 차례 증축 과정을 거쳐 현재까지도 계속해서 사용 중이다. 예배당 왼쪽 출입구 위에는 "大韓隆熙四年"대한 융희 4년이라는 글씨가 태극 문양과 함께 선명하게 남아 있다. 이는 당시 조선을 병합하고 조선인들을 탄압하기 시작하던 일제에 항거하는 의지가 그대로 드러난 것이다.

프레스톤이 사역하던 시기 목포에는 놀라운 부흥의 역사가 일어나기도 했다. 1907년 평양에서 대부흥운동이 일어난 것은 주지의 사실이다. 그런데 평양의 대부흥운동은 원산으로부터 시작해 목포를 거쳐 평양으로 이어졌다. 1903년 원산에서 큰 부흥의 역사가 일어났다는 소식을 들은 프레스톤은 그와 동일한 역사가 자기 사역지에도 일어나게 되기를 간절히 소망했다. 그는 곧 원산의

하디_{Robert A. Hardie} 선교사와 접촉했다. 그리고 원산에서 사역하던 저 다인_{Joseph L. Gerdine} 선교사를 초청하여 부흥회를 열었다. 1906년 10월 일주일 내내 계속된 집회에서 사람들은 회개하는 가운데 영적 각성을 경험했다. 곳곳에서 회개와 용서, 화해와 새 삶으로의 결단이 이루어졌다. 목포에서 일어난 대각성의 역사는 곧 전라도 곳곳에 퍼져나갔다. 정말 많은 사람이 회개하며 하나님께로 돌아왔고 전라도 내 각 교회들에 큰 부흥의 역사가 일어났다. 그리고 이어서 부흥의 불길은 평양으로 이어졌다. 그렇게 1907년 평양 부흥운동은 목포에서의 전초전을 거쳐 일어나게 되었다. 이 모든 역사의 한복판에서 그것을 주도한 사람이 바로 양동교회 선교사요 목회자였던 프레스톤이었다. 덕분에 프레스톤이 사역하던 시기 양동교회는 400여 명이 출석하는 큰 교회로 성장하게 되었다.

이 외에도 프레스톤은 전라남도 곳곳을 다니며 복음을 전했다. 그는 늘 긍정적인 사람이었다. 그리고 활기찼다. 그는 곳곳을 선교하고 순회 목회하면서 주로 걷기를 좋아했는데 주변의 많은 사람이 그의 건강을 염려할 정도였다. 그러나 프레스톤은 주저하지 않았다. 그는 굉장한 신앙의 사람이었다. 그는 오히려 주변 사람들에게 "내 걱정은 하지 않아도 된다. 하나님께서 나를 지켜 주신다"라고 말했다. 프레스톤의 사역에서 무엇보다 주목할 부분은 그의 섬 지역 선교였다. 목포 일대에는 남해와 서해 모두에 면하여 주변에 많은 섬이 있었다. 프레스톤은 의료선교사 놀란 그리고 다니엘 등과 더불어 담대하게 섬 선교에 나섰다. 처음 사람들은 서양 사람을 보고 도망쳤다. 그러나 프레스톤은 꾸준했다. 그 결과 진도珍島에

목포에서 첫 양동교회 뜰에는 목포 최초의 개신교 예배가 시작된 곳임을 알리는 기념석이 세워져 있다.

교회가 들어서게 되었고 60여 명이 교회에 다니게 되었으며 그 가운데 10명이 학습을 받고 6명이 세례를 받는 일이 일어나게 되었다. 외부인을 배척하는 태도가 강한 섬에서 놀라운 일이 일어난 것이다. 프레스톤은 전라남도 전체 인구의 3분의 1이 섬에 살고 있다는 사실에 주목했다. 그는 어느 곳보다 섬에 있는 사람들에게 복음이 전해져야 한다는 사실에 강한 선교적 의지를 품었다. 그래서 동료 선교사들 특히 의료선교사들과 더불어 섬 선교를 위해 최선을 다했다.

한편 남장로교 선교사들의 투철한 신앙에 근거한 민족의식 고취 노력은 목포에서도 계속 이어졌다. 일단, 양동교회는 목포 3.1

만세운동이 준비된 장소로 알려져 있다. 예배당 남서쪽 모퉁이에 있는 기도실에서 3.1운동 당시 만세 운동을 모의한 것이다. 그렇게 1919년 3월 21일에 일어난 목포 3.1만세운동 때 양동교회 이경필 목사를 비롯한 교인들 그리고 목포 선교 스테이션에서 운영하던 영흥학교와 정명여학교 학생들과 함께해 시위로 발전했다. 결국 양동교회는 그 운동의 중심지였다. 당시 시위에 참가한 2백여 명은 대부분 체포되어 조사를 받았고, 양동교회 교인이었던 서상술과 박상봉은 일제가 휘두른 칼과 고문 후유증으로 순교했다.

남장로교 선교사들의 헌신적인 사역의 결실 가운데 또 한 사람이 바로 박연세 목사이다. 박연세 목사는 전라북도 김제 출신으로 3.1만세운동 당시 군산에서 이미 독립운동을 벌이다 체포되어 투옥된 경험이 있었다. 대구에서 옥고를 치른 박연세 목사는 이후 1926년 양동교회의 열 번째 담임목회자가 되어 목포에서 사역했다. 그러던 1940년대 들어 남장로교 선교사들이 곳곳에서 신사참배에 반대하며 그들의 선교 스테이션과 학교를 폐쇄하고 고국으로 돌아가던 시절, 박연세 목사도 역시 신사참배에 반대하는 운동을 벌이다 일제 경찰에게 붙잡히게 된다. 1942년 어느 주일에 일본의 황민화정책皇民化政策, 일본 천황에게 충성할 것을 요구하는 내용을 담은 교육 정책을 비판하는 설교를 했다가 그 자리에서 체포된 것이다. 그는 이후 갖은 회유와 고문에도 꿋꿋이 신앙을 지켰다. 그리고 1944년 대구형무소 독방에서 결국 동사凍死하고 말았다. 박연세 목사의 유해는 지난 1988년 대전 국립현충원에 안장되었다. 지금도 양동교회 옆에는 목포 '선교107주년 기념비'와 더불어 '순교자 박연세 기념비'가 세워져 있다.

지금 등록 문화재 제114호로 지정된 양동교회는 석조건물로 1911년 완성된 건물이다. 1898년 처음 예배를 드린 이래 로티 위더스푼 기념 예배당 이후 세 번째 예배당이다. 선교지 목포의 현실에서 개척된 이래 14, 5년 만에 세 번에 걸쳐 새로운 예배당을 지어올리는 일은 드문 일이엇다. 그만큼 양동교회는 탄탄하게 부흥했다. 목포교회 즉, 양동교회의 태동과 부흥은 결국에 남도 일대 섬마을 전도와 선교에 큰 교두보를 세우는 격이었다. 유진 벨과 오웬 그리고 스트래퍼 세 사람의 헌신은 결국에 프레스톤의 섬마을 선교로 이어졌으며 결국에 더 넓은 선교적 지경을 바라보는 결과로 이어졌다. 제주도 선교가 바로 그것이다. 평양에서 목회자로 안수받는 동시에 제주도 선교사로 세움받은 이기풍은 경성을 들러 이곳 목포로 내려와 집회를 인도한 후 여기 목포 양동 선교사들과 성도들의 배웅을 받으며 그 역사적인 제주 선교의 길을 나섰다. 땅끝에 서는 일은 또 다른 땅 끝을 바라보게 하는 길이 된다. 유진 벨을 비롯한 양동 스테이션의 헌신적인 선교사들의 노력은 결국 한반도 최남단 제주도와 가파도 그리고 나아가 땅 끝 마라도까지 복음이 전해지는 징검다리가 되었다.

현재 정명여자중고등학교. 건물에 "하나님께서 길을 인도하시리라."God Will Make a Way라는 신앙고백 문구가 새겨져 있다. 유진 벨과 오웬, 스트래퍼 등은 양동에 스테이션 부지가 마련되자 곧 영흥학교와 정명학교 등 교육선교 활동을 시작했다

정명여자중고등학교
전남 목포시 삼일로 45

　오웬 선교사는 목포로 파송 받고서 양동 스테이션 자기 사택에서 진료소를 개원했다. 1899년의 일이다. 그는 군산의 드루 그리고 전주의 잉골드처럼 헌신적으로 사역했다. 그는 유진 벨과 늘 동행하며 곳곳에서 친절하고 헌신적인 의술을 펼쳤다. 그렇게 많은 사람이 그의 손에 의해 회복되고 살아나게 되었다. 오웬의 사역

은 특히 같은 의료선교사 조지아나 휘팅Georgiana E. Whitting과 결혼하고 동역하면서 크게 살아났다. 누구보다 의료 경험이 많았던 휘팅은 오웬의 목포 진료소 사역에서 빠질 수 없는 중요한 동역자였다. 오웬과 조지아나의 사역은 무엇보다 복음적이었다. 그들은 진료소를 찾아온 사람들에게 차례로 진료를 받게 하면서 나무 막대로 된 번호표에 "하나님은 사랑이시다."라는 말을 적어두었다. 또 그들은 약처방을 받는 봉투에도 "하나님"이라는 말을 적어두고서 다시 올 때 그 봉투를 꼭 가져오게 해서 환자들이 어떻게 해서든 하나님과 복음의 이야기를 보고 들을 수 있도록 조처했다. 치료에 있어서 헌신적이었던 오웬의 사역은 그 지역 유지였던 김윤수라는 사람에게도 나타났다. 오웬의 헌신적인 치료를 받은 김윤수는 결국 교회에 다니기로 결심하고 그의 가족 모두를 데리고 목포교회로 왔다. 이후 김윤수는 양동교회 건축에도 앞장서고 무엇보다 프레스톤 선교사의 조사로서 책임을 다했다. 이렇게 오웬 부부의 헌신적인 사역으로 목포 진료소는 크게 번창했다. 매일 많은 사람이 양동 스테이션 진료소를 찾아왔다.

오웬 선교사가 광주로 임지를 옮긴 후 목포 진료소는 유명한 포사이드 등 헌신적인 의료 선교사들이 그의 뒤를 이어 계속해서 사역했다. 그렇게 해서 목포 진료소는 많은 환자를 진료하면서 동시에 복음을 전하는 중요한 선교 사역지가 되었다. 하루에도 수천 명이 찾아오는 바쁜 진료소로서 역할을 다한 것이다. 그런데 안타깝게도 목포 진료소는 1914년 화재로 전소하고 말았다. 화재 때문에 한국인 의료조수인 윤병호씨가 순직하는 일이 발생했다. 포사이드는 목포 진료소의 중요성을 누구보다 잘 알았다. 그는 당장 이 안타까운 일을 미국의 후원자들에게 알렸다. 그러자 미주리 주에 사는 신실한 그리스도인 찰스 프렌치Charles W. French의 유가족이 유산의 일부를 헌금했고, 세인트 조셉 교회의 성도들이 별도의 헌금을 보내왔다. 그렇게 해서 목포 진료소는 2층 190평 규모 석조 건물로 다시 지어지게 되었고 개원이 가능하게 되었다. 병원의 이름은 기증자의 이름을 따서 프렌치 병원French Memorial Hospital, 부란취 병원 富蘭翠病院이라고 불리게 되었다. 이후 병원은 1930년대 홀리스터가 떠날 때까지 안정적으로 운영이 되었다. 그리고 이후에는 한국인 의사 최섭이 병원을 맡아 운영했다. 그러나 병원은 계속 이어지지 못했다. 해방 후에는 목포 성경학교로 활용되었다가 병원은 끝내 재개되지 못한 채 1980년 건물이 해체되고 말았다.

양동 스테이션에 있던 여러 기관과 시설 가운데 가장 영향력있게 작동했던 것은 아마도 학교들이었을 것이다. 양동 스테이션에는 교육 선교를 위한 학교도 운영되었다. 호남 일대에 세워진 남장로교 스테이션들이 다 그렇듯 목포 양동 스테이션에도 학교가 세워졌다. 첫 학교는 1903년 유진 벨에 의해 서당으로 시작했다. 유진 벨은 양동교회 성도이며 지역의 유지였던 임성옥, 유내춘 등과 함께 양동 스테이션 내 자기 사택에서 남학생들을 위한 서당을 열었다. 이름은 영흥서당永興書堂이라고 불렀다. 처음 학생은 열명 남짓이었으나 그나마 전라남도에서는 처음으로 문을 연 근대식 학교였다. 여학생들을 위한 학교는 1904년에 교육선교사 스트래퍼로부터 시작했다. 학교 이름은 처음에는 목포여학교라고 했다가 후에 정명학교貞明學校라고 했다. 그렇게 시작된 두 학교는 대한제국 시절 4년의 초등과정과 2년의 중등과정으로 운영했다. 그리고 각각 목포를 대표하는 남, 여학교가 되었다. 일제 치하에서는 식민정부의 요구에 맞추어 학제를 변경했다. 각각 4년의 초등과정과 4년의 중등과정으로 운영하게 된 것이다. 학교 이름도 사립목포영흥학교와 사립목포정명여학교로 새롭게 했다. 그러던 1922년에는 식민정부의 학제 개편에 맞추어 초등과정 6년, 중등과정 4년으로 운영하게 되었다.

그러나 두 학교는 일제의 교육제도 아래서 보다 안정적인 지원을 받을 수 있는 '고등보통학교'가 되지는 못했다. 일반 '각종사립학교'로 남게 된 것이다. 고등보통학교로 지정받지 못하는 것은 단순한 문제가 아니었다. 고등보통학교로 지정받지 못해도 교육과정이 같으므로 아무런 차이가 없다고 생각할 수도 있다. 하지만 졸업생들은 고등보통학교 졸업장이 없으면 그 이상의 상급학교로 진학할 수가 없었다. 그렇게 되면 학생들은 선교사들이 운영하는 학교에 다닐 이유가 없게 되는 문제가 있었다. 그러니 각종학교로서 정명학교와 영흥학교는 당연히 학생수 감소를 예상할 수밖에 없었다. 이런 상황은 다른 선교지 학교들도 같았다. 남도 선교사들의 세운 학교들은 한결같이 일제 식민정부에게 인정을 받지 못했다. 그것은 아마도 선교사들이 바른 신앙과 바른 민족정신으로 학생들을 가르쳐야 한다는 신념을 공공연하게 드러낸 탓이었을 것이다.

그런데 전혀 예상하지 못한 일이 벌어졌다. 남학교와 여학교 모두 고등보통학교로 지정받지 못했음에도 불구하고 1920년대 두 학교에 다니는 학생 수가 줄어들지 않았다. 이유는 간단했다. 두 학교 모두 목포의 조선인들에게 중요했던 것이다. 목포의 두 학교는 남장로교 선교사들이 다른 지역에 세운 학교들처럼 기독교의 가치관으로 교육했을 뿐만 아니라, 사회와 민족의 문제를 외면하지 않았다. 영흥학교와 정명학교는 학생들이 그들의 삶의 현장에서 올바른 가치관을 구현하도록 교육했다. 이것이 학생들이 줄지 않은 가장 큰 이유였다. 결국 이 두 학교는 목포의 독립운동 역사에서 중요한 역할을 했다. 두 학교 관계자들과 학생들이 목포에서 일어난 여러 만세 운동의 중심에 서 있었던 것이다.

목포 양동교회는 1919년 4월 8일 목포의 만세 운동을 계획하고 만세 시위를 이끌었던 핵심 장소였다. 1919년 전국 각지에서 3.1운동이 일어나자 양동교회 교인들은 정명학교 그리고 영흥학교 학생들과 함께 태극기와 전단을 제작하여 만세 시위를 준비하였다. 만세운동에는 목포상업학교와 목포공립보통학교 학생들도 참여하기로 하고 지도자들은 서로 임무를 분담한 뒤, 목포 시내에서 동시다발적으로 만세 시위를 일으키기로 계획했다. 그런데 사실 이 모든 목포 만세 운동의 시발점에는 정명여학교가 있었다. 당시 정명학교의 교장이었던 다니엘 커밍Daniel J. Cumming, 김아각이 만세 운동이 먼저 일어난 광주로 가서 3.1독립선언서, 2.8독립선언서의 사본, 그리고 결의문 등이 담긴 봉투를 전달받고 그것을 목포로 가져와 양동교회 교인들과 함께 만세운동을 기획하고 준비한 것이다. 이후 양동교회 교인들은 커밍이 가져온 자료들을 기반으로 학

정명여고에 남아 있는 선교사들의 사택. 1983년 보수작업을 진행하던 중 독립선언서와 만세운동 격문 그리고 독립 가 사본 등이 발견되었다.

교 학생들과 함께 비밀스럽게 조직적인 만세운동을 준비했다. 그리고 마침내 1919년 4월 8일 만세운동을 거행했다.

4월 8일 당일에 정명여학교 그리고 영흥학교의 학생들과 양동교회 교인들은 '대한독립만세'라고 쓴 깃발을 들고 목포 거리를 앞장서 걸었다. 이날 있었던 만세 운동 때문에 체포된 사람 중에는 양동교회 교인들뿐만 아니라 두 학교의 학생들 다수가 포함되어 있었다. 특히 정명여학교의 여학생들이 매우 적극적이었다. 결국 정명여학교는 1920년부터 3년간 졸업생을 배출하지 못했다. 그런데도 정명여학교 교사들과 학생들은 그런 일제의 처사에 굴하지 않고 만세 운동의 열기를 계속 이어갔다. 그들은 1929년과

1930년에 다시 시가로 나가 만세 운동을 펼쳤다. 그리고 또다시 많은 학생이 체포되고, 구금되었다. 그러나 그들은 용기를 잃지 않았고, 자주독립의 의지를 강하게 품었다.

이후에도 두 학교는 꾸준히 민족운동과 독립운동의 중심이 되었다. 두 학교 교사들과 직원들 그리고 학생들은 선교사들의 적극적인 지원과 지지에 힘입어 일제의 다양한 민족 말살 정책에 저항했다. 그들은 1937년에 들어 일제의 신사참배를 거부하는 동시에 신사참배 거부 운동을 일으키고 확산시켰다. 1937년의 신사참배 반대운동은 영흥과 정명 두 학교가 모두 적극적으로 전개해 나갔다. 그들은 특히 1937년 9월 6일 애국일 신사참배를 과감하게 거부했다. 이번에 일제는 두 학교를 좌시하지 않았다. 그래서 두 학교는 신사참배 운동을 시작한 지 하루만에 전라남도 학무국에 의해 강제로 폐교되고 말았다.

당시 민족의 독립을 위해 헌신한 사람들이 늘 함께하던 정명여학교는 현재도 옛 스테이션 자리에 정명여자중고등학교라는 이름으로 남아있다. 학교 안에는 학교 정신을 바르게 하고 수많은 민족 인사를 키워낸 선교사들의 흔적이 여전히 남아있다. 그 하나는 정명여자중학교 도서관으로 사용하고 있는 석조 1호 주택이다. 2003년 등록문화재로 지정된 이 오래된 선교사 사택은 목포 신앙인들과 학생들의 지조있는 정신을 이끌던 중심지였다. 이 집에는 유진 벨과 그의 딸 샬롯 벨Charlotte Bell Linton이 살았고 이후 보이어와 스미스 등 후대 선교사들도 살았다. 사실 정명여자중학교 안에는 또 하나의 선교사 주택이 남아있다. 정명여자중학교에 들어서 왼쪽 언덕에 가장 먼저 보이는 건물이 석조 2호 주택이다. 이 역시 선교사들이 사택으로 사용하던 곳인데 이후에도 계속 남아 오늘날에 이르고 있다. 이곳에는 해리슨과 특히 커밍 선교사가 살았다. 앞서 목포에 독립선언서를 다져다 준 장본인이다. 지금도 이 석조 주택 2호에 가면 커밍 선교사가 가져와 인쇄한 3.1운동선언문과 2.8독립선언문이 전시되어 있다.

양동교회 전도사가 세운 공생원
전남 목포시 해양대학로 28

1931년 양동교회에서는 큰 부흥회가 있었다. 그런데 그 부흥회에서 놀라운 역사를 일으킨 젊은 전도사 하나가 있었다. 바로 스물두살 윤치호尹致浩였다. 그는 줄리아 마틴Julia A Martin, 마율리 선교사가 데려온 전도인 가운데 한 사람이었다. 그는 양동교회 부흥회에서 아침저녁으로 사람들에게 성경을 가르쳤다. 어찌나 열정적으로 가르쳤던지 교인들이 전도해 온 사람들이 모두 그 자리에서 복음을 받아들였다. 윤치호는 그렇게 양동교회와 목포 사람들에게 자기 이름을 알리게 되었다.

윤치호는 전라남도 함평 출신이었다. 그는 빈농이었고 가난했다. 거기다 그는 열두 살 되던 해 아버지를 여의었다. 그는 곧 가장이 되었고 한동안 힘겹게 살았다. 그의 삶에는 희망이 없어보였다. 그런데 그런 그에게 빛이 비추었다. 줄리아 마틴 선교사의 도움의

현 공생원 내 윤치호-윤학자 기념관. 윤치호와 윤학자 부부가 유달산 아래로 옮겨 정착한 이래로 같은 자리를 지키며 고아들과 어려운 사람들을 위해 헌신 봉사하고 있다. 윤치호는 이 건물을 새로 짓던 1950년 한국전쟁 중에 실종되었다.

손길이 임한 것이다. 그는 1924년 15세의 나이에 그가 살던 함평 지역에 순회 전도자로 온 줄리아 마틴에게서 복음을 들었고 예수를 구주로 영접했다. 줄리아 마틴은 윤치호를 비롯한 청소년들에게 지극했다. 그녀는 희망을 잃고 길을 잃었던 윤치호에게 등불이 되어주었다. 윤치호는 이후 줄리아 마틴 선교사에게 훈련받았다. 그리고 역시 줄리아 마틴의 제안으로 목포 양동교회에 전도인으로 사역하게 된다. 그는 양동교회에서 헌신적인 사역자였다. 날마다 사람들에게 복음을 전했고 날마다 기도하는 가운데 사람들에게 성경을 가르쳤다. 젊은 윤치호 전도사의 헌신적인 사역으로 교회는 부흥의 날개를 달게 되었다.

윤치호가 사역을 시작하던 1900년대 목포는 외지로부터 많은 사람이 몰려 들어왔다. 그전에도 목포는 날로 발전하는 도시였다. 당시 농어촌은 그야말로 척박했다. 특히 섬마을들은 살기가 무척 어려웠다. 특히 일제의 수탈은 더욱 심해져서 살길이 막막해진 사람들이 많았다. 사람들은 목포에나 가야 먹고 살길이 있다고 생각했다. 그렇다고 목포가 그 모든 가난한 사람들을 먹여 살릴 길이 훤히 열린 것은 아니었다. 당연히 많은 이들이 목포에서도 힘든 생활을 했고 삶을 어려워 했다. 결국 목포 길거리에는 부랑자들과 고아들이 넘치게 되었다. 발전하는 도시의 이면은 언제나 그랬다.

1927년부터 양동교회에서 전도인으로 있던 윤치호는 목포 일대를 다니는 동안 거리에 너무 많은 고아가 방치되어 있다는 것을 알게 되었다. 그는 자신에게 예수님의 사랑을 보여주었던 줄리아 마틴 선교사의 가르침 그대로 그 스스로도 예수님의 사랑을 전하는 사람이 되었다. 그는 목포의 고아들을 모아 공동체를 만들어 함께 생활하기 시작했다. 그리고 그 이름을 '공생원'共生園이라고 불렀다. 그는 처음 일곱 명의 고아들과 함께 생활했다. 줄리아 마틴 선교사는 그의 숭고한 뜻을 귀하게 여겼다. 줄리아 마틴 선교사와 양동교회는 윤치호가 고아들과 함께 생활할 수 있도록 집을 마련해 주었다. 살 집이 생기자 윤치호는 한편으로 전도인으로 헌신하고 한편으로 목수로 살면서 공생원의 아이들을 돌보았다. 하지만 아직 어린 윤치호가 고아들과 함께 있는 것을 목포 사람들은 고운 눈으로 보지 않았다. 결국 공생원은 계속해서 여기저기로 자리를 옮겨야 했다.

공생원을 운영하는 사이 윤치호는 양동교회와 줄리아 마틴 선교사의 도움으로 광주성경학원을 졸업하고 1933년에는 서울 피어선 성경학원을 마치게 된다. 그리고 전도사로서 설교자로서 그리고 사역자로서 그리고 공생원 고아들의 아버지로 헌신하게 된다. 그런 그의 수고와 헌신은 곧 결실을 보게 되었다. 1937년 목포 대반동 그러니까 현재 공생원 자리에 2천여 평 땅을 얻어 제대로 정착하게 된 것이다. 윤치호를 향한 하나님의 사랑은 그것뿐이 아니었다. 그에게 평생의 동반자요 동역자가 생긴 것이다. 일본인 아내 다우치 치즈코田內 千鶴子, 윤학자였다.

다우치 치즈코는 1912년 일본 시코쿠 지방 고치현지금의 고치시 와카마쓰정에서 태어났고 아버지 다우치 도쿠지가 1919년 조선 총독부의 목포지청 관리로 오게 되면서 다우치 치즈코의 조선에서의 삶은 시작되었다. 이후 그녀는 학창 시절에 어머니와 학교 은사의 영향으로 자연스럽게 기독교를 접했고, 그 신앙을 받아들였다. 1936년 다우치 치즈코는 주변의 권유로 당시 목포 양동교회 전도사 윤치호가 운영하고 있었던 '공생원'에서 봉사활동을 시작했다. 그녀는 성심껏 윤치호의 공생원 사역을 도왔다. 다우치 치즈코는 고아들에게 진심이고 복음에 열정적인 윤치호에게 깊은 감동을 받았다.

그렇게 공생원에서의 봉사활동이 두 해쯤 지났을 무렵, 윤치호와 다우치 치즈코 사이에 자연스럽게 혼담이 오갔다. 물론 주변의 반대는 극심했다. 그러나 다우치 치즈코의 어머니는 "혼인은 국가와 국가가 하는 것이 아니라 사람과 사람이 하는 것이며, 하나님의 나라에서는 조선인도 일본인도 구별 없이 모두 하나님의 자녀이 다.”라고 말하며 윤치호와의 결혼에 힘을 실어 주었다. 두 사람은 1938년 10월 15일 목포 양동교회 교인들과 공생원 아이들의 축복을 받으며 혼례를 치렀다. 물론 그들의 결혼은 단순히 둘만의 것이 아니었다. 공생원 아이들의 아버지가 윤치호였던 것처럼 이제 치즈코는 공생원 고아들의 어머니가 되었다. 가난한 가운데서도 사랑하는 남편과 사랑스러운 고아들과 함께했던 치즈코의 결혼생활은 행복했다.

1945년 해방이 되어도 두 사람의 공생원 사역은 계속되었다. 그러나 해방 이후의 상황은 두 사람에게 시련으로 다가왔다. 조선이 독립되자 그때까지 억눌려 있던 반일 감정이 사람들 사이에서 분출한 것이다. 아내가 일본인이라는 이유 하나만으로 윤치호는 친일파로 여겨져 목포 사람들의 습격을 받았다. 오랫동안 목포의 가장 낮은 자리에서 섬김을 해왔던 그를 모두가 알고 있었음에도 그는 심한 공격을 받아야만 했다. 그러나 그 상황을 벗어날 수 있게 한 것은 생각하지도 못했던 공생원 아이들의 반응이었다. 사람들이 공생원을 찾아와 윤치호를 내놓으라고 강하게 밀어붙일 때 공생원의 아이들은 “우리 아버지, 어머니에게 손대지 마세요!”라며 부부의 주위를 둘러싸고 눈물로 호소하며 막아섰다.

어려움은 1950년 일어난 한국전쟁에서도 계속되었다. 공산치하 목포에서 윤치호 부부는 고아 구제라는 명목으로 인민의 금전을 사취했다는 죄목을 얻어 인민재판에 회부 되었다. 생각할 수 없던 어려움에 두 사람은 좌절할 수밖에 없었다. 하지만 과거 어려움의 상황에 공생원의 아이들이 도움의 천사들이 되어준 것처럼 이번에는 목포 시민들이 부부를 변호하는 일에 적극적으로 나섰다. 시민들의 도움으로 부부는 방면되었으나, 그 지역의 인민위원장직을 맡아야 한다는 조건이 달려 있었다. 그러다 몇 개월이 지나고 상황은 다시 바뀌었다. 이번에는 한국군이 목포에 들어와 윤치호 부부를 공산군 협력자로 지목하여 체포하였다. 다행히도 얼마 지나지 않아 석방되었으나 그때 상황이 가슴을 쓸어내릴 만큼 심각한 상황이었음은 분명했다.

전쟁 한 가운데 목포에는 고아들이 늘어났다. 그들은 굶주림을 해결하고자 공생원으로 모여 들었다. 윤치호 부부는 그들을 외면할 수 없었다. 윤치호는 이렇게 공생원으로 몰려든 500명이 넘는 사람들의 식량을 구하러 광주로 갔다. 그런데 광주로 가는 길에서 그는 행방불명이 되고 말았다. 윤치호는 다시는 목포와 공생원 고아들 그리고 다우치 치즈코에게 돌아오지 못했고, 다우치 치즈코는 결국 홀로 공생원을 지켜야 했다. 사람들은 이제 그만 고아원을 폐쇄하고 본국으로 귀국할 것을 권했다. 사람들의 말이 지금 이 상황에는 가장 합당한 방법이었다. 하지만 다우치 치즈코는 끝까지 공생원을 포기하지 않았다. 공생원 사람들은 그녀와 마음을 같이하며 한편으로 기도하며 다른 한편으로 먹고 살기 위해 부지런히 일했다. 그렇게 고생하던 끝에 그녀와 공생원 아이들의 눈물 어린 고생과 노력 그리고 하나님을 향한 간절한 기도에 응답이 이루어졌다. 미국의 기독교 구호 단체로부터 지원을 받는 길이 열린 것

윤치호와 윤학자 부부의 목포 고아들을 위한 헌신을 기념하는 비가 공생원 앞에 세워져 있다. 윤치호는 양동교회의 전도사로서 그를 돕고 세운 선교사들의 헌신을 잊지 않았고 그들에게 배운 봉사와 헌신을 목포의 고아들에게 전해주었다.

이다. 일이 이렇게 되자 그간 공생원을 외면하기만 하던 정부의 협력도 이어졌고, 공생원은 곧 공생복지재단이 되었다. 오랜 시간이 지나 치즈코의 땀과 눈물의 노력을 인정받아 1963년 다우치 치즈코는 한국 정부로부터 '대한민국 문화훈장 국민장'을 수여 받았다. 아직 한국과 일본의 국교가 정상화되기 전에 일본인에게 이 상을 수여했다는 것은 참으로 이례적인 일이었다.

그러나 얼마 후 치즈코는 폐종양 판정을 받아 병원에 입원하여 치료를 받았다. 시간이 지나 병세가 어느 정도 호전되어 그녀는 퇴원했다. 회복을 위해 휴식을 취해도 누구도 비난하지 않을 텐데,

그녀는 아픈 몸을 이끌고 일본을 방문하여 공생원의 운영을 위한 후원금 모금을 위해 노력했다. 그러나 열정어린 활동 때문에 그녀는 병으로 쓰러지고 말았다. 주변 사람들은 다시 수술을 권유했으나 그녀는 자신을 위해 일본에서 수술할 비용을 오히려 공생원 고아들의 교육비로 쓰고 싶다고 말하며 그들의 충고를 거절했다. 그리고 그녀는 병을 얻은 채 사명의 땅이기도 하고 동시에 제2의 고향이기도 한 목포로 돌아와 투병 생활을 이어갔다. 그 사이 한국과 일본 사이에는 외교관계가 정상화되었다. 그녀의 사역에 새로운 길이 열리는 것 같았다. 그러나 다우치 치즈코는 결국 하나님의 부르심을 받았다. 그녀가 세상을 떠나자 목포시는 역사상 처음으로 시민장을 거행했다. 전국에서 모여든 공생원 출신의 고아들을 포함해 약 3만여 명의 시민이 장례식에 참석했다. 목포의 지방신문은 그날 장례식을 "목포는 울었다!"라고 보도했다.

지금도 윤치호와 다우치 치즈코의 공생원은 목포 유달산 자락 아래 그대로 있다. 목포역에서 옛 목포시 거리를 지나 해변으로 나선 뒤 유달산을 돌아 목포 해양대학 방향으로 가다보면 다우치 치즈코와 윤치호 두 부부의 평생 사역의 흔적이 있는 공생원을 찾을 수 있다. 공생원은 그 사이 규모도 커지고 하는 일들도 많아졌다. 그곳에는 공생원을 통해 구제에 일생을 바친 윤치호의 삶의 흔적이 고스란히 남아 있으며 그런 남편의 유지를 이어 평생 작고 가난한 영혼들을 향한 섬김의 삶을 다한 다우치 치즈코의 흔적도 고스란히 남아있다. 남장로교의 전도자 줄리아 마틴의 인도로 양동교회 전도사가 된 윤치호, 그런 윤치호와 더불어 고아들의 부모 되기를 주저하지 않은 신실한 신앙인 다우치 치즈코, 윤학자의 수고와 헌신은 목포 순례에서 빼놓을 수 없는 아름다운 이야기이다.

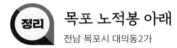

목포 노적봉 아래
전남 목포시 대의동2가

1904년 목포에서 개최된 남장로교 선교부 회의에서는 중요한 사안 하나가 결정되었다. 광주에 새로운 선교 스테이션을 개설하기로 한 것이다. 새로운 선교 기지 설립의 책임은 아내 로티를 잃고 미국으로 돌아갔다가 이제 막 돌아온 유진 벨과 오웬 선교사에게 맡겨졌다. 선교부로부터 새로운 사명을 받은 유진 벨과 오웬은 양동교회 조선인 조사 김윤수에게 광주로 가서 선교 스테이션으로 적당한 양림산 일대 부지를 매입하도록 했다. 선교부로부터 사명을 받은 김윤수는 곧 광주로 떠났다. 그리고 양림산 일대 부지를 매입하고 그 자리에 선교사들의 사택을 짓는 일을 시작했다. 김윤수는 선교부로부터 받은 사명을 완수한 뒤에도 목포로 돌아가지 않았다. 그는 선교사들과 함께 광주로 이사했다. 그리고 광주 스테이션의 한국인 책임자로 선교사들의 사역에 동참했다. 김윤수는 이후 광주 양림교회 창립에 참여하고 이어서 그 교회의 평신도 지도자로 끝까지 헌신했다. 김윤수는 광주에서 사역하면서 무엇보다 오방 최흥종 목사를 전도해 교회로 이끈 장본인이었다. 최흥종은

유달산 자락의 노적봉. 명량에서 크게 이긴 이순신 장군은 군량미가 부족하다는 소문을 불식하기 위해 이 바위를 이엉으로 덮어 곡식을 쌓아놓은 것처럼 보이도록 했다. 노적봉에 올라 보면 목포의 내항과 구시가지가 한눈에 내려다보인다.

광주의 유명한 무뢰배였다. 김윤수는 그런 최흥종을 바른 삶으로 이끌었다. 김윤수는 최흥종을 장로가 되게 하고 그리고 목사로 헌신하게 하여 하나님의 선교를 위해 헌신하게 했다.

　김윤수는 38세에 대한제국 시절 목포에서 높은 직위의 경찰이 되었다. 개항도시 목포에서 경찰 생활은 그의 삶을 풍족하게 했고 그는 더 많은 돈을 벌기 위해 양조장 사업도 함께 했다. 많은 사람이 몰려드는 목포에서 술장사는 제법 돈이 되었다. 그런데 어느 날 그의 어머니가 손에 가시가 박히고 그 상처가 곪아 고통이 심하게 되었다. 그는 당시 목포에 와 진료소를 운영하던 오웬에게 어머니

나주 영산강 포구. 양동 스테이션에서 선교사들을 돕던 변창연과 김윤수는 광주로 가서 거기에 새로운 선교 스테이션을 구축하는 일을 돕는다. 이제 남도 선교는 점점 선교사들만의 사역에서 조선 동역자들이 돕는 가운데 그들 스스로 자립하는 선교로 발전하게 된다.

를 모시고 갔다. 오웬은 당장 김윤수의 어머니를 치료하고 그리고 모자에게 복음을 전했다. 김윤수는 큰 감동을 받았다. 그는 결국 자기 가족들과 심지어 처가 가족들까지 이끌고 교회에 다니게 되었다. 김윤수는 얼마 후 세례를 받기로 했다. 그는 세례 받기 전 그가 복음 앞에서 변화했다는 증거로 양조장 사업을 그만두었다. 선교사들은 그가 "비도덕적인 삶을 살아온 술장사였다가 참 교인이 되기 위한 과정을 거치면서 온전히 회심하게 되었다."고 기록하며 그의 변화를 높이 칭찬했다. 목포의 경제 발전 상황에 비추어볼 때 김윤수의 결단은 대단한 것이었다. 그는 막대한 부를 축적할 기회를 버리고 오직 복음을 위해서만 살기로 결단하는 대단한 변화를 이룬 것이다.

이런 김윤수의 변화는 이후 선교사들이 광주의 사역을 시작할 때 제대로 된 결실로 나타났다. 앞서 이야기한 것처럼 김윤수는 광주 양림산 일대에 부지를 확보하고 교회와 학교, 그리고 병원과 선교사들의 사택을 마련하는 일에서 정말이지 헌신적으로 최선을 다했다. 그래서 이후 광주의 놀라운 선교적 결과물들을 얻는 데 결정적인 역할을 했다. 그는 오웬 그리고 유진 벨 가족과 그리고 변창연, 서명석 등 다른 조선인 조사들과 함께 광주로 삶의 자리를 옮겼다. 그리고 거기서 그 유명한 최흥종과 더불어 사회적인 활동과 복음 사역의 진정한 진보를 이루도록 한다.

김윤수는 마치 사울이 바울이 된 것처럼 자신의 이름을 김해 김씨에서 낙원樂園 김씨로 새롭게 개명했다. 그리고 자신이 고향처럼 여기던 곳 목포를 떠나 하나님께서 그의 나머지 일생을 헌신하게 하신 광주로 가서 거기서 평생에 그 땅의 복음화를 위해 그리고 그곳 사람들의 평안을 위해 수고하고 헌신했다. 실제로 그의 사역은 바울의 모습을 많이 닮았다. 그는 온전한 회심을 이루고 하나님의 사람으로 살기로 결단한 이래 오직 자기를 구원한 십자가 그 사랑의 정신에 기반해 살았다. 그리고 오직 예수 그리스도의 복된 소식을 전하는 일에만 온 평생을 다 바쳤다. 우리는 김윤수의 수고와 헌신 아래 광주와 남도의 교회들이 크게 부흥했음을 잊지 말아야 한다.

이순신 장군이 임진왜란 때 적들에게 식량이 많다는 것을 속이기 위해 섶으로 바위를 둘렀다는 목포 노적봉에 오르면 옛 목포항 일대를 한 눈에 볼 수 있다. 목포가 처음 개항하던 시절 사람들은 출세와 성공을 꿈꾸며 도시로 몰려 들었다. 그들에게 이제 문을 열고 발전하기 시작한 목포는 일확천금 벼락부자가 될 기회의 땅이었다. 그런데 개항한 목포는 그들에게만 기회의 땅이 아니었다. 그 땅은 남장로교 선교사들에게도 열린 기회로 보였다. 유진 벨과 오웬은 그렇게 그 땅 양동에 선교 사역지를 개척했고 헌신적으로 복음을 전했다. 놀라운 것은 세속의 영화를 누릴 기회를 위해 몰려들었던 사람들 가운데 하늘의 영광을 누릴 기회를 얻은 사람들이 있었다는 것이다. 바로 김윤수와 같은 사람들이다. 그들은 그렇게 세상 영광은 버리고 오직 거룩한 영광을 위해 새로운 길로 나아갔다. 우리는 여기 이 노적봉에서 그들이 보았던 전혀 새로운 방식과 내용의 '기회'가 우리에게도 열리고 있음을 보게 된다.

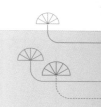

네 번째 순례지

양림산에 꽃이 피다

광주

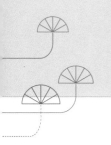

토비아 국내 순례 시리즈 01 – 남도순례

광주가 아름다운 이유 가운데 하나는 광주를 둘러싸고 있는 큰 산이 있기 때문이다. 무등산 서석대에서 바라보는 광주는 편안하고 넉넉해 보인다.

조망 호남신학대학교 선교사 묘역
광주 남구 제중로 77

광주光州는 전라남도의 중추 도시다. 전라남도는 광주를 중심으로 여섯 개 방향으로 뻗어나가 기타 여러 도시와 연결된다. 그 때문에 광주는 정치, 경제, 사회, 문화, 교육 등 사회 전반에 걸쳐 남도 여러 곳에 영향을 끼치고 있다. 그런데 사실 남도에서 광주는 나주에 미치지 못하는 곳이었다. 전라도全羅道라는 이름의 유래가 그렇듯이 조선시대 내내 전라도의 중심지는 전주全州와 나주羅州였다. 특히나 나주는 넓다란 평야지역에 위치해 있었고 영산강이 목포로 이어져 교통도 수운도 편리했다. 결국 '광주'는 한동안 광산과 '무주' 혹은 '무진주'라는 혼란스러운 이름으로 이리저리 불리고, 중심지의 역할을 얻어 승격되기도 했다가 강등되기도 하는 역사를 보냈다. 그러던 1896년 고종은 나주에 있던 전라남도 도청 소재지의 기능을 이곳 광주로 가져와 새롭게 했고, 결국 광주라는 이름의 광주부가 되었다가 일제 강점기인 1931년에 이르러 광주읍이 되었다.

사실 광주는 그 이름처럼 점점 아름답게 빛났다. 1789년 정조 시절 통계를 보면 광주의 인구는 5,525명으로 당시 나주 인구 5,638명에 육박하고 있었다. 그러다 1896년 전라남도의 행정중심지가 되면서 이곳의 인구는 빠른 속도로 증가했다. 그렇게 1900년 즈음에는 8천 명을 넘어서게 되었고 1912년에는 광주군까지 포함해 약 8만 명에 이르게 된다. 목포의 경우에도 그랬지만 이런 식의 급격한 인구 증가는 우리나라의 식민지화와 깊은 관련이 있다. 일제의 토지 조사와 수탈로 땅을 잃은 농촌 사람들이 대거 도회지로 유입된 것이다. 한일병탄韓日倂呑을 기점으로 이 땅에는 헤아릴 수 없는 사람들의 이동이 있었다. 그렇게 삶의 자리를 떠나 새로운 곳에 자리를 잡은 사람의 대부분은 먹고살기 위해 큰 도회지로 나와 살았다. 어두운 식민지 세상으로 접어 들어가던 시절, 빛고을 광주는 그렇게 사람들을 품었다.

물론 광주 역시 번영의 중요한 지리적 요소는 영산강이었다. 영산강은 고대로부터도 중요한 교통로였다. 마한 시대와 백제 시대에도 영산강은 많은 사람과 물산이 왕래했다. 고려시대 이르러 왕건이 나주를 공략할 때도 영산강 뱃길은 그의 군대의 중요한 길잡이의 역할을 했다. 고려시대와 조선시대 걸쳐 서남해안 일대 경상도와 전라도의 세곡을 모아 개성이나 한양으로 수송하는 기지는 바로 이곳 영산강에 있었다. 20세기 초만 해도 양동천까지 화물을 가득 실은 배가 올라왔고, 일제 강점기에는 일본 사람들이 목포에서 영산강을 따라 광주로 들어와 지금의 양림동 근처에 터 잡고 살았다. 뱃길은 일본 사람들 말고도 선교사들 역시 광주로 올 때 이용할 수 가장 중요한 교통수단이었다. 그렇게 광주까지만 닿으면 거기서 벌이는 전도활동과 의료활동의 파급력은 생각보다 효과가 컸다. 광주는 그만큼 남도의 중심지 역할을 톡톡히 하고 있었다.

미국 남장로교 선교부는 1904년 봄 목포에서 열린 연례회의에서 지리적으로 중요한 이점을 가지고 있는 광주에 새로운 선교 스테이션을 개설하기로 했다. 사실 선교부의 결정에는 한 가지 중요한 사안이 작동했다. 1903년 당시 목포 인근의 해남과 진도에는 두 개의 교회가 있었던데 반해 아직 선교 스테이션이 마련되지 않았던 광주 지역에는 모두 여섯 곳에 예배 공동체들이 있었고, 그 공동체들은 빠르게 성장하고 있었다. 무엇보다 광주는 목포에 비교해 전라남도 여러 다른 지역과 교통 연결이 편리했다. 목포는 아무리 해상교통편의 편리를 앞세우더라도 무안반도 끝자락에 있었고, 광주는 전라남도 전반에 걸쳐 중심점이 되는 위치에 있었던 것이다. 결국 미국 남장로교선교회는 회의에서 목포 스테이션의 한계와 광주 스테이션의 가능성에 관심을 갖게 되었다. 그렇게 광주는 남도 내륙 선교에서 중요한 거점이 되었다.

호남신학대학교. 남장로교 선교사들이 호남 일대 선교와 목회를 위해 사역자를 양성하려는 목적으로 광주 스테이션에 세운 학교이다. 엘리자베스 쉐핑을 비롯한 많은 선교사들이 이 학교에서 신앙의 지도자들을 양성했다.

    물론 광주 스테이션 설치의 결정적인 이유는 몇 가지가 더 있었다. 당장 목포는 식수를 구하는 일이 너무 어려웠다. 목포 정명여학교 자리에 우물을 파 물을 구하기도 했으나 그곳은 항상 먹을 물자체가 귀했다. 반면 광주는 그 이름 무주無州 자체가 '물고을'이라고 불릴 만큼 물이 풍부했다. 또 한 가지는 그 무렵 광주 지역에서 일어난 박해 문제였다. 당시 광주의 지방관리가 기독교를 반대하면서 지역의 기독교인들을 심하게 박해하고 교인 몇 사람을 체포하는 일이 있었다. 선교사들은 이 사건이 교회 밀집 지역과 스테이션이 너무나 멀리 떨어져 있어 발생했다고 생각했다. 만약 선교사들이 가까이 있었더라면 지방관이 함부로 기독교인들을 박해할 수 없었을 것이라 여긴 것이다. 선교사들은 전라남도의 중심 스테이션이 광주에 있었다면 이런 일은 발생하지 않았으리라 생각했다. 결국 광주 일대를 위한 선교 스테이션 설립은 절실한 과제였다.

남장로교 선교부는 이미 목포 스테이션 개설 경험을 갖고 있었던 유진 벨과 오웬에게 스테이션 세우는 일을 맡겼다. 두 사람의 목포 경험이 광주 선교의 새로운 길을 내리라 확신한 것이다. 이어서 선교부와 유진 벨은 나주에서의 일이 반복되지 않도록 하는 동시에 토지를 구입하는 일과 주택을 건설하는 일의 안전한 탐색을 위해 조사 김윤수를 먼저 광주로 보냈다. 그렇게 김윤수의 탐색 결과가 긍정적이자, 선교부는 1904년 10월에는 프레스톤John F. Preston, 변요한을, 12월에는 유진 벨과 오웬을 보내 그곳에 한동안 머물도록 하면서 지역 교회들을 살피게 하고 신앙의 형제들을 방문하게 했다. 그렇게 광주에서의 사역 준비가 어느 정도 이루어진 후 유진 벨과 오웬 그리고 조선인 조사 김윤수와 변창연, 서명석 등은 함께 광주로 가서 광주 스테이션 사역을 동역하기로 했다. 그리고 광주의 임시 숙소가 완공될 무렵인 1904년 12월 19일 유진 벨과 오웬 부부 그리고 김윤수와 변창연, 서명석 가족 등은 목포에서 짐을 꾸려 광주가 내려다보이는 양림동 언덕으로 이사했다.

1904년 12월 유진 벨과 오웬은 양림산에 광주 스테이션을 세웠다. 김윤수가 땅을 매입한 양림동은 광주천의 남서쪽에 사직산과 양림산으로 이어지는 능선의 동남사면에 자리하고 있었다. 아직 외국인이 성문 안에 교회나 주거지를 마련하는 일이 쉽지 않았던 시절이었다. 외국인들은 여전히 저녁 이후 시간에는 성문 밖에서 머물러야 했다. 그러나 그런 현실은 오히려 전화위복이 되는 경우가 많았다. 덕분에 비교적 저렴한 가격에 넓은 대지를 확보할 수 있었던 것이다. 선교와 사역을 위해서만 성 안쪽으로 다니면 그만이었고 그렇게 사람들을 스테이션이 자리잡은 양림산으로 데려오면 되는 일이었다. 당시 양림동은 풍장_{주검을 자리나 가마니 등으로 싸서 나무에 매달거나 나무로 만든 시렁 위에 놓고 자연적으로 시신을 육탈하는 장례법}터였다. 특히 돌림병으로 죽은 아이들의 장례터로 주로 사용되었다. 유진 벨과 오웬 일행은 광주 사람들에게 버려진 땅처럼 여겨지던 이곳에 사택을 마련하고 거기 응접실에서 12월 25일 성탄절 예배를 드렸다.

유진 벨은 사실 이날 광주 사람들 여럿을 초대했다. 그렇다해도 예배에 얼마나 사람들이 오게 될지는 알 수 없는 일이었다. 그런데 실제 예배 시간이 되자 흰 옷을 입은 사람들이 한 줄을 이루어 언덕 위 유진 벨의 사택으로 오고 있는 것이 보였다. 유진 벨의 집과 그의 물건들, 그리고 서양 사람들을 구경하기 위해 온 사람들이었다. 물론 그 가운데 일부는 목포에서 광주로 이사 와 살고 있던 기독교인들도 있었다. 그러나 그들도 서양 선교사들을 신기해하기는 마찬가지였다. 유진 벨은 자신은 마루에 서고 남자들과 여자들을 양쪽 다른 방에 앉도록 한 뒤 양쪽을 번갈아 보며 예배를 인도했다. 이 첫 예배에는 약 40여 명이 참석했다. 그 가운데 온전한 신자는 몇 되지 않았다. 유진 벨 그리고 오웬과 함께 온 변창연, 김윤수, 그리고 서명석 가족이었다. 어쨌든 이렇게 해서 유서 깊은 광주교회_{양림교회}는 그 첫 예배를 드리게 되었다.

광주 양림동 순례 포인트

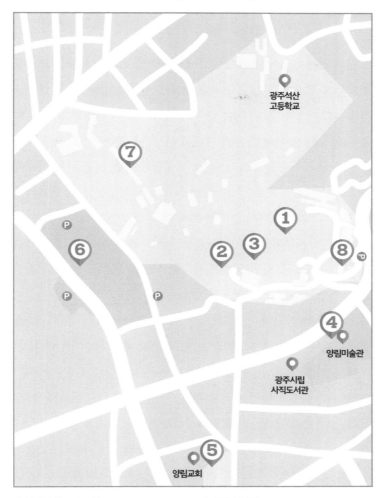

① 양림동 선교사 묘역
② 호랑가시나무
③ 우일선 선교사 사택
④ 오방 최흥종 기념관

⑤ 오웬 기념각
⑥ 광주기독병원
⑦ 수피아여자중고등학교
⑧ 호남신학대학교

호랑가시나무 언덕

광주 남구 제중로 47번길 20

　광주 스테이션이 있던 양림산에서 남장로교 선교사들과 조선인 조사들은 특유의 공동체를 이루며 사도행전과 같은 선교 역사를 썼다. 특히 선교사들은 틈만 나면 양림산 조림에 각별한 노력을 기울였다. 그들은 인적도 없이 시신만 나뒹구는 헐벗은 그 산에 각종 나무를 심고 가꾸면서 그 산이 장차 울창한 숲을 이룰 것을 기대했다. 그리고 산 이름을 '푸른 언덕'Green Hill이라고 불렀다. 선교사들은 특히 그들의 사택이 조성된 인근에 있던 호랑가시나무를 아꼈다. 호랑가시나무는 우리나라 변산반도 아래 남도에서 주로 자라는 나무이다. 나뭇잎이 두꺼운 육각형 모양을 이루고 있고 작고 빨간 열매를 맺는다. 서양에서는 이 나무와 포인세티아를 이용해 성탄 장식을 하곤 했다. 선교사들은 이곳 양림산에 와서 작은 군락을 이루고 있는 호랑가시나무를 보고 고향을 생각하며 기뻐했다. 선교사들은 다른 나무들을 심고 가꾸면서 이 호랑가시나무를 무척 아꼈다. 그들은 그들의 선교지 광주가 양림산에 그들이 심은 나무들처럼, 특별히 양림산의 호랑가시나무들처럼 가지를 뻗고 풍성하게 자라 그들이 지은 산 이름처럼 푸르르게 되기를 바랐다.

　광주 스테이션이 자리를 잡자 곧 유진 벨과 오웬은 활동에 나섰다. 그들은 양림교회를 중심으로 광주읍 선교에 집중하는 한편으로 그들에게 주어진 순회 목회 지역을 두루 다니면서 교회와 공동체 그리고 성도들을 관리했다. 그러던 1905년에 양림동 선교사

양림동 선교사들의 사택 주변에서 자라는 호랑가시나무. 선교사들은 이곳 양림동에서 호랑가시나무를 발견하고 기뻐했다. 크리스마스 장식으로 많이 사용되는 호랑가시나무는 선교사들의 향수를 달래주었다.

사택에 있던 광주교회는 드디어 광주 읍성의 북문 안쪽으로 예배처소를 마련하게 되었다. 성도가 250여 명에 이르러 더 이상은 유진 벨의 사택에서 예배를 드릴 수 없게 되었기 때문이다. 남자들과 소년들은 추운 날에도 비가 오는 날에도 바깥에 서서 예배를 드려야 했다. 결국 김윤수와 최흥종 등이 중심이 된 교회와 양림 스테이션의 선교사들은 힘을 합쳐 북문 안에 부지를 매입하고 ㄱ자 모양의 교회를 지었다. 가운데 강단을 중심으로 남자와 여자의 출입을 서로 달리한 것이다. 성문 안에 예배당이 세워지자 교회는 더욱 부흥했다. 선교사들과 교회의 지도자들은 당장 부모를 따라 나오는 어린이들을 위해 별도의 교육 프로그램을 마련했다. 유진 벨의 두 번째 부인 마가렛Margaret W. Bell과 오웬의 부인 조지아나가 번갈아 사역했다. 이외에도 읍내와 여러 곳에서 여성들이 교회를 많이 찾아왔다. 그들은 선교사들이 사용하는 피아노, 샤워기와 같은 진기한 물건을 신기해했다. 선교사 부인들은 목포에서 광주로 합류한 스트래퍼와 함께 여성들을 위한 주일학교도 개설했다. 이렇게 광주 양림교회는 꾸준히 부흥했고 성장했다. 광주 양림교회는 1910년에 이르러 거의 4백 명에 달하는 큰 교세를 가진 교회로 성장하게 된다.

이 모든 놀라운 결실에는 유진 벨의 공이 컸다. 그는 첫 부인인 로티를 잃고 한동안 실의에 빠졌었으나 곧 마음을 추스르고 사역하던 목포로 돌아왔다. 그리고 군산에서 선교하던 선교사 윌리엄 불William F. Bull, 부위렴의 여동생 마가렛 불Margaret W. Bull과 재혼했다. 그렇게 유진 벨과 마가렛은 함께 광주로 오게 되었고 힘을 다해 광주 사역에 임했다. 광주에 온 이후 유진 벨의 열정은 더욱 커졌다. 그는 광주읍에만 머물러 사역하지 않았다. 그는 인근 향촌을 돌아다니며 사람들을 만나고 복음을 전했다. 그는 전도한 사람들을 성경 공부반으로 불러들였다. 그리고 그들에게 꾸준히 성경을 가르치고 복음을 받아들이도록 한 뒤 스스로 신앙생활을 하도록 결단하게 했다. 기록에 의하면 그는 광주에 터를 잡은 이듬해 2월과 3월 사이 183명을 세례 문답을 했다. 이어서 6월과 7월 사이에는 232명에게 세례 문답을 하고 그 가운데 70명에게 세례를 베풀었다. 광주 선교 초기 유진 벨의 헌신적인 노력으로 광주 인근에 기도하는 공동체가 53곳이 생기고 교회 생활을 하는 교인이 3천여 명으로 늘게 된다. 이런 기록들은 그가 부지런히 여러 곳을 다니고 부지런히 사람들을 만나 곳곳에 교회를 세우는 일에 활동적이었음을 알려준다.

광주 양림교회의 부흥은 유진 벨 외에도 오웬의 헌신이 결실로 나타난 것이다. 오웬은 진정 헌신하는 사역자였다. 그는 1899년 목포에서 의료 사역을 시작한 이래 늘 자신이 진료하는 사람들을 위해 최선을 다했다. 그는 특히 목포 인근 해안가 작은 포구 마을들과 섬마을을 방문해 그들에게 의료 혜택을 주는 일에 최선을 다했다. 그가 시작한 목포 기독병원은 수많은 사람이 찾아와 그의 헌신적인 진료의 덕을 누리는 곳이 되었다. 무엇보다 그는 유진 벨이 아내 로티를 잃고 실의에 빠져 미국으로 돌아가 있는 동안 그의 빈자리를 채웠다. 그는 한편으로 환자를 진료하는 의사로, 다른 한편으로 복음을 전하고 가르치는 선교사로 최선을 다하는 모습을 보였다.

오웬의 이런 헌신적인 사역은 목포에 이어 광주에서도 고스란히 드러났다. 그 사이 북장로교 의료 선교사인 조지아나 휘팅과 결혼한 오웬은 1904년 유진 벨 가족과 함께 광주로 왔다. 오웬은 광주로 와서는 광주 한 곳에 머무르지 않고 전라남도 일대 전체를 다니며 복음과 의료사역을 병행하는 소위 '순회하는 사역자'로서 온전히 헌신했다. 그는 광주 일대에 이미 세워진 교회들을 돌보는 한편으로 화순과 해남, 장성과 나주 및 구소 등에 새롭게 교회를 세웠다. 물론 이 모든 교회를 오웬 혼자서 세웠는지는 불분명하다.

양림산 언덕 선교사묘역으로 오르는 계단. 광주 남부에 위치한 양림산은 풍장터 즉, 죽은 사람을 산에 버려두는 곳이었다. 선교사들은 이곳을 광주 선교의 터전으로 삼아 오늘의 모습에 이르게 했다.

그와 유진 벨의 사역은 함께 이루어진 경우가 많기 때문이다. 어쨌든 그는 광주로 와서는 의사로서의 사역보다는 복음 전도자의 사역 그리고 교회를 돌보는 목회자로서의 사역에 훨씬 더 매력을 느낀 것 같다. 그래서인지 그는 이후 광주의 동남쪽 장흥, 고흥, 구례 순천 등지에서 전혀 새로운 사람들과 만나 그들에게 복음을 전하는 일에 매진했다. 이런 노력으로 1911년에 궁극에 순천 매산에 선교 스테이션이 새롭게 들어서게 되었으니 오웬은 진정 복음과 교회를 위한 하나님의 능력 있는 종이라고 해야 할 것이다.

그러나 오웬의 사역은 오래가지 못했다. 1902년 어간에도 과도한 사역으로 병을 얻었던 오웬은 이번에는 장흥 지방을 다니며 선교하던 중 갑작스레 급성 폐렴에 걸리고 말았다. 그는 곧 광주로 옮겨졌다. 마침 광주에는 그를 치료할 의료 선교사가 없었다. 결국 광주 선교사들은 목포의 포사이드 선교사를 불렀다. 포사이드는 동료인 오웬이 쓰러졌다는 소식을 듣고 급히 광주로 왔다. 그러나 오웬은 친구 포사이드를 기다리지 못하고 그만 순직하고 말았다. 1909년의 일이다. 오웬은 남도에서 그의 마지막 열정을 불태웠다. 그는 한 사람에게라도 더 복음을 전해야 한다는 각별한 사명으로 광주를 넘어서 남도 곳곳을 다녔다. 그리고 많은 사람에게 의료 혜택과 더불어 하나님 나라의 복된 소식을 전했다. 그렇게 이 땅 남도 사람들에게 의술과 복음의 메신저 역할을 다하던 오웬은 정작 자기 스스로에게는 그 어떤 혜택도 제공하지 못한 채 하나님의 부르심을 받았다.

1909년 오웬의 죽음 즈음해서 광주 스테이션 사역에서 일대 변화를 불러왔다. 목포에서 로버트 낙스Robert Knox, 노라복가 광주로 와 합류했고 로버트 코잇Robert T. Coit, 고라복과 그리고 목포의 프레스톤이 광주로 와서 광주 사역에 합류했다. 1905년 벨과 오웬의 사택으로 시작된 양림동 스테이션의 건축 사업은 1914년까지 계속되었다. 그리하여 그곳 10만여 평의 땅 위에는 프레스톤, 윌슨, 코잇의 사택 등 주택 아홉 채와 광주기독병원, 숭일과 수피아학교, 성경학원 건물이 들어섰다. 양림산 아랫자락에 들어선 오웬 기념각Owen Memorial Hall도 큰 관심거리였다. 이곳에서는 줄곧 서양 문물과 문화를 소개하는 행사들이 곧잘 열렸기 때문이다. 이렇게 해서 광주 스테이션은 지역의 명물이 되었다. 많은 구경꾼이 양림동으로 몰려왔다. 양림동 일대의 변화된 모습을 보며 사람들은 탄성을 질렀으며, 양림동에서 불기 시작한 기독교적인 근대화의 바람은 멋지게 광주를 강타했다.

1904년 이래 양림동 선교사들은 북문안교회 사역과 함께 영흥학교와 수피아여학교 그리고 무엇보다 처음 '제중원'濟衆院이라고 불리던 병원을 개설 운영하면서 광주 사람들과 가까워지기 위해 노력했다. 그러자 사람들은 이 양림산을 '서양촌'으로 불렀다. 아무도 거들떠보지 않는 황무지 풍장터에 선교사 마을이 자리를 잡았고, 그 선교사들에 의해 죽음의 땅이 생명의 땅으로 변화된 역사가 일어난 것이다.

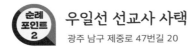

우일선 선교사 사택
광주 남구 제중로 47번길 20

남도 선교 사역이 대부분 그랬지만, 광주에서의 선교 역시 교육과 더불어 의료가 함께 균형을 이루는 방식이었다. 남도의 선교사들은 지역사회를 위해 특별히 자기 사택을 개방해, 교회와 학교, 그리고 병원으로 사용했는데, 광주에서도 교육과 의료 사역의 시작은 대체로 이렇게 이루어졌다. 양림산 스테이션은 곧 선교사들의 삶의 근거지이면서 교회이고, 학교이며 동시에 병든 사람들을 치료하는 진료소의 역할도 감당하게 되었다. 1905년 유진 벨과 오웬은 양림동 자신들의 임시 사택에서 먼저 진료소를 열었다. 그

우일선 선교사의 사택. 선교사들은 양림산 일대에 사택을 짓고 살며 그곳에서 사역했다. 덕준에 선교사들의 사택은 학교의 시작이었고, 교회의 시작이었으며 병원의 시작이기도 했다.

리고 병원의 이름을 경성 제동에 이미 설립되어 있던 우리나라 최초의 서양식 병원과 같은 이름, 제중원濟衆院이라고 했다. 이제 남도에는 여러 곳에 서양식 병원이 개설되어 돌봄을 받지 못하던 일반인들과 특히 부녀자 및 어린이들의 위생과 건강 문제 극복에 큰 도움이 되었다.

　유진 벨과 선교사들은 이어서 광주에서도 학교를 시작했다. 학교 사역은 조금 늦은 감이 없지 않았다. 그러나 이 시기 선교사들이 여러 분야에서 어려움을 많이 겪었다는 것을 생각해 볼 때 광주에서도 학교를 열었다는 것 자체가 훌륭했다. 학교를 처음 시작한 사람은 역시 유진 벨이었다. 그는 1908년에 자기 집에서 아이들을 가르치는 교실을 만들어 운영하기 시작했다. 처음에는 남녀 학생을 서로 다른 방에서 가르쳤다. 그러다가 남자학교가 만들어지고 여자학교가 별도로 만들어졌다.

광주에서의 첫 남자학교는 '광주남학교'로 불리다가 1909년에 정식 학교로 인가를 받으면서 '숭일학교'崇一學校로 불리게 되었다. 숭일학교는 개교한 지 얼마 되지 않아 학생 수가 크게 늘었다. 남도 일대에서 사역하던 선교사들은 각 마을에 교회를 세우면서 교회를 초등과정 학교로도 운영했는데, 전남 일대 시골 교회들의 초등과정 학교 졸업생들 상당수가 광주로 와 숭일학교에 진학한 것이다. 양림동 스테이션과 선교사들은 학생수가 크게 늘자 당장 학교 건물이 필요해졌다. 그래서 프레스톤은 미국 켄터키의 사업가 알렉산더에게서 기금을 받아 건물을 지었다. 건물은 지상 3층 지하 1층으로 이루어져 있었고 여덟 개의 교실과 사무실이 들어섰다. 당시로서는 광주에서 가장 큰 건물이었는데 문을 열고서 광주 사람들을 위한 문화행사를 개최해 큰 관심을 끌었다. 그런데 문제가 더 있었다. 시골에서 광주로 와 공부하는 학생들을 위해 기숙사가 필요하게 된 것이다. 선교사들은 다시 기숙사 건축에 공을 들였다. 그렇게 얼마 지나지 않아 숭일학교는 광주 일대에서 나아가 전남 일대에서 중요한 교육적 역할을 감당하는 기관이 되었다.

숭일학교가 남학생을 위한 학교라면 수피아학교는 1908년 비슷한 시기에 시작된 여학생들을 위한 학교였다. 여학생들 역시 숫자가 많아지자 프레스톤 선교사는 여학생들을 위한 교실을 자기 집에 별도로 개설했다. 학교는 엘라 그래함Ella Graham이 맡으면서 크게 발전했고 그 무렵 미국으로부터 기금을 받아 숭일학교와 같이 서양식 교사를 신축했다. 수피아여학교라는 이름은 이때 붙여졌는데, 기증자 스턴스Mrs. M.L.Sterns 여사가 자기 동생 제니 스피어Jennie Speer를 추모하는 마음으로 헌금하여 학교 건물을 지었기 때문에 고인의 이름 스피어를 우리식 이름으로 한 수피아여학교Jennie Speer Memorial School for Girls라 부르게 된 것이다. 양림산 자락에 세워진 두 학교는 당시 광주의 명물이 되었다. 광주 사람들이나 학생들 모두 양림산에 들어선 선교사들의 사택과 학교 건물들을 구경하러 스테이션으로 모여들었다. 그리고 한결같이 이 학교에 다니기를 선망했다.

숭일학교와 수피아학교는 모두 광주를 대표하는 중요한 중등, 고등 교육기관으로 자리매김했다. 그러나 이 두 학교는 전주나 목포, 군산의 학교들과 같이 다수의 학생이 독립운동에 가담하는 등 일제에 저항하는 입장을 계속 유지했다. 숭일과 수피아 학생 모두 1929년에는 광주학생운동에 참가했으며, 1937년에는 교사와 학생 전체가 신사참배를 거부하자 결국 일제는 강제로 두 학교를 폐교하게 된다. 두 학교는 해방 이후 다시 개교해 오늘 숭일중고등학교와 수피아여자중고등학교로 계속 이어지고 있다. 숭일중고등학교는 1971년 운암동으로 이사했고 수피아여자중고등학교는 양림동에 계속 남았다.

앞서 언급했지만, 광주 양림동에서는 학교와 더불어 제중원이라는 병원도 시작되었다. '널리 백성을 구제한다'는 뜻의 이 병원은 애초에 의료선교사로서 사역하던 오웬이 아닌 놀란Joseph W. Nolan에 의해 시작되었다. 그는 유진 벨이나 오웬보다 1년 늦은 1905년

11월에 광주로 왔다. 그리고 같은 달 20일에 자기 사택에서 진료소를 열었다. 그는 병원을 열던 첫날부터 환자를 받았다. 첫날 그의 진료를 받은 환자는 아홉 명이었다. 그런데 놀란의 사역은 오래 지속되지 못했다. 1907년 그는 갑자기 평안도에 있는 금광사업소로 자리를 옮겼다. 어떤 일이 있었는지는 알 수 없다. 다만 그는 처음 병원을 열던 1905년 11월로부터 떠나던 1907년 4월까지 헌신적인 의사로서 그리고 복음전도자로서 자기 역할에 최선을 다했다는 것이다. 어쨌든 놀란이 떠나고 한 동안 광주 제중원은 제 역할을 할 수 없었다. 그러다 1908년이 되어 윌슨Robert M. Wilson, 우월손 선교사가 새로 부임하면서 병원은 다시 활기를 찾게 되었다. 윌슨은 대단한 사람이었다. 그는 1910년 한 해에만 하루 평균 30여 명씩 만여 명의 환자들을 진료하는 등 강한 열정을 보였다. 수술만 해도 175건을 감당했다. 이후에도 환자는 계속 밀려 들었다. 결국 순직한 오웬 선교사의 부인 조지아나가 거들었다. 그녀는 스스로 의사로서 여자 환자들과 어린이 환자들을 돌보면서 수술을 집도하는 윌슨을 보조하는 역할을 감당하기도 했고 심지어 간호사 역할도 도맡아 했다.

1911년 윌슨은 미국의 엘런 그래함Ellen L. Graham으로부터 재정적인 지원을 받아 수피아학교 아래쪽 현재 광주기독병원 자리에 서양식 건물로 병원을 신축했다. 지하 1층 지상 2층으로 된 수술실을 갖춘 규모 있는 서양식 건물이었다. 이렇게 외형이 커지고 나니 환자들은 더욱 제중원을 찾았다. 윌슨을 비롯한 양림산 스테이션의 선교사들이 보기에 이제 병원에는 사역 인력이 절실해졌다. 윌슨은 당장 남장로교 선교부에 간호인력을 파송해 달라고 요청했다. 남장로교 선교부도 상황을 주시하고 있었다. 그렇게 1912년이 되어 제중원에는 쉐핑Elizabeth J. Shepping이 추가로 투입되었다. 우리에게 서서평으로 알려진 선교사이다. 쉐핑은 주간에는 간호사로서 제중원에서 환자들을 돌보고 주말과 일요일에는 교회에서 아이들을 가르쳤다. 쉐핑은 누구보다 한국 특히 광주와 남도 사람들을 사랑했다. 그녀는 조선어를 배우고 당장 조선 사람들이 입는 복식으로 그리고 조선인들이 먹는 음식으로 일상을 살았다. 발이 커서 남자들의 검정 고무신을 신었고 된장국을 즐겨 먹었다. 그녀는 1934년 순직하기까지 광주의 제중원을 중심으로 가난한 사람들을 돌보고 특히 한센병 환자들을 간호하는 일에 적극적이었다. 제중원의 간호사로서 받는 사례 대부분은 가난한 사람들과 어린이들을 위해 사용했고 오갈 데 없는 고아와 과부들을 자기 집에 데려와 함께 함께 먹고 살았다. 평생에 그녀는 열네 명 고아의 양어머니가 되었고 서른여덟 명의 오갈 데 없는 사람들과 동거동락했다. 쉐핑의 삶은 고단했고 어려웠다. 그러나 그녀는 평생 자기가 파송받은 남도, 광주를 떠나지 않았고 온전히 그 땅 사람들의 어머니요 누이로 살았다. 광주 사람들도 쉐핑의 헌신적인 삶에 감동했다. 그래서 1938년 그녀가 죽어 양림산에 묻혔을 때 광주 사람들은 최초로 시민사회장을 치렀다.

사실 광주 제중원이 훌륭했던 것은 당시 사회에서 완전히 소외되어 있던 한센병 환자들을 돌보고 치료하는 일에 앞장섰다는 것이다. 1909년에 이르러 오웬의 죽음을 기점으로 제중원은 소위

광주기독병원. 광주 제중원이라는 이름으로 시작된 광주기독병원은 처음 세워진 이래 지금껏 온갖 시련을 겪으며 같은 자리를 지키고 있다. 광주기독병원은 광주 근현대 역사의 산증인이다.

'구라사업'나병 환자를 치료하고, 완쾌된 사람의 사회 복귀를 도모하며, 이들에 대한 사회적 편견을 바로잡고자 하는 사업을 시작했다. 그리고 1911년에는 양림동에서 남쪽으로 조금 떨어진 봉선리에 광주 한센병원을 설립했다. 우리나라 최초의 한센병 환자들을 위한 전문 병원이었다. 최흥종의 봉선리 개인 집에서 시작된 병원은 근 1년에 걸쳐 확장과 발전을 거듭했다. 그만큼 한센병 환자들은 많았고 누구도 그들을 돌보려 하지 않았다. 결국 제중원은 1912년 봉선리에 현대식 건물을 준공하고 한센병 환자들을 위한 전문적인 치료를 시작했다. 윌슨과 쉐핑은 양림동 제중원과 봉선리 한센병원을 오가며 치료를 병행했다. 최흥종 등 조선인 지도자들도 한센병 환자 치료를 도왔다. 결국 봉선리의 한센병원은 1928년 여수 신풍반도로 자리를 옮겨 애양원이라는 이름으로 새롭게 한센병 환자 치료의 길을 열었다. 제중원과 윌슨 그리고 쉐핑 선교사 등의 헌신으로 한센병 환자들은 더이상 구박받고 외면 당하는 사람들이 아니라 치료와 돌봄의 대상이 되었다.

제중원은 이후에도 꾸준히 지역 병원으로서의 역할을 넓혔다. 제중원은 1930년에 이르러 결핵 진료도 시작했다. 이곳은 말 그대로 광주 의료 발전의 산실이자 희생과 호혜互惠가 실험되고 실천되는 장이었다. 광주 제중원은 근대식 병원으로 고질적인 전염병들과 천형으로 알려진 한센병, 결핵과 같은 난치병 등을 퇴치하는데 크게 기여했다.

그러나 광주 제중원은 1940년 일제에 의해 폐쇄되었다. 제중원이 다른 남장로교 선교 스테이션과 같이 미국인들이 세운 병원이었기 때문이었고, 당시 남장로교 선교사들은 미국 국적으로 일제의 식민 정책을 반대하고 특히 천황 숭배를 거부했기 때문이었다. 이후 제중원은 2차세계대전이 끝나고 선교사들이 다시 광주로 돌아오고서도 한참이나 지난 1951년에 다시 개원했다. 한국전쟁 이후 제중원은 한동안 결핵 퇴치을 위한 선봉에 섰다. 그리고 이때부터 병원은 광주기독병원으로 불리게 되었다. 광주기독병원이 다시 세상에 이름을 전한 것은 1980년이었다. 그해 5월 광주에서는 민주화운동이 일어났고 많은 시민들이 죽고 다쳤다. 그때 광주기독병원은 5.18 역사의 현장에 굳건하게 섰다. 병원의 의료선교사들과 직원들은 앞장서서 주검을 수습했고 부상자들을 치료했다. 널리 사람들을 구한다는 제중원 설립의 의지가 다시 빛을 발하는 순간이었다. 이후 광주기독병원은 한편으로 지역 의료의 중심으로 서 있으면서 다른 한편으로 선교사들의 복음 전파의 사명을 계속 이어갔다. 그리고 오늘날에도 광주의 중심 의료 기관으로 서 있으면서 복음의 정신으로 지역민들의 치료와 회복을 위해 힘쓰고 있다. 양림산 자락 아래 제법 큰 병원으로 서 있는 광주기독병원은 그 옛날 유진 벨과 오웬이 첫발을 디딘 이래 놀란과 윌슨과 그리고 쉐핑 등의 위대한 정신을 잊지 않고 있다. 오늘도 광주 기독병원의 의료진들은 예수 그리스도의 십자가 사랑으로 환자들을 돌보며 그들의 손으로 치료받은 이들이 다시 삶의 자리로 나아가 예수 사랑의 마음으로 살아갈 수 있기를 기도한다.

최흥종 기념관
광주 남구 제중로 64

남장로교 선교사들의 남도 선교는 '사람 낚는 어부'의 전통을 잇는 신실한 사역이었다. 그들이 낚은 결실 가운데 가장 큰 대어大魚는 아무래도 최흥종崔興琮일 것이다. 최흥종의 이야기는 아무래도 목포 양동교회의 일꾼이자 광주 양림교회 개척자 김윤수로부터 시작되어야 한다. 목포 경찰의 수장이자 양조장 갑부였던 김윤수는 그의 어머니의 손바닥에 박힌 가시를 치료하고자 양동의 선교사 오웬을 찾았다가 어머니가 완치된 후 스스로 기독교인이 되었다. 그는 양조장을 운영한다는 이유로 학습교인 문답에 떨어지자,

양림동 산자락의 유진벨 기념관. 유진벨은 군산과 목포를 거쳐 광주로 와서 여기서 사역하고 여기서 죽었다. 양림동 호남신학대학교 정문 근처에 유진벨의 평생 헌신과 사역을 기념하는 기념관이 서 있다.

양조장을 처분하고 자신의 모든 재산을 교회에 헌납해 자신이 변화한 그리스도인임을 스스로 밝혔다. 이후 그는 광주 양림산에 선교 거점을 개설하는 일을 협력하고 이어서 당시 이름 광주교회의 개척멤버가 되었다.

　이 즈음 김윤수는 광주 선교 역사와 한센병 환자를 위한 구라사업에 큰 족적을 남긴 최흥종을 교회로 인도하는데 중요한 역할을 했다. 최흥종은 광주 장터나 골목에서 사람을 패고 다녀 '무등산 호랑이', '최망치'로 불릴 만큼 소문난 싸움꾼이었다. 그런데 그는 1904년 자신이 세력권으로 여기고 일대를 장악하고 있던 양림

언덕에 선교사들이 들어와 스테이션을 건설하는 모습을 좋지 않게 여겼다. 그는 패거리를 끌고 현장에 나타나 공사를 진행하지 못하도록 행패를 부렸다. 그때 공사를 실제로 감독하고 있던 김윤수가 최흥종을 붙들고 달래며 자신이 변화한 이야기를 들려주자, 최흥종은 그런 김윤수의 이야기에 귀를 기울여 들었다. 그리고 최흥종은 김윤수의 삶을 변화시킨 예수님을 자신의 구주로 영접했다. 최흥종은 그렇게 광주교회의 교인이 되었고 이후 양림산에서 북문안으로 자리를 옮겨 처음 세례를 베풀던 1907년 유진 벨로부터 세례를 받았다.

세례를 받은 최흥종은 광주 북문안교회의 중요한 지도자가 되었다. 그는 선교사들을 성심껏 도왔고 교회를 위해 그리고 광주 선교를 위해 자신을 헌신했다. 그러던 1909년 4월 그는 뜻밖의 일을 경험하게 된다. 당시 목포에서 의료사역을 감당하던 포사이드를 만난 후 한 번 더 새로운 인생길로 접어들게 된 것이다. 이야기는 이랬다. 당시 전남 일대 곳곳을 다니며 전도 활동을 하던 오웬은 화순과 남평을 지나 장흥에 이르러서 갑자기 격렬한 오한을 경험했다. 그리고는 곧 박테리아 감염에 의한 급성폐렴으로 위급한 상황에 빠졌다. 그와 동행했던 조사들은 급히 그를 광주로 옮겼다. 윌슨 선교사가 그의 치료를 맡았다. 그러나 혼자서는 쉽지 않았다. 광주 스테이션은 목포 스테이션으로 긴급히 전보를 보내 포사이드의 지원을 요청했다. 전보를 받은 포사이드는 즉시 말을 타고 광주로 향했다. 그런데 나주 인근 남평의 산모퉁이에 도달했을 때, 포사이드는 다 헤진 섬피 자락을 뒤집어쓰고서 추위에 떨며 신음

하고 있던 한 여성을 발견했다. 그녀는 피고름으로 범벅된 한센병 환자였다. 포사이드는 위독한 동료 선교사를 구하러 가는 길이었지만 그녀를 그냥 지나칠 수 없었다. 그는 황급히 말에서 내려 자신이 입고 있던 외투를 그녀에게 입히고 그녀를 자기 말에 태웠다. 아픈 여인을 말에 태운 채 길을 재촉하기는 어려웠다. 그렇게 포사이드는 일정보다 늦게 광주에 도착했다. 이때 안타깝게도 오웬은 하루 전 이미 운명한 상태였다.

그런데 놀라운 이야기는 여기서부터 시작되었다. 늦게 광주에 도착한 포사이드를 맞이한 것은 최흥종이었다. 그는 포사이드가 흉측한 한센병 환자를 말에서 껴안아 내리는 모습을 보고 충격을 받았다. 포사이드는 그런 최흥종이나 당시 문화를 아랑곳하지 않았다. 그는 말에서 내린 작은 환자의 몸을 양손으로 부축하며 그와 함께 걸음을 옮겼다. 그때 환자가 손에 들고 있던 지팡이를 그만 놓치고 말았다. 그러자 포사이드는 최흥종을 향해 그것을 집어 달라 부탁했다. 최흥종은 고름과 핏물이 잔뜩 묻은 지팡이를 집어 들 엄두가 나지 않았다. 잠시 고민하던 최흥종은 용기를 내 지팡이를 집어 환자에게 건네주었다. 당시는 한센병 환자와 닿기만 해도 병이 옮는다 여겨 환자들을 멀리하고 그들에게 돌을 던지던 시대였다. 포사이드와 함께 환자의 편에 선 그의 마음에는 곧이어 무언가 표현할 수 없는 뜨거움이 밀려왔다.

이때 포사이드는 자신이 데려온 한센병 여인을 봉선리에 있는 벽돌 굽는 가마로 데려갔다. 이 가마자리는 양림 스테이션의 서양식 건물 건축을 위해 벽돌을 굽던 곳이어서 선교사들이 이리저리

사용하기에 용이했다. 포사이드는 거기 비교적 따뜻한 가마에 한
센병 여인의 자리를 마련하고 거기서 극진하게 그녀를 돌보았다.
그런데 포사이드가 봉선리에서 한센병환자를 돌본다는 소문은 곧
광주 일대로 퍼져나갔다. 그러자 여기저기서 한센병 환자들이 봉
선리로 모여들었다. 얼마 지나지 않아 봉선리 일대에는 광주 사람
들이 꺼리는 '한센병 환자촌'이 형성되었다. 그 사이 포사이드는
자신이 돌보던 여인이 그의 정성어린 돌봄에도 죽는 일을 경험했
다. 그러나 포사이드는 그의 치료에 기대어 몰려드는 환자들을 계
속해서 받아들였다. 결국 양림동 제중원 의료 선교사들은 그런 포
사이드의 헌신을 지켜보고 있을 수 없었다. 그들은 포사이드의 헌
신에 동참하기 시작했다. 그렇게 윌슨과 쉐핑은 시간을 정해 양림
동 제중원과 봉선리 한센환자촌을 왕래했다. 제중원이 한센병 환
자들 돌보는 일을 공식적으로 받아들이고 그 사역을 시작하자 포
사이드는 자신의 사역지 목포로 돌아갔다. 이제 봉선리에 모여든
한센병 환자들을 돌보는 일은 온전히 윌슨과 쉐핑의 몫이었다.

　한편 최흥종은 포사이드와의 사건으로 큰 깨달음을 얻었고 그
의 삶은 하나 더 깊고 풍성한 그리스도인의 길로 나아갔다. 최흥종
은 이전부터 그를 따르던 30여 명과 함께 유진 벨을 찾아가 진정
한 '예수의 사랑'이 무엇인지 알게 되었다고 고백했다. 그리고 지
금까지와는 전혀 다른 삶을 살겠노라고 다짐했다. 이후 1911년
그는 봉선리에 있던 자신의 땅과 집을 기증해 그곳을 한센병 환자
들을 돌보는 진료소로 만들었다. 그것은 봉선리 광주한센병원의
시작이었고 무엇보다 여수 애양원의 시작이었다. 최흥종은 이후

여기 원래 자기 집이었던 광주한센병원에서 환자들과 함께 살았다. 그리고 제중원의 의료진들이 환자들을 돌보는 일을 협력하며 환자들의 고통과 슬픔을 정면으로 마주했다. 최흥종의 한센병 환자들을 위한 헌신은 꾸준히 계속되었다. 그는 1912년 광주 북문안교회의 장로가 된 이후에도 환자들 돌보는 일을 계속 이어갔다.

이후 최흥종은 1919년 북문안교회 성도들을 중심으로 일어난 광주 만세운동에 참여했고 일제에 의해 체포돼 1922년까지 대구교도소에서 옥고를 치렀다. 감옥에서 풀려는 최흥종은 유진 벨의 권유로 평야신학교에 입학했다. 그리고 목회자 과정을 거쳐 목사 안수를 받고 1924년 남문밖교회 혹은 금정교회의 담임목사가 되었다. 이 때 북문안교회는 독립운동으로 일제의 미움을 받아 북문 안쪽 자리를 빼앗기고 남문밖에 새로 터전을 마련하고서 그 이름을 남문밖교회 혹은 금정교회로 부르고 있었다.

최흥종은 한편으로 금정교회에서 목회자 사역을 이어갔지만, 다른 한편으로 그는 광주의 지도자로서의 남다른 면모를 보였다. 그는 1924년에 광주 YMCA를 창립하고 사회구제 사업을 벌이는 등 다양한 사회활동을 이어갔다. 농민 강습회를 열어 농촌지도자를 양성하기도 했다. 그러나 무엇보다 최흥종이 집중한 것은 한센병 환자들을 계속해서 돌보고 그들의 자활을 돕는 것이었다. 그 당시 봉선리 광주한센병원은 점차 규모가 커져가고 있었다. 병원이 커진다는 것은 봉선리 일대에 한센병 환자들이 많아졌다는 것을 의미했다. 그것은 광주 사람들이나 조선 총독부에게도 문제였다. 아무리 광주 한센병원의 치료 노력이 대단하다고 해도 당시 사람

오방 최흥종 기념관. 최흥종은 변창연과 김윤수 그리고 유진벨의 전도를 받아 교인이 되었고 이후 장로와 목사로 평생 신앙인으로 바르게 살았다. 그는 광주와 여수 애양원의 나병환자들을 위해 헌신했던 진정한 그리스도인이었다.

들의 한센병 환자들에 대한 몰인식을 이길 수는 없었다. 결국 광주 한센병원은 총독부와의 협의로 여천 신풍리_{지금의 여수 신풍반도}로 자리를 옮기게 되었다. 최흥종은 그 일이 절실하다는 것을 잘 알고 있었다. 그는 광주한센병원과 그 일대 한센인촌의 이전 작업을 돕기 위해 1925년 목회하던 금정교회, 그러니까 남문밖교회를 사임했다. 그는 광주 제중원의 사역을 접고 한센병 환자들을 위해 헌신하기로 한 윌슨 선교사와 함께 1926년 여천 율촌으로 가서 거기에 한센병 환자를 위한 병원과 자활촌 '애양원'愛養園을 설립했다. 그는 이번에도 한센환자들과 함께 여수 애양원으로 이주하여 거기서 환자들과 그리고 가족들과 함께 살았다.

최흥종은 언젠가 한센병 환자 문제로 일제 총독부와 대립하기도 했다. 최흥종과 선교사들 그리고 여러 사람이 지극 정성으로 한센병 환자들을 위해 수고했지만 갈 곳 없는 한센병 환자들은 여전히 너무나 많았다. 최흥종은 유리걸식流離乞食하다가 죽어가는 한센병 환자들의 치료와 생계 문제를 위한 대책을 세워달라고 수 차례 진정서를 올리고, 도움을 요청했다. 그러나 일제 총독부는 반응이 없었다. 결국 그는 일본 당국의 지속적인 외면에 화가 나 자신이 돌보던 한센병 환자들과 함께 전국을 행진하기까지 했다. 최흥종의 행진은 유명했다. 1933년 그는 500여 명의 한센병 환자들을 이끌고 광주에서 경성의 조선 총독부까지 소위 '구라행진'나환자를 구하기 위한 시위행진을 벌여 세간에 큰 관심을 모았다. 이 행진으로 그는 결국 일본 총독부로부터 소록도에 재활시설을 확장하기로 하는 확답을 받아내기도 했다.

해방이 되고 최흥종은 그의 영향력을 알아본 사람들에게서 정치에 참여할 것을 권유받기도 했다. 그러나 그는 거절했다. 그는 오히려 자신을 더욱 낮춰 걸인, 병자, 고아들을 도우며 함께 사는 오방五放, 집안의 일, 사회적 체면, 경제적 이익, 정치활동, 그리고 종파적 활동을 멀리한다는 뜻의 삶을 실천하며 살았다. 이후 오방은 그의 아호雅號가 되었다. 오방 최흥종의 깊은 뜻과 삶에 감동한 백범 김구 선생은 빛을 부드럽게 해 속세의 티끌에 같이한다는 뜻의 '화광동진'和光同塵과 노자 도덕경 33장에 관한 글을 선물했다. 최흥종은 끝까지 진실된 그리스도인으로 살았다. 늙고 병든 몸으로도 한센병 환자 돕기를 계속 이어갔고 그들의 재활과 사회적 복귀를 위해 노력했다. 한센병 환자의 수가 줄어들게 되었을 때는 폐결핵 환자를 돕는 일에 앞장서기도 했다. 그는 끝까지 신실한 기독교인이었다. 그는 한국교회의 방탕을 크게 개탄하고 스스로 절필을 선언한 뒤 무등산에 들어가 금식을 시작했다. 그렇게 그의 결기어린 금식이 34일간 이어질 때 사람들은 그를 업어 산을 내려왔다. 그리고 쇠약해진 그를 아들 집으로 옮겼다. 그러나 오방 최흥종의 신실한 그리스도인으로서의 삶은 거기까지였다. 그는 1966년 5월 14일 86세의 일기로 세상을 떠났다.

 정리 ## 오웬 기념각과 양림교회
광주 남구 백서로70번길 6과 2

목포에 이어 광주와 순천으로 이어지는 선교사들의 사역은 애환도 많았다. 남도 선교사들은 그들이 원래 자라고 살아온 환경과 너무나 다른 조선 땅에서 너무 많은 희생을 치렀다. 그들은 이 땅에서 사랑하는 아내를 잃기도 하고 자녀들을 먼저 떠나보내기도 했다. 지금도 남도 곳곳에는 그들의 슬픈 사연들이 고스란히 담겨 남겨진 곳이 많이 있다. 양림동 호남신학대학교 구내 양림산 정상에 있는 선교사들과 그 가족들 그리고 조선인 협력자들의 묘역이 그렇다. 그리고 양림동 양림교회 구내에 있는 오웬 기념각이 그렇다. 그 모든 곳에서 우리는 이 땅 사람들의 영혼과 삶을 새롭고 온

양림교회. 양림교회는 광주 최초의 교회이다. 광주와 남도 일대 교회들은 모두 이 교회로부터 시작되었다고 해도 과언이 아니다.

전한 길로 인도하고자 했던 백년 전 선교사들의 헌신과 희생을 마주하게 된다.

　선교사로 헌신하던 중 가족을 잃은 아픔 가운데 우리가 잊지 말아야 할 한 사람은 바로 유진 벨이다. 의료 사역을 중심으로 광주에서의 사역이 성공적으로 발전하던 시간, 유진 벨은 말할 수 없는 큰 고통의 시간을 겪게 된다. 그는 1901년 목포에서 이미 사랑하는 첫 아내 로티를 잃었다. 그는 아내를 잃고 난 후 아이들을 데리고 미국으로 돌아가 한동안 휴식했다. 그러나 조선 땅의 선교적 필요는 그를 다시 일으켜 세웠다. 그는 1903년 다시 조선 목포로 돌아왔다. 그리고 1904년 군산에서 선교하던 동역자 윌리엄 불의 동생 마가렛과 재혼했다. 마가렛은 유진 벨의 이후 광주로 이어지는 사역의 중요한 동역자였다. 마가렛은 광주에서 한편으로 남편과 아이들을 돌보면서도 광주의 부녀자들과 어린이들을 위한 성경학교를 개설하여 운영하는 등 스스로 열정적인 선교 사역자로 헌신했다. 그러나 유진 벨은 1919년 두 번째 아내 마가렛 마저 잃게 된다. 3.1만세운동과 제암리교회 사건에 관한 조사를 위해 경성을 방문하고 돌아오던 중 불의의 기차 사고로 아내 마가렛 마저 순직하고 만 것이다.

아내를 한 사람도 아니도 두 사람이나 잃은 유진 벨의 실의는 컸다. 그는 다시 미국으로 건너가 잠시 안식의 시간을 가졌다. 이후 그의 나머지 사역을 함께한 것은 군산의 여선교사 줄리아 다이사트Julia Dysart였다. 다행히 줄리아는 유진 벨의 여생을 함께했다. 비록 길지 않은 시간이었으나 줄리아는 유진 벨이 광주과 순천으로 이어지는 사역의 큰 결실을 볼 수 있도록 이끌었다. 무엇보다 그녀는 유진 벨의 선교적 유산이 그의 딸 샬롯Charlotte W. B. Linton과 그리고 사위인 린튼William A. Linton에게 이어지도록 했다. 이렇게 유진 벨은 평생 세 명의 아내을 얻었고 그 가운데 둘을 선교지에서 잃었다. 그러나 그는 그 모든 슬픔 가운데서도 사역을 멈추지 않았고 그의 사역은 그의 한국 이름 배유지裵裕祉처럼 넉넉하여 풍성한 결실로 이어지게 되었다.

그런데 유진 벨은 사실 가족만 잃은 것이 아니었다. 그는 무엇보다 중요한 동역자 오웬을 잃는 아픔을 겪기도 했다. 앞에서 이미 언급한 것처럼 오웬은 1909년 전라남도 장흥 일대에서 선교 활동을 하다가 급성 폐렴에 걸리게 되었고 결국 목숨을 잃게 된다. 오웬의 죽음은 남장로교 선교부로서는 뼈 아픈 상실이었다. 비단 남장로교 선교부 뿐이 아니었다. 그의 죽음은 광주와 목포 선교 스테이션의 사역자들과 조선인 지도자들 그리고 성도들에게도 큰 아픔이었다. 정말 많은 사람이 그의 갑작스런 죽음을 애도했다. 미국의 유가족들도 마찬가지였다. 오웬의 가족들은 사랑하는 오웬의 헌신을 누구보다 잘 알고 있었기 때문에 그를 기념하는 일이 무어보다 중요하다는 것을 알았다. 그렇게 가족들과 친지들은 성금을 모아 광주에 전달했다. 남장로교 선교부와 광주 스테이션의 선교사들은 그 성금으로 1915년 1월 양림산 아래에 오웬 기념각을 건축했다. 건물은 정방형 르네상스식 건물로 140평 정도의 크기에 2층으로 된 구조였다. 오웬 기념각은 곧 광주 사람들 사이에 회자되었다. 사람들은 그렇잖아도 양림동 방문하기를 즐겼는데 이제 거기에 또 다른 멋진 서양식 건축물이 들어섰으니 더욱 양림동을 찾게 되었다.

건물이 지어진 1915년 2월에는 남자들을 위한 말씀 사경회가 개최되었다. 남자들이 남자 선교사들과 성경을 배우고 기도하는 집회를 하는 동안 쉐핑 선교사는 한 쪽에서 여성들만을 위한 별도의 성경공부 반을 운영했디. 쉐핑의 성경공부는 남자들의 사경회 규모를 넘어셨다. 한 번에 약 2백여 명이 넘는 사람들이 성경공부에 참여했다. 누군가는 60킬로미터 떨어진 곳에서 성경공부에 참

오웬 기념각. 목포에 이어 광주에서도 헌신적이었던 의료선교사 오웬은 결국 이 땅에서 순직했다. 그의 할아버지와 가족은 그가 끝까지 헌신했던 광주에 그를 기념하는 건물을 세웠다. 이 건물은 이후 광주 사람들 모두가 찾는 명물이 되었다.

여하기 위해 오웬 기념각으로 오기도 했다. 그리고 누군가는 집에 가는 것도 아까워 강당의 마룻바닥에서 잠을 자가며 성경공부에 참여하기도 했다. 이후 오웬 기념각은 오늘날 양림교회로 불리던 옛 금정교회 사람들이 예배 처소로 삼기도 했다. 1924년 금정교회에서 분리해 나온 일단의 사람들은 양림산 아래 오웬 기념각에서 별도의 예배를 드리기 시작했고 그것이 이어져 오늘날 양림교회가 되었다. 유진 벨과 오웬 그리고 조선인 지도자들이 세운 광주교회를 모태로 하여 두 개 교회로 나뉘게 된 것이 안타까운 일이기도 하지만 어쨌든 광주의 첫 교회 사람들은 오웬 기념각을 중심으로 옛 양림산 일대로 다시 모여들게 되었다. 오웬 기념각은 이외에도 강연회, 음악회, 영화, 연극, 학예회, 졸업식 등을 진행하는 일에도 사용되었다. 광주의 첫 근대 오페라, 근대 음악회, 근대 연극, 근대 시민운동 조직들이 여기서 시작되었고, 이 기념각으로부터 광주의 문화운동이 차근차근 파급되어 갔다.

사실 오웬은 살아생전 자신의 주요한 후원자였던 할아버지에게 이런 식의 강당 건립의 필요성을 적극 알렸다. 서양식으로 지어진 강당이 있다면 광주 사람들이 보다 더 윤택한 문화적 혜택을 누릴 수 있게 되고 그렇게 되면 그들에게 보다 더 가까이 다가가 예수 그리스도의 복된 소식을 전할 수 있으리라 생각한 것이다. 할아버지를 비롯한 오웬의 가족은 그가 살아생전에는 그의 뜻을 이루어주지 못했지만 그가 세상을 떠난 후 그의 유지를 잊지 않고 그가 사랑하고 그가 헌신하던 땅에 그 땅 사람들을 위해 기념각을 건축하게 된 것이다. 이렇게 광주의 선교사들은 그들이 부름받아 사역하고 헌신하던 땅과 그 사람들을 지극히 사랑했고 죽어서라도 그 땅과 사람들에게 복이 되고자 자신의 모든 것을 다 바쳤다.

오웬 기념각은 지금 양림산으로 올라가는 남쪽 입구 양림교회 옆에 여전한 모습으로 남아 있다. 오웬 기념각은 작은 하나라도 더 광주 사람들에게 나누어 주고자 했던 선교사들의 마음이 담긴 공간이다. 이 기념각에 서면 우리는 예수 그리스도의 십자가 사랑을 나누고 그것으로 생명이 삶이 온전히 되살아나게 되기를 바랐던 선교사들의 마음을 읽을 수 있고 느낄 수 있다.

* 양림동 선교사 묘원

양림동 선교사 묘원은 현재 호남신학대학교 구내 언덕 양림산 정상에 자리 잡고 있다. 원래 여기에는 열두 기의 묘가 있었는데, 순천과 목포 스테이션이 정리되면서 그곳에 있던 묘들을 1979년 이곳으로 이장하면서 그 규모가 크게 늘어났다. 지금은 순천에서 온 10기의 묘와 목포에서 옮겨진 4기 등을 합해 모두 26기의 무덤이 이곳 묘역에 있다. 선교사 23명과 가족들 포함 모두 26기의 무덤이 있는 이곳은 세계적으로 보기 드문 선교사 집단 묘역이다.

먼저 폴 크레인Paul S. Crane, 구보라의 묘는 맨 앞 줄 오른쪽에 놓여있다. 폴 크레인은 순천 스테이션 선교사였던 존 크레인John C. Crane의 동생으로 형보다 2년 늦은 1916년부터 목포를 중심으로 활동했었다. 그러나 선교 3년 만인 1919년 3월 26일 유진 벨이 몰던 차를 타고 서울에서 내려오던 중 병점의 열차 건널목에서 열차와 충돌하는 사고로 목숨을 잃는 안타까운 죽음을 맞았다. 그 옆은 유진 벨과 함께 전남 선교를 개척한 오웬의 묘로 양림동 동산에 묻힌 첫 선교사다. 1867년 7월 미국 버지니아 블랙 월넛Black Walnut에서 태어난 오웬은 버지니아 유니온신학교를 졸업하고, 선교를 준비하면서 버지니아대학교에서 의학을 공부했다. 1898년 미국 남장로교 선교회 한국 파송 선교사로 한국에 도착하여 유진 벨 선교사와 함께 목포 스테이션을 개설했다. 목포에서는 전도와 의료를 병행했다. 이어서 1904년 광주에서는 주로 전도에 전념하였다. 그는 이미 목포에서 건강 이상으로 미국에서 요양하기도 하였으나, 다시

양림산 정상의 선교사 묘원. 주로 순직한 남장로교 선교사들과 그 가족들의 것이다. 선교사 묘원은 조용히 둘러볼 필요가 있다. 그들이 어디에서 왔으며 어떻게 사역하다가 어떻게 순직했는지 이야기를 보고 살피다보면 그리스도인으로 산다는 것, 부름받아 사역한다는 것의 의미와 가치를 다시 한 번 생각해 보게 된다.

광주로 돌아와 전남 일대 가장 넓은 지역을 스스로 맡아 열정적으로 사역하다가 순직했다.

오웬의 무덤 옆에는 1907년 광주에 와서 수피아여학교 교사로 오랫동안 일했던 그래함Ella I. Graham, 엄언라이 누워있다. 독신이었던 그녀는 건강이 악화해 미국으로 돌아가 거기서 죽었다. 그러나 그녀의 소원대로 다시 한국으로 돌아와 광주에 묻혔다. 그 옆의 브랜드Louis C. Brand, 부란도는 1924년 군산을 거쳐 1930년부터 광주 제중원에서 결핵 퇴치 운동을 전개했던 의료선교사로 나이 마흔 넷에 자신도 결핵에 걸려 순직했다. 폴 크레인 바로 뒤에는 유진 벨의 두 번째 부인이었던 마가렛Margaret W. Bell의 무덤이 있다. 그녀 역시 폴 크레인처럼 남편 벨이 운전한 차에 동승했다가 사고를 당했다. 마가렛은 군산 선교사였던 불William F. Bull, 부위렴의 여동생으로 1902년 오빠를 보러 한국에 왔다가 유진 벨을 만나 1904년 결혼해 유진 벨과 함께 광주에서 헌신했다.

그 옆은 유진 벨의 묘비가 있고, 유진 벨 옆에는 유일한 한국인 유우선의 묘가 있다. 유우선은 선교사의 추천을 받아 미국에 유학 갔다가 하숙집 수영장에서 심장마비로 사망하였다. 유우선의 묘 옆은 닷슨Harriet K. Dodson의 무덤이다. 그녀는 광주제일병원에서 사역하던 윌슨의 처제로 1921년 광주로 와서 선교사 자녀 교육에 힘쓰다가 이듬해 사무엘 닷슨Samuel K. Dodson, 도대선 선교사와 결혼했다. 하지만 결혼 3년 만인 서른다섯에 사망했고 광주에 묻혔다. 묘역 남쪽의 가장 오른쪽에 있는 필립 코딩턴Philip T. Codington 묘는 1947년 한국에 와서 목포, 광주 선교사로 일했던 허버트 코딩턴Herbert A. Codington, 고허번의 다섯째 아들의 것이다. 당시 7살이었던 필립은 광주에서 태어나 1967년 대천해수욕장에서 익사하였다. 당시 대천에는 재한 선교사들을 위한 대규모의 선교사 휴양시설대천외국인수양관이 운영되고 있었는데, 필립은 거기에서 사고를 당했다. 필립의 무덤 옆에는 1922년 남편 레비James K. Levie, 여계남와 함께 내한하여 군산, 광주에서 활동하다가 1931년 사망한 제시 레비Jessie S. Levie의 묘가 있다. 제시 레비 바로 옆에는 에머슨Amelia J. Emerson의 무덤이 있다. 에머슨은 일제의 압력에 항거하여 선교부의 재산을 지킨 탈메이지J. V. N. Talmage, 타마자의 장모로, 1910년 외동딸 등 가족과 함께 내한하여 광주에서 17년간 활동했다. 그녀는 선교사 자녀들을 교육하는 한편 숭일학교와 수피아여학교에서 영어를 가르치다가 1927년 5월 27일 별세하여 이곳에 안장되었다.

에머슨의 묘 옆에는 '광주의 전설' 쉐핑Elisabeth J. Shepping, 서서평이 누워있다. 1912년 내한한 그녀는 서울을 거쳐 광주 제중원의 간호사로 오랫동안 사역하다가 1934년 53세의 일기로 소천 하였다. 우리나라 간호협회의 창설자이기도 했던 쉐핑은 많은 고아와 한센병 환자들을 데려다 길렀는데, 부모를 잃은 여자아이들을 데려가 키운 것이 열네 명이나 있었고 그녀의 집에서 동거동락한 가난한 사람들이 서른여덟 명이었다. 그녀는 자신의 봉급 대부분을 가난한 이들을 위해 사용했고 정작 자신은 헌 곳을 기워 입는 검소한 삶을 살았다. 그녀의 삶에 감동한 사람들이 많아 그녀의 장례는 광주 최초의 시민사회장으로 치러졌다.

목포 스테이션에서 옮겨온 무덤으로는 니스벳 부인Anabel L. Nisbet, 유애나의 묘가 있다. 1906년 남편 존 니스벳John S. Nisbet, 유서백과 함께 내한한 그녀는 전주를 거쳐 목포 정명여학교 교장으로 8년간1911년-1919년 사역하였다. 1919년 3.1운동 때 정명학교의 학생들이 시위하기 위해 몰려나가자, 그들을 보호하기 위해 몸으로 막던 교장 니스벳 부인은 그만 밀려 넘어졌고, 그것이 원인이 되어 오래 앓다가 1년 만에 숨을 거두었다. 문필력이 뛰어났던 니스벳 부인은 1892년부터 1919년까지 미국 남장로교선교회의 한국선교 역사를 정리한 *Day in and Day out in Korea*남도교회초기역사를 남겼다. 니스벳 부인 옆에는 니스벳의 두 번째 부인에게서 난 딸Elisabeth D. Nisbet의 무덤이 있다. 그 옆에는 1923년 목포에 부임하여 선교사 자녀들을 가르치다가 의료선교사 길머William P. Gilmer, 길마와 결혼한 캐서린Kathryn N. Gilmer의 묘가 있다. 그녀는 결혼한 지 1년만인 1926년 29세의 나이로 세상을 떠났다. 길머 선교사의 부인 묘 옆에는 채프먼 부인Grttrude P. Chapman의 묘가 있다. 그녀는 목포의 간호선교사였던 조카 휴슨Georgiana F. Hewson, 허우선을 방문하러 왔다가 이 나라에서 사망하였다.

순천에서 옮겨온 묘들은 묘원의 가장 북쪽에 있고, 그들 가운데에는 1938년 내한한 사우솔Thomas B. Southall, 서도열의 딸 릴리안Lillian A. Southall의 묘가 있다. 릴리안은 단 하루밖에 살지 못했다. 릴리안 옆에는 코잇Robert T. Coit, 고라복의 두 자녀 무덤이 있는데, 겨우 네 살이었던 형 토마스 우즈Thomas H. Coit와 두 살 동생 로버타 세실Robert C. Coit은 하루 차이로 사망하였다. 1907년 이 나라에 온 코잇은 광주를 거쳐 1912년 새로 개설된 순천 스테이션으로 임지를 옮겼는데, 주택이 마련되지 않은 상태에서 임시숙소에 머물다가 이듬해인 1913년 그만 아이들이 이질에 걸리고 말았다. 하루건너 두 자녀를 가슴에 묻고 아픔을 견뎌야 했던 코잇 내외는 절망의 순간에도 주저앉지 않고, 순천에 기독교진료소를 세우고 어린이성경학교를 열었다. 그들은 두 아이를 떠나보낸 마음속 빈자리를 조선의 아이들로 채워 나갔다. 이후 부부는 프레스톤과 함께 매산학교를 세웠고, 한센병 환자들을 돌보며 더 많은 교회들을 세워갔다. 코잇 부부의 두 아이 옆에는 덤Thelma B. Thum의 무덤이 있다. 덤은 1930년 내한하여 순천 안력산병원 간호사로 근무하다가 1년 만인 1931년 병으로 소천 하였다. 덤의 옆에 있는 로스 부인Cora S. Ross은 자신의 딸 로저스 부인Mary D. Rogers을 만나러 순천에 왔다가 사망했다. 로저스 부인의 남편James M. Rogers, 노재수은 순천 안력산병원의 의료선교사였다. 로스 부인의 무덤 뒷줄에는 세 개의 무덤이 있는데 사망자의 신원이 알려지지 않았다. "C. S. R"과 "T. B. T"라고 새겨져 있는 두 개의 무덤은 아마 어려서 사망한 선교사 자녀들의 무덤인 것 같고, 다른 하나는 묘비조차 없다. 마지막 셋째 줄의 묘비 두 개는 존 크레인John Crane의 자녀들이다. 하나는 1918년 사망한 딸 엘리자베스Elizabeth L. Crane의 묘이고, 다른 하나는 태어난 지 7개월 만에 죽은 아들 존John Curitce Jr. Crane의 묘이다.

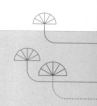

다섯 번째 순례지

매산의 기적

순천

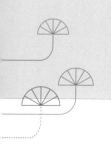

순천에는 국가 정원과 천연 습지 공원이 조성되어 있다. 순천은 그 이름 그대로 따뜻하고 평안하여 깃들어 사는 사람과 동물과 자연 모두가 어울려 살기 좋은 곳이다.

 순천시 기독교역사박물관
전남 순천시 매산길 61

남해안에 인접해 있는 순천은 예로부터 땅, 기후, 물이 좋기로 소문난 지역이었다. 순천은 기본적으로 산과 바다 사이 아늑한 공간으로 자리하고 있다. 순천 북서편에는 모후산을 중심으로 해발 5백 미터에서 9백 미터에 이르는 산들이 둘러치고 있다. 동남편은 상대적으로 낮은 저지대를 이루고 있고 바다와 맞닿고 있다. 그런데 순천은 산을 두르고 있음에도 산세가 주는 기운을 많이 받지 않는다. 그것은 바다도 마찬가지다. 순천은 바다에 인접해 있음에도 불구하고 바다의 영향을 많이 받지 않는다. 순천이 위치한 순천만 일대는 북서편의 높은 산세가 한 겨울 추운 바람을 막아주고 고흥반도와 여수반도가 한여름의 습기 먹은 더위도 멀리하게 하고 해주는 천혜의 아늑한 공간이다.

순천은 말 그대로 모든 것이 순리대로 잘 흐르는 곳이다. 그래서 예로부터 사람이나 동물이나 살아있는 것들이 깃들어 살기 좋은 곳으로 알려져 왔다. 순천은 통일신라 때 승평昇平으로 불렸고 고려 시대에 이르러 순천順天이라는 이름을 얻게 된다. 이후 순천은 계속 그 이름을 유지하게 된다. 단, 한자 이름의 변화는 있었다. 고려시대로부터 전해 온 이름은 하늘의 순리를 따른다는 '순천'順天이었는데, 이후 조선시대 내내 물이 순조롭게 흐른다는 뜻으로 '순천'順川으로 불렸다. 그러다가 대한제국 때 다시 고려시대의 이름인 순천順天으로 다시 돌아가게 된다.

그러나 역사 속 순천의 모든 것이 순리대로만 이루어진 것은 아니다. 1948년에는 '여수·순천 사건'이라는 슬픈 일들도 있었다. '여수·순천 사건'은 1948년 여수에 주둔해 있던 제14연대가 제주 4.3 사건 진압 명령을 거부하고 항명한 것에서 시작되었다. 14연대는 반란을 일으켰다. 그리고 군경 및 그 가족과 우익 인사들을 학살했다. 이승만 정부와 미군정은 당장 진압군을 보내 반란군들을 소탕했다. 그리고 14연대 반란에 동조한 좌익 인사들을 역시 학살하고 처형했다. 이외에도 반란군 진압은 약 2천여 명이 넘는 민간인들을 학살하게 된다. 순천에는 지금도 이 시절 겪은 아픔이 고스란히 남아 있다. 순리대로 살아가던 사람들의 고장 순천에는 이렇게 하늘과 자연의 순리에 역행하는 일들도 있었다.

순리가 아닌 역리로 일어난 사건들은 대한제국 말기에도 있었다. 남장로교 선교사들이 개별적으로 선교 여행을 다니던 즈음, 그래서 아직 순천 일대에 스테이션을 세우기 전, 1900년대 초반은 일본 제국주의의 식민지화가 가속화되고 있었다. 1905년 을사늑약乙巳勒約은 거의 전국적인 반대와 투쟁을 불러일으켰다. 나라 곳곳에서 일본에 저항하는 움직임과 활동, 그리고 투쟁이 일어나고 있었다. 그 가운데 순천은 항일투쟁이 가장 강력하게 일어났던 장소 가운데 하나였다. 조규하趙圭夏와 강진원姜振遠 등은 순천 서북쪽 조계산을 근거지로 의병 투쟁을 벌였는데, 이때 의병들은 전국의 다른 어디에서 일어난 의병보다 더 강력하고 철저한 활동을 벌였다. 그들은 일본군 수비대나, 헌병대, 순사대 그리고 주요 통신 라인을 공격하는 한편으로 친일파를 처단하는 일과 주민 보호와 납세 거부 운동까지 주도했다. 일본은 순천 일대에서 항일 무장투쟁 세력들을 무자비하게 진압했다. 무력으로는 일본을 이길 수 없었다. 그렇다고 순천의 의병 투쟁이 쉽게 무너진 것은 아니었다. 순천의 의병 투쟁은 적어도 1921년까지 계속되었고 또 만주에서의 독립군 활동의 중요한 기반이 되기도 했다. 일제가 강제로 이 땅을 병합하던 시절, 순천 사람들은 고통 받았고 무너졌으며 흩어졌다.

그런데, 이렇게 흩어진 순천 사람들을 통해 하나님께서는 놀라운 일들을 일으키셨다. 사람들은 각자 피난 갔던 지역에서 선교사들과 전도자들을 통해 복음을 접했다. 그들은 고향으로 다시 올 때 빈손으로 돌아오지 않고 복음을 가지고 왔다. 그들의 손에는 선교사들이 들려준 쪽복음서나 작은 성경책들이 쥐어져 있었다. 그래서 순천은 다른 남도의 지역들과 달리 선교사들에 의해서가 아니라 순천인들 스스로에 의해 교회가 시작된 지역이었다. 오웬을 비롯한 남장로교 선교사들이 이곳 순천에 들어와 복음을 전할 때 이미 이곳에는 교회와 신앙공동체 모임이 있었다. 유진 벨과 프레스턴 등이 순천에 스테이션을 세우기 전 이곳에는 이미 20여 개가 넘는 교회가 존재하고 있었다. 세상과 나라가 혼란에 빠져들 무렵 되어가던 그 모든 혼란과 고통이 발생하던 한복판 순천에는 복음의 씨앗이 뿌려졌고 하늘 하나님의 뜻과 예수 그리스도의 십자가 순리로 세상을 살아가고자 하는 사람들이 곳곳에서 새벽이슬처럼 일어났다.

1894년 3월 말 레이놀즈와 드류는 약 45일 동안 호남 일대를 답사하면서 배편으로 진도로부터 완도, 고흥 그리고 순천과 벌교를 방문했다. 그리고 순천에 대해 "비옥한 계곡에 아름답게 자리 잡은 곳"이라고 말했다. 이후 순천 일대는 선교사들 혹은 전도자들이 가끔 방문하는 곳이었다. 오웬도 그 가운데 한 사람이었다. 그런데 오웬은 달랐다. 그는 아무래도 순천 일대 선교의 기초를 닦은 사람이었다. 그는 순천 전체가 의병 활동과 투쟁으로 시끄럽던 시절에, 그래서 그 어느 곳보다 위험했던 시절에 남도의 끝자락 곳곳을 다니며 복된 소식을 전했다. 그러나 오웬은 사역을 지속할 수 없었다. 1909년에 그는 장흥에서 폐렴에 걸려 순직하고 말았다. 이후 순천을 비롯한 일대의 선교 사역은 프레스턴John Fairman Preston, 변요한과 코잇Robert T. Coit, 고라복에게로 이어졌다. 1909년 전남 동남부

매산 스테이션 부지 제일 끝에 위치한 순천기독교역사박물관. 순천시에서 세운 이 박물관에 가면 미국 남장로교 선교사들의 이야기와 그들의 사역 이야기, 그리고 순천 기독교 역사의 모든 것을 한 눈에 볼 수 있다.

지역을 순회한 프레스턴과 코잇은 순천에 주목했다. 그곳은 광주로부터는 100킬로미터 떨어져 있었고 광주와 순천 사이에는 큰 산들이 놓여 있어서 서로 왕래하기가 쉽지 않았다. 그러나 만일 순천에 선교 스테이션을 세울 수만 있다면 순천은 여수와 고흥, 광양을 비롯해 남해 서부 일대에 펼쳐진 저 동떨어진 땅의 선교를 위해 중핵적인 역할을 할 것이 분명했다. 게다가 순천 인근에는 1905년을 전후해 이미 복음이 전래되어 있었다. 지금의 여수인 여천에 장천교회, 벌교에 무만동교회, 광양에 신황리교회 등이 세워져 있었다. 1906년에는 순천읍교회지금의 순천중앙교회도 세워져 지역의 신앙

공동체가 이미 형성되어 있었다. 프레스턴과 코잇은 처음 이곳을 찾았을 때 기독교 신앙이 이미 들어와 있는 것을 분명하게 목격했다. 그들은 순천과 일대 기독교인 조선인들과 협력하면 이 지역에서도 선교의 큰 결실을 거둘 수 있으리라 생각했다.

프레스턴과 코잇은 남장로교 선교본부에 순천 스테이션 설치를 강력하게 요청했다. 결국 남장로교 선교부는 1910년 순천에 새로운 선교 스테이션을 세우기로 했다. 선교부의 결정이 떨어지자 선교사들은 순천 일대를 돌며 스테이션을 건설할 땅을 물색했다. 선교사들은 처음 땅을 물색할 때 사냥꾼들인 양 변복하고 여기저기를 다녔다. 외국인 선교사가 땅을 매입하려 한다는 소문이 돌면 땅값이 크게 뛸 것이 분명했기 때문이었다. 결국 순천 스테이션 부지 구입은 이미 광주 스테이션 개설 경험이 있는 김윤수가 적극적으로 나섰다. 그는 노련했다. 그는 목포와 광주에서 쌓인 경험을 토대로 선교 사역에 최적지가 될만한 땅을 찾았다. 그렇게 김윤수는 맑은 물을 확보할 수 있는 남봉산 자락 매산동 일대 2천여 평을 매입했다. 매산 일대는 순천 읍성 북문 밖 동산으로 순천읍성이 한눈에 내려다보이는 곳이었다. 그러나 그곳은 돌들도 많고 묘지로나 사용하는 등 버려진 쓸모없는 땅이었다. 하지만 다른 스테이션들에서도 그랬던 것처럼 선교사들은 그 땅이 곧 복음에 의해 희망의 땅으로 변화될 것이라는 마음먹었다.

순천 스테이션 개설은 전주와 군산, 목포와 광주에 이은 것이었다. 선교사들이나 남장로교 선교부는 이제 조선 남도 땅에 선교 스테이션을 개설하는 일에 관해 이력이 붙었다. 선교사들은 순천 스테이션은 더욱 계획적이게, 그리고 체계적으로 열기로 마음먹었다. 그러다 보니 무엇보다 중요한 것은 안정적인 자금 확보였다. 1911년 안식년으로 잠시 귀국한 프레스턴은 노스캐롤라이나 더램제일장로교회 조지 왓츠George Watts를 통해 순천 스테이션 조성 비용을 마련할 수 있었다. 왓츠는 프레스턴과 남장로교 선교부에게 순천 선교를 위해 매년 13,000달러씩 후원하겠다고 약정했다. 이것은 남장로교 선교부 역사상 가장 큰 규모였다. 이렇게 순천 스테이션은 더램제일장로교회의 신실한 장로 왓츠가 보내준 기부금을 바탕으로 종합적인 계획에 의거 거대한 선교 타운을 조성하게 되었다. 그렇다고 스테이션의 모든 시설이 단기간에 완성된 것은 아니었다. 매산 스테이션은 1911년부터 1922년까지 단계적으로 조성되었다. 암석 자재는 남봉산 일대에서 구했고 벽돌은 스테이션 옆에 가마터를 만들어 구웠으며, 인부들도 순천 일대에서 고용해 부렸다. 그 외에도 미국으로부터 자재들이 많이 들어왔다. 그렇게 쓸모없는 땅 매산 일대는 하나님의 사랑을 전하고 가르치며 나누는 또 다른 스테이션으로 만들어져 갔다.

1920년대 순천 남봉산 줄기 매산동 약 2만 7천여 평 구내에는 선교사들의 사택, 유치원, 남녀학교지금의 매산중고교, 매산여고, 안력산병원, 순천성경학원 그리고 순천중앙교회 등이 순차적으로 들어섰다. 굉장한 규모였다. 당시 순천 스테이션의 면적은 순천 읍성과 비슷했다. 그리고 스테이션 내의 건물들은 순천을 대표하는 랜드마크로서 역할에 충분할 정도로 사람들에게 큰 영향을 끼쳤다. 순천 스테이션에 파송된 첫 선교사들도 쟁쟁했다. 처음 7인의 선발대 이후 남장로교회는 꾸준히 선교사들을 파송했는데, 유능하고 헌신적인 젊은이들이 많이 지원했다. 스테이션에서 처음 사역을 시작했던 선교사들로는 목회사역을 담당하며 지도자로서 중심 위치에 있던 프레스턴과 코잇, 남학교의 크레인John C. Crane, 구례인, 여학교의 듀피 Lavalette Dupuy, 두애란, 의료선교사 티몬스Henry L. Timmons, 김로라와 간호사 그리어Anna L. Greer, 기안나, 여성 사역에 비거Meta L. Biggar, 백미다 그리고 주일학교의 프래트Charles H. Pratt, 안채륜 등이 있었다.

순천 매산동 일대에는 현재 순천중앙교회, 순천기독재활원, 매산중학교, 매산고등학교, 매산여자고등학교, 순천성서신학원, 애양직업재활보도소 그리고 여러 선교사의 옛 사택들이 들어서 있다. 순천 선교 100주년이 되는 해인 2012년, 순천시는 이 매산로 끝자락에 '기독교역사박물관'을 개관했다. 순천의 근대 역사에서 매산의 선교 스테이션과 선교사들의 활동이 무엇보다 중요하다는 것을 인정하고 그 모든 역사를 기록으로 남기고자 한 것이다. 순천시가 개관한 '기독교역사박물관'에는 호남 일대와 특별히 순천에 와 사역하던 남장로교 선교사들의 사역의 역사를 한 눈에 볼 수 있다. 여기 순천 '기독교역사박물관'은 매산에서 이루어진 선교사들의 놀라운 사역들, 그 결실을 탐방하는 시작점이 된다.

순천 매산 스테이션 일대 순례 포인트

❶ 순천시기독교역사박물관
❷ 안력산의료문화센터
❸ 매산중학교 매산관
❹ 매산여자고등학교 프레스톤 사택
❺ 순천중앙교회

❻ 순천기독진료소
❼ 코잇선교사 사택
❽ 국내최초 구급차 전시 장소

순천 스테이션은 1913년 5월 1일 공식적으로 출범했다. 코잇과 프레스턴 가족은 1913년 4월 스테이션이 공식 출범하기 바로 전에 순천으로 이사했다. 그러나 순천에서 코잇을 기다리는 것은 그의 두 아이들의 사망이었다. 아직 사택이 완공되지 않은 상황에서 위생이 좋지 않은 집에 거주하다가 그만 아이들이 이질에 걸리고 만 것이다. 셋째 아이를 임신하고 있던 부인 세실Cecille M.W. Coit 역시 위험했는데 다행히 그녀는 위기를 넘겼다. 코잇 부부는 두 아이를 잃는 큰 슬픔 가운데에도 선교지를 떠나지 않고 자리를 지켰다.

코잇 부부 자녀들의 죽음은 다른 선교사들에게도 큰 아픔이었다. 그러나 그들은 두 아이들의 죽음을 깊이 애도하면서 그 아이들의 죽음을 헛되지 않도록 하는 것은 그들이 순천 땅에서 더욱 선교에 매진하는 것이라고 보았다. 코잇 부인이 두 자녀를 잃고 그녀 자신도 이질에 걸려 고통 받고 있을 때 다른 선교사들은 그녀를 위해 성심껏 기도했다. 그들은 그 기도의 시간을 '불세례'baptism of fire 라고 불렀다. 그 기도 시간은 코인 부인과 남편 코잇 선교사에게도 큰 힘이 되었지만 다른 선교사들의 의료 선교를 위한 열정에도 불을 당겼다. 그렇게 해서 순천 매산 스테이션의 의료선교는 두 아이들의 안타까운 죽음과 그리고 선교사들의 중보기도 가운데 길을 열기 시작했다.

순천의 의료선교는 1913년 티몬스Henry L. Timmons, 김로라와 그리어

순천 안력산의료문화센터. 원래 안력산병원은 일제강점기에 문을 닫게 된 후 매산고등학교의 기숙사로 사용되다가 화재로 전소되었다. 안력산병원 관련 건물은 결핵환자들을 격리하던 건물만 남아 있다.

Anna L. Greer, 기안라에 의해서 시작되었다. 그들이 진료를 시작한 곳은 스테이션 건설을 위한 건축 사무실로 활용하려 했던 작은 판잣집이었다. 그들이 순천에서 처음 맞은 환자는 이질에 걸린 코잇 가족이었다. 결국 코잇 가족을 치료했던 것이 순천 의료 사역의 시작이 된 것이다. 티몬스와 그리어는 이듬해 14평 정도 되는 곳에 진료소를 차리고 사역을 계속 이어나갔지만 밀려드는 환자를 감당할수 없었다. 환자 한 명 진료를 마치고 그를 진료실 바깥 마룻바닥에 눕히고 나면 또 다른 환자가 누워있는 그를 넘어 들어와야 하는 형국이었다. 그러나 티몬스와 그리어는 상황을 탓하지 않았고, 주어진 환경에서도 자신들이 섬겨야 할 환자들을 위해 최선을 다했다. 그들은 그렇게 진료소를 열고 약 7개월 동안 3,814명을 진료하고 67명을 수술했다.

1916년이 되어 순천의 진료소는 안정적인 후원에 더해 병원 건물도 얻게 되었다. 군산에서 사역하는 알렉산더의 후원으로 35개의 병상이 있는 3층 병원을 지을 수 있었다. 이름도 후원을 한 알렉산더의 이름을 따 '안력산병원'이라 불렸다. 더렘장로교회의 와츠는 약속한 연간 후원을 계속해서 제공했다. 덕분에 새로 들어선 순천 '안력산병원'은 안정적인 운영을 이어갈 수 있었다.

순천 매산의 안력산병원 건립과 운영에서 빼놓을 수 없는 사람은 바로 군산의 알렉산더 선교사이다. 알렉산더는 순천뿐만 아니라 남장로교 선교사들의 남도 여러 곳 선교에 선한 영향을 끼친 인물이었다. 그는 1902년 12월 27살 나이로 조선에 와서 드루의 후임으로 군산에서 사역했다. 그런데 얼마 지나지 않아 부친이 사망했다는 소식을 고국으로부터 듣고 알렉산더는 두 달 만에 돌아갈 수밖에 없었다. 하지만 미국으로 돌아갈 때 그는 자신의 한국어 선생이었던 오긍선을 데려갔다. 앞서 언급한 대로 오긍선은 우리나라 근현대사에서 여러모로 중요한 인물 가운데 하나이다. 그는 반민족친일행위로 알려지기도 하면서도 한편으로 군산을 중심으로 의료와 교육 관련 선교 사역에 크게 기여를 한 사람이기도 하다. 오긍선은 신앙이 깊었을 뿐만 아니라 주변을 돌볼 줄 아는 사람이었기에 그의 인품은 알렉산더에서 큰 감동을 주었다. 그래서 알렉산더는 오긍선과 함께 귀국해 오긍선의 의학 공부를 지원했다. 오긍선은 알렉산더의 도움으로 켄터키 루이빌대학교 의학부에서 공부할 수 있었다. 공부를 마친 오긍선은 1907년 남장로교회가 파송하는 선교사가 되어 조선으로 돌아와 선교사들과 함께 의료사역에 매진했다. 식민지 조선에 돌아온 오긍선은 군산예수병원의 병원장과 영명학교 학교장 등의 중요한 역할을 수행하고 이후 세브란스 병원과 세브란스의학전문학교에서 학생들을 가르쳤다.

그는 현대의학을 공부한 조선인 의사를 찾기 어렵던 시절에 조선인 의사로서 가난한 사람들과 함께 했다. 무엇보다 그는 한양과 같은 대도시가 아닌 남도의 작은 도시들에서 현대 의료 혜택을 누릴 수 없는 이들을 위해 예수의 이름으로 수고했던 신앙인 의사였다. 그는 조선에 파송된 남장로교의 선교사였으나 조선인이었기 때문에 언어 소통의 문제 없이 조선인들을 진료하고 치료하는 일에 매진하여, 조선의 의료 발전과 선교적 수확을 위해 적극적으로 수고할 수 있었다. 그러나 그는 일제 말기 들어 점차 친일 행각을 벌였고 결국 반민족행위자의 명단에 이름을 올렸다. 안타까운 일이다. 어쨌든 이런 오긍선을 세우고, 오긍선이 조선에서 의료사역을 감당할 수 있었던 이면에는 알렉산더가 있었다.

부친의 별세로 고국으로 돌아간 알렉산더는 유업을 이어받았다. 그의 집안은 켄터키 지역의 대부호였다. 알렉산더는 그 많은 재산을 자신을 위해 사용할 수 있었다. 하지만 그렇게 하지 않았다. 알렉산더는 자신이 조선 땅에서 감당하지 못했던 의료 사역을 어떤 방법으로든 계속 감당하기를 원했다. 그래서 그는 안력산병원의 건축뿐만 아니라 군산 구암병원, 순천 스테이션과 목포 스테

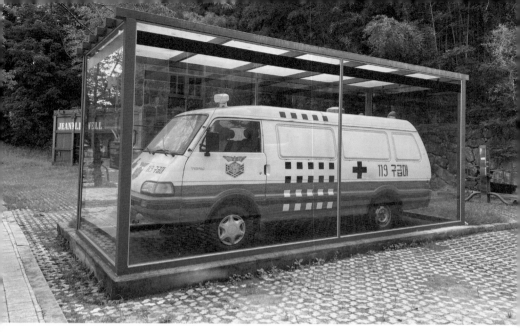

안력산의료문화센터 옆에 전시된 국내 최초 구급차. 1984년 휴 린튼의 불의의 교통사고 순직 이후 그 아들 존 린튼이 미국교회와 병원, 소방당국의 지원을 받아 국내 최초로 만든 구급차이다.

이션의 학교 등에도 많은 비용을 지원했다. 그는 하나님께서 자신에게 주신 것을 선용한 인물이었다. 그의 헌신은 조선인뿐만 아니라 선교사들에게 현실적으로 큰 도움을 주었다.

　알렉산더와 와츠의 후원으로 지어지고 운영된 안력산병원은 남장로교 선교부가 조선에 지은 병원 중에서 가장 늦게 세워진 만큼 시설이 좋았고, 규모도 컸다. 안력산병원은 경성의 세브란스 병원 다음으로 컸다. 병원의 규모가 크고 지원이 안정적이다 보니 당연히 인근의 환자들은 모두 이 안력산병원으로 몰렸다. 당시 순천에는 총독부가 운영하는 지역병원이 있었지만 사람들은 일제가 세운 병원보다 선교사들이 기독교 정신으로 세운 안력산병원을 더 찾았다. 안력산병원의 의료진들은 광주 아래 광양과 여수, 구례,

고흥, 부성 및 장흥은 물론이고 경남 하동과 남해로부터 온 환자들도 모두 받아들였다. 그런데 사실 병원에는 돈을 내지 않고 치료를 받는 '무료 환자'가 넘쳐났다. 병원 경영진은 어떻게 해서든 그들을 받아들였고 그들에게 무료 진료와 치료 혜택을 누리게 해 주었다. 이렇게 병원이 베푸는 자선은 고스란히 복음을 전하는 데 긍정적 영향으로 돌아왔다. 그러나 부정적 영향이 없던 것은 아니었다. 모든 의료사역이 그랬지만 무리한 병원 운영은 의료 선교사들의 체력이 고갈되는 원인이 되었다. 의사와 간호사들 모두 이른 아침부터 저녁 늦게까지 진료와 수술을 감행해야 했다. 안력산병원의 의료진들은 몰려드는 환자들을 하루의 시간 안에 모두 감당할 수 없었다. 그럼에도 그들은 그 모든 상황을 기꺼이 감당했고 최선을 다해 환자들 진료에 임했다.

선교사들은 항상 자신들에게 주어진 사명을 생각했다. 병원을 통한 의료사역이 조선 땅에서 마땅히 해야 할 일이 무엇인지를 생각했고, 예수님께서 사셨던 삶을 깊이 묵상했다. 아무리 힘든 상황에 놓여있어도 그들은 진중한 치료행위와 진솔한 말과 행동을 잊지 않았다. 그렇게 하자 사람들은 그들에게서 복음을 발견하고, 받아들이게 되었다. 환자들이 몸을 치료받고 마음으로 예수를 받아들이는 일을 경험하게 될 때면 의료 선교사들의 모든 피로는 씻은 듯 사라지는 것 같았다. 놀라운 부흥의 소식들은 힘겨운 상황에서도 의료사역을 감당할 수 있는 힘이었다. 그렇게 의사들과 간호사들은 의료 사역을 사랑으로 즐겼다.

안타깝게도 안력산병원의 의료 사역은 1941년에 종료되었다.

일제의 선교사 강제추방령으로 인해 선교사들이 떠났기 때문이다. 선교사들이 철수하고 난 뒤, 그리고 해방이 되어 병원 건물은 매산 고등학교의 기숙사로 활용되었다. 건물은 1991년 화재로 격리 병동을 제외한 모든 건물이 소실되고 말았다. 현재 볼 수 있는 안력산 의료문화센터는 2017년 순천시가 남아 있던 격리 병동을 매입하여 옛 모습으로 복원 및 새 단장을 거친 건물이다.

이 센터를 방문하면 제일 먼저 눈에 띄는 것은 두 대의 '구급차'다. 전시된 구급차는 1984년 순천 스테이션에서 남장로교 선교사역을 이어가던 휴 린튼Hugh M. Linton, 인휴이 교통사고를 당한 후 빠른 이송을 하지 못해 길에서 사망한 사건을 계기로 아들이자 서울신촌세브란스병원 의사인 존 린튼John A. Linton, 인요한이 미국 교회의 지원으로 직접 제작한 것이다. 그는 미국으로부터 수입된 큰 구급차가 순천의 좁은 골목과 시골길을 다니지 못하자 직접 국산 승합차를 개조해 구급차를 만들었다. 2호 구급차는 1호차를 발전시킨 형태로 응급조치 기능이 탑재되었다. 순천 안력산병원은 이제 단 하나의 건물만이 남아 있지만, 이 건물의 구석구석에는 어떤 어려움에도 기쁨으로 의료 사역을 감당했던 선교사들의 마음이 남아 있다. 지금도 그 건물에 들어서면 그들이 가난한 순천 사람들에게 보여주었던 미소가 보이는 듯하다.

코잇과 프레스턴은 매산 일대에 스테이션을 건설하면서 그 기본 계획 단계부터 학교를 세우고 운영하는 일을 포함했다. 전주나 군산, 목포와 광주 모든 곳에서 남장로교 선교사들은 선교하는 일과 치료하는 일, 그리고 가르치는 일을 서로 동일시했다. 여기 매산 역시 마찬가지였다. 그들은 이곳에서도 남학생과 여학생 모두를 위한 학교를 설립하고 운영했다. 그리고 가르치는 일을 통해 복음을 전하고 복음을 전하는 일 가운데 가르치기를 쉬지 않았다. 그런데 남장로교 선교사들에게는 한 가지 특별한 모습이 있었다. 그들에게는 당시 조선인들의 문화와 민족 정신에 대해 마음 깊은 배려와 존중이 있었다. 그 대표적인 예가 바로 순천 매산 스테이션에 세워진 학교 건물들의 배치와 구성이었다.

순천 스테이션의 매산학교는 학교 입구에 있는 왓츠 기념관을 지나 북으로 향하면 남자 기숙사, 남학교, 그리고 공장이 있었다. 다시 거기서 주택가를 사이에 두고 가장 북쪽에는 여학교와 여학교 공장이 있었다. 남학생 구역을 진입로에 배치하고 여학생들의 공간을 뒤쪽 안쪽에 배치한 것이다. 선교사들이 학교 공간 배치를 이렇게 한 것은 아무래도 당시 전통 주택의 구조를 고려한 것으로 보인다. 당시 조선의 주택들은 일반적으로 남자들의 공간인 사랑채가 집의 전면에 있었고 여자들의 공간인 안채가 안쪽에 있음을 생각한 것이다. 남장로교 선교사들은 미국에서 도래한 선진 문명을 품은 사람들이라 하여 자기들의 방식을 함부로 앞세우지 않았다. 그들은 자신들의 선교 대상으로서 조선인들에 대한 속 깊은 배려와 존중의 마음으로부터 시작해 복음을 전하고 가르치고 그리고 새로운 삶을 여는 길을 안내했다.

매산학교는 1910년 3월에 프레스턴과 코잇에 의해 금곡동 향교 근처에 있는 한옥지금의 호남길 75 근방으로 된 사숙私塾, 개인적으로 글과 공부를 가르치는 곳에서 개교하였다. 이후 학교는 1911년 매곡동 신축 천막 교사로 이동하여 교육을 계속했는데, 어쨌든 이것이 매산학교의 출발점이었다. 선교사들은 이 학교가 주로 성경 과목을 가르치는 기독교교육기관으로 인정받기 위해 1913년 9월 '사립은성학교' 私立恩成學校라고 이름 지었다. 당시 조선은 남녀가 함께 교육받는 일을 금기시했기 때문에 선교사들은 큰 천으로 교실 가운데를 두르고 남녀를 분리해 수업을 진행했다. 은성학교는 순천에서 인기가 있었다. 성경을 기본으로 역사와 기하, 한문 그리고 공작하는 일목공, 놋쇠제조, 토끼 사육 등을 가르쳤는데 인근의 부모들이 선교사들의 학교로 자녀들을 보낸 것이다. 그렇게 1913년 9월에 이르러서는 와츠 장로의 후원으로 매산 스테이션 부지에 서양식 석조로 된 학교 건물을 짓고 일제 총독부에게 정식 학교로 인가를 얻었다. 이 때 은성학교는 남녀학교를 분리하여 각각 설립, 인가를 받았는데, 남학교는 크레인John C. Crane, 구례인이, 여학교는 비거Meta L. Biggar, 백미다가 담당하였다.

하지만 이 학교는 선교사들이 운영한다는 것과 종교를 가르친다는 이유로 항상 일제 총독부의 감시 대상이었다. 일제는 조선의

매산중학교 경내 매산관. 1910년 근대 서양식으로 지어진 매산학교 교사이다. 대부분의 건축 재료를 미국으로부터 직접 가져와 지었다. 현재 전라남도 교육문화유산으로 지정되어 있다.

사립학교를 강력하게 규제하기 위해 1915년 3월 24일 '사립학교 규칙'을 개정했다. 개정된 규칙에 의하면 교원은 조선총독부의 허가를 받은 일본어에 능통해야 했고, 인가받은 교과서만 사용할 수 있었다. 당연히 한국사와 한국지리와 같은 과목을 배울 수는 없었고, 무엇보다 성경 과목을 가르칠 수 없었다. 성경 과목을 가르칠 수 없다는 것은 선교사들이 학교를 세운 이념과 맞지 않았다. 이것은 적당히 타협할 수 있는 사안이 아니었다. 결국 선교사들은 1916년 6월 남녀학교 모두를 자진 폐교했다. 비슷한 시기 군산의 영명학교나 전주의 신흥학교, 목포의 정명, 그리고 광주의 숭일과 수피아 등이 모두 비슷한 상황에 있었다. 몇몇 학교는 일제의 정책을 받아들이기도 하고 몇몇은 그 정책을 보완하는 방안을 찾기도 했다. 그러나 순천의 은성학교는 이 문제를 정면으로 받아들였다. 그리고 학교를 폐교하는 수순을 밟았다.

은성학교를 폐교한 후 지역 주민들과 기독교인들은 순천에 기독교 학교가 필요하다는 것을 지속적으로 강조했고 선교사들이 나서 줄 것을 요청했다. 결국 선교사들과 남장로교 선교부가 나섰다. 선교부는 끈질기게 총독부를 설득하고 방법을 조율했다. 총독부는 남장로교 선교부의 요청을 받아들였다. 그리고 1920년 비공식적인 방법으로 성경을 가르치는 것을 용인하는 차원에서 학교를 다시 열수 있도록 허락했다. 선교사들은 당장 학교를 열 준비를 시작했다. 이번에는 기존의 은성학교가 아닌 매산학교梅山學校로 이름을 정했다. 그렇게 1921년 4월 15일 매산 스테이션에는 매산학교와 매산여학교라는 이름으로 다시 학교가 문을 열게 되었다. 사실 매산학교가 다시 문을 열 수 있었던 것은 일제의 식민 정책 변화 때문이었다. 1910년대 소위 무단통치를 감행하여 민족적인 정신을 말살하는 방향으로 식민지 정책을 펼치던 총독부는 1919년 3.1운동 이후에는 조선 민족에 대한 유화정책으로 식민지 통치 방식을 바꾸었다. 상황이 변하자 당장 선교사들이 운영하는 학교들은 일정부분 성경을 가르칠 수 있게 되었다. 매산 스테이션 학교의 재개교는 이런 시대적 변화에 따른 것이었다.

새로 세운 학교는 크레인J. C. Crane, 구례인이 담당했다. 하지만 재개교 당시 재정 상황은 좋지 못했다. 그래서 선교사들은 두 학교에 당장 '보통과'초등과정만 설치하려고 마음을 먹고 있었다. 그런데 상

매산여자고등학교 경내에 남아 있는 프레스톤 선교사의 사택. 프레스톤과 코잇 등 순천 스테이션 건설을 위해 수고한 선교사들은 이런 사택에 입주해 살기 전 조선식의 한옥에 거주했다.

황을 알게 된 순천읍교회 성도들은 적극적으로 나서서 교육과정을 확대할 수 있도록 도왔다. 이때 선교사들과 기독교인들 사이에 가교 역할을 한 것은 이기풍 목사였다. 순천 기독교인들은 이기풍 목사를 중심으로 '보통과' 뿐만 아니라 '고등과'중등과정도 개설해 기독교 정신을 기반으로 한 질 좋은 교육의 기회가 순천의 학생들에게 주어지도록 했다. 그래서 매산학교는 보통과와 고등과 모두를 포함하여 재개교할 수 있었다.

새롭게 문을 연 매산학교와 매산여학교는 학생들을 잘 가르쳤을 뿐만 아니라 지역 사회를 위해 음악회, 체육회 등 문화 행사도 열었고, 지역 사회의 일이라면 기꺼이 학교 건물을 사용하도록 내

주었다. 그렇게 지역 사회를 섬기고자 했던 선교사들과 학교 지도
자들의 마음은 자연스레 기독교의 확산으로 이어졌다. 지역 사회
많은 사람이 매산학교와 매산여학교의 헌신과 봉사에 감동했고
앞다투어 자기 자녀들을 학교에 보내는 일들이 일어나게 되었다.
학교는 이렇게 해서 날로 발전했고 순천의 오늘과 미래에서 빼놓
을 수 없는 중심이 되었다.

　매산학교와 매산여학교의 멋진 모습은 한동안 계속되었고 계속
되었다. 하지만 일제 강점기는 암울했다. 이번에는 일제의 '신사참
배' 강요라는 더 큰 문제가 그들 앞에 다가왔다. 이번에도 선교사
들은 단호했다. 순천의 선교사들은 호남이 다른 남장로교 선교사
들과 어깨를 나란히 하고서 신사참배를 거절했다. 그리고 이번에
는 선교사들이 스스로 학교 폐교를 결정했다. 그렇게 1937년 9월
순천의 매산학교는 두 번째로 폐교하게 되었다. 물론 이런 결정은
쉽게 이루어지지 않았다. 일제는 신사참배가 종교의식이 아니라
고 설득했다. 선교사들이 세운 학교라도 몇몇의 경우에는 총독부
와 타협의 길을 선택하기도 했다. 기독교학교는 조선의 마지막 희
망이니 폐교하지 말아 달라는 비기독교인들의 호소도 있었다. 선
교사들은 심각한 고민에 빠졌지만, 남장로교 선교부는 신사참배
가 곧 우상숭배이고, 기독교인은 하나님만을 섬기기 때문에 타협
할 수 있는 문제가 아니라고 결론지었다. 그리고 선교사들의 일부
는 일본과 미국 사이 태평양 전쟁이 발발하면서 고국으로 돌아가
게 된다. 순천의 매산 스테이션은 깊은 정막에 빠져들었다.

　해방이 되고 1946년 9월 매산학교는 남녀공학으로 다시 문을

열었다. 이후 학교는 1950년 5월에 매산중학교와 은성고등학교로 분리하였다. 한국전쟁이 끝나고 1956년 8월 은성고등학교는 다시 매산고등학교로 그 이름을 변경하였다. 이어 1983년 12월 30일에는 순천매산고등학교에서 여학생을 분리하여 순천매산여자고등학교 설립인가를 받았고, 1984년에는 매산고등학교는 매산남자고등학교로 개명하였다. 이렇게 순천매산남자고등학교와 순천매산여자고등학교는 지금 매산동에 자리하고서 그 옛날 선교사들이 가르쳤던 민족과 신앙 교육의 이념을 계속 이어가고 있다.

현재 매산남자고등학교와 매산여자고등학교 곳곳에는 선교사들의 사역과 삶의 흔적이 곳곳에 남아 있다. 현재 매산고등학교 교정 내에 위치한 '매산관'梅山館은 1911년 지어진 화강암 석조 2층 교사였는데, 학생 수가 늘어감에 의해 1930년 5월에 기존 교사를 철거하고, 같은 해 10월에 3층 규모로 새로 건축된 유서 깊은 건물이다. 현재 매산여자고등학교의 '프레스턴선교관'등록문화재 126호과 '휴 린튼기념관' 역시 1920년 건축된 60평 규모 화강암 벽체의 2층 석조 건물로 역사적인 의미를 담고 있다. 이 두 건물은 현재 매산여고의 어학실과 체육실로 사용되고 있다. 이 두 곳은 원래 각각 프레스턴과 휴 린튼 두 선교사의 사택이었다. 이외에도 현재 매산여고를 나와 언덕을 오르면 세 개의 선교 유적을 더 만날 수 있다. 순천 선교지부 유적 가운데 가장 먼저 지어진 1913년의 '코잇기념관'전남문화재자료 259호은 2층의 석조건물로 매산학교 교장이었던 코잇이 생활했던 사택이다. 해방 후에는 미첼H. Peter Mitchell, 미첼선교사와 킨슬러Artur W. Kinsler, 권오덕선교사가 거주했다. 1915년 지어진 '순천 선교지부 외국인학교'등록문화재 124호는 회색 벽돌 단층 건물로 선교사 자녀들이 교육받았던 곳이다. '더램기념관'은 지상 2층의 석조 건물로 원래는 순천성경학교 자리에 있던 것을 해체하여 현재의 위치로 옮겼다.

순천중앙교회
전남 순천시 서문성터길 20

　순천읍교회는 1905년에 서문 밖 강시섭의 집에서 조선인들만의 모임으로 시작되었다. 순천 사람들 가운데 몇몇은 조선이 개항되고 서양 문물이 들어오던 시절과 일본에 합병되던 즈음 벌어진 의병운동과 일제 탄압의 혼란기에 그들의 고향을 떠나 인근 개화된 도시에서 살면서 자연스럽게 신앙과 교회를 접했다. 그들은 이후 고향으로 돌아와 순천에서 자기들만의 교회를 시작했다. 그 시작이 바로 순천읍교회이다. 이후 순천읍교회에는 여러 조선인 전도인들과 서양인 전도인들 그리고 선교사들이 방문했고 그들을 격려했다. 그러는 사이 교회는 부흥하기 시작했다. 이 시기 인근 율촌과 벌교에서 온 신자들이 교회에 합류했고, 순천 지방 유지들 가운데에도 복음을 받아들인 사람들이 교회 생활에 함께했다.
　교인수가 늘어나게 되자 1907년에 순천읍교회는 금곡동 향교 뒤 샘 부근 유생들의 교육기관이었던 양사재養士齋로 예배 처소를 옮겼다. 이후 순천중앙교회가 되는 순천읍교회는 이 양사재 예배를 교회의 첫 시작으로 보고 있다. 이때 순천읍교회에는 남자 교인 다섯과 여자 교인 다섯 명이 있었다. 그리고 교회는 꾸준히 성장했다. 그리고 남장로교 선교부는 순회 선교사들을 통해 이때부터 교회를 관리하고 성도들을 격려했다. 1908년 2월부터는 성도 수가 30명을 초과하자 서문 밖 한옥 한 채를 매입해 새로운 예배당으로 사용했다. 물론 성도 수의 증가만이 원인이 된 것은 아니었다. 1908년에 순천에 일본군 수비대가 주둔하면서 구 법원 청사 뒤에 자기들의 주둔지를 세우며 양사재를 강제로 빼앗았다. 힘없는 조선인 교회는 새로운 예배처소를 찾아야 했다.

1909년 프레스턴이 이곳을 방문했을 때 순천읍교회 교인은 약 50여 명으로 늘어나 있었다. 여러 번의 이전으로 인한 어려운 상황이 있음에도 순천읍교회는 계속 성장하고 있었다. 외부의 도움도 없이 건강하게 성장하는 교회를 보며 선교사들은 순천의 교인들에게 더욱 굳건한 성장 발판을 마련해 주어야한다고 생각하게 되었다. 결국 프레스턴과 유진 벨 등 선교사들은 순천에 독자적인 스테이션 건립이 필요하다는 것을 남장로교 선교부에 요청했다. 이후 선교사들은 순천 스테이션을 세우면서 가장 먼저 순천읍교회를 스테이션 입구에 자리하도록 조치했다. 그렇게 순천읍교회는 1910년 3월 순천 매산의 스테이션 경내 입구에 20평 규모 'T'자형 예배당을 지었다. 바로 지금 순천중앙교회가 서 있는 매곡동 바로 그 자리였다. 선교사들은 순천 스테이션을 건립하며 의도적으로 순천읍교회를 스테이션의 입구에 위치시켰다. 교회를 조선인들의 주거지와 가장 가까운 곳에 위치시켜 누구나 쉽게 교회로 오게

순천중앙교회. 매산 스테이션 입구에 들어서 있다. 조선인들에 의해 스스로 설립된 선교사들보다 먼저 자발적인 예배 모임을 갖고 있었다. 프레스톤은 순천에 와서 조선인들끼리 모여 예배를 드리고 있는 모습을 보고 큰 감동을 받았다.

하는 동시에 스테이션에 접근할 수 있도록 한 것이다. 그 후 순천 읍교회에는 그 유명한 이기풍 목사가 부임해 시무했다. 그리고 이 기풍 목사가 시무하던 1923년에 교회는 대지 80평에 'ㄱ'자형으로 새 예배당을 재건축했으며, 1935년에는 130평 규모의 단층 예배당을 세웠다. 1935년에 세워진 건물은 1983년까지 사용되었다.

순천 선교와 관련해 남장로교 선교사들 가운데 가장 중요한 인물은 프레스턴이다. 그는 1905년에는 목포 영흥학교 교장으로 학교 건물을 건축하고, 강진에서 학명리교회와 매곡교회를, 해남에서 원진교회와 맹진교회 그리고 남창교회를 개척하였다. 그는 1907년부터 새로이 중요성이 부각되기 사작한 광주로 가서 양림산 스테이션에서 사역했다. 그는 광주에서도 교육선교에 헌신하여 1908년에는 숭일학교 초대 교장으로 활동하였으며, 1910년에는 학교의 독립 건물을 건축하였다. 그는 매우 헌신적인 사람이었으며 책임을 다하려는 열정이 대단한 사람이었다. 그때 남장로교 선교부는 순직한 오웬이 활동하던 순천 일대 선교 강화가 중요하다는 것을 인식하고 프레스턴을 남도의 아랫녘, 순천 일대 사역에 투입했다. 프레스턴은 선교부의 결정을 받아들이고 다시 새로운 사역지로 나섰다. 그는 유진 벨과 함께 순천을 포함한 남해 지역을 방문했다. 그는 거기서 순천 일대 선교를 보다 강화하는 일이 필요하다는 것을 확신했다. 그는 보성, 고흥, 순천, 여수, 광양, 구례 등지에 이미 여러 교회가 설립되어 있고, 여러 신자가 있는 것을 보고서 이들을 관할하고 선교를 확장할 스테이션 건립이 절실하다는 것을 느꼈다. 순천을 비롯한 아랫녘은 광주 스테이션과 거리가 멀었다. 무엇보다 광주와 순천 사이에는 험난한 산들이 놓여있어서 광주 스테이션이 순천 일대를 직접 감당하기는 어려웠다. 무엇보다 새로운 미선교지이면서 선교적인 강화가 절실한 보성이나 고흥, 여수, 광양이나 구례 등을 연결하고 통제할 거점이 필요했다. 선교사들은 순천을 활용하는 것이 무엇보다 중요하다고 보았다. 앞에서도 몇 차례 언급한 바와 같이 이런 이유로 그들은 순천 스테이션 설립을 남장로교 선교부에 건의하게 된 것이다.

1910년 드디어 선교사들의 제안이 받아들여졌다. 프레스턴은 순천 스테이션 설립의 책임자가 되었다. 그는 스테이션의 책임자가 되고 곧 안식년을 맞아 일단 미국에 갔다. 그리고 거기서 순천 사역의 든든한 재정 후원자 왓츠 장로를 만나 지속적인 지원을 약속받았다. 안식년을 마치고 1912년 순천으로 온 프레스턴은 곧 사역을 시작했고 1913년 4월 선교사 주택을 건립한 후에는 가족이 모두 순천으로 이사하였다. 프레스턴의 사역으로 순천 스테이션은 크게 활성화 되었다. 그의 헌신을 통해 스테이션에는 교회만 아니라 근대식 학교와 그리고 병원이 설립되기 시작했다. 무엇보다 프레스턴은 스테이션을 순천 지역의 보건과 교육, 문화의 중심지로 삼았다. 작은 읍에 불과했던 순천은 이렇게 선교사들의 스테이션과 더불어 큰 발전을 이루게 되었고 스테이션은 그 모든 지역 발전에 중요한 중심지 역할을 하게 되었다.

이후 프레스턴은 한편으로 순천 스테이션의 중심 인물로 사역하면서 다른 한편으로 여러 지역을 다니며 복음 전파 활동에 앞장섰다. 그가 순천 사역에서 가장 중요하게 생각한 것은 순천읍교회, 그러니까 순천중앙교회의 담임목사로서 사역하는 일이었다. 그는 매주일 순천 스테이션 입구에 세워진 순천읍교회에서 설교하면서 순천의 모든 사람이 하나님의 은혜 가운데 교회로 나오게 되고, 교회를 통해 순천 스테이션에서 제공되는 다양한 의료와 교육, 문화 나눔을 통해 세상을 새롭게 하는 일로 나아가도록 인도했다. 이후 프레스턴은 이곳 순천읍교회를 거점으로 가곡리교회와 평중리교회, 사룡리교회를 설립했고, 1917년부터 조선인 정태진 목사가 순천읍교회에 부임하게 되자 스스로는 새로운 개척지로 나아갔다.

그리고 여수교회, 장천교회, 봉양교회, 우학리교회, 여수서교회, 봉전리교회 그리고 서정교회 등에 동사목사로 사역하며 순천과 여수 일대에 복음을 전하는 일을 위해 헌신했다. 그뿐이 아니었다. 그는 완도나 진도와 같은 곳에도 가서 거기 사람들에게 복음을 전하고 교회를 세웠다. 프레스턴의 왕성한 남녘 해안과 섬 사역은 결국 그와 선교사들 그리고 남장로교 선교부의 순천 스테이션 설립으로 가능한 것이었다.

선교사로서 순천에서 보여준 프레스턴의 모습은 대단한 것이었다. 호남과 특히 순천을 위해 사역하던 프레스턴은 1940년 일제의 강제 추방으로 미국으로 돌아갔고, 조지아주의 한 교회에서 사역하다가 끝내 한국으로 다시 돌아오지 못한 채 1975년 4월 세상을 떠났다. 지금 양화진에는 1904년에 태어나서 한 달 만에 사망한 프레스턴의 아들 사무엘이 안장되어 있다. 그러나 그의 한국 사랑은 남아 있는 아들에게 이어졌다. 그의 생존한 아들 프레스턴 주니어John F. Preston Jr.는 1909년 조선에서 출생한 뒤 이 땅에서 자랐다. 미국으로 돌아가 학업을 마친 그는 훗날 한국 선교사로 와서 8년간 알렉산더 병원과 광주 기독병원에서 헌신하였다.

순천 스테이션 이야기에서 빼놓을 수 없는 집안이 있다. 유진 벨과 그 사위 윌리엄 린튼William A. Linton 가문이다. 윌리엄 린튼은 1912년 남장로교 선교사로 조선에 와 줄곧 군산과 전주 등지에서 사역하다가 유진 벨의 큰딸 샬롯 벨Charlotte W. Bell과 결혼했다. 두 사람은 1940년 미국 선교사들이 조선에서 철수해야 했을 때 잠시 이 땅을 떠났다가 해방 후 다시 돌아와 사역을 이었다. 순천과

순천중앙교회로부터 스테이션으로 올라가는 옛길. 이 길을 따라 올라가면 매산 스테이션의 다양한 시설들과 기관들, 그리고 선교사 사택들을 볼 수 있다.

직접적인 관계를 맺은 사람은 두 사람의 아들 휴 린튼Hugh M. Linton, 인휴이다. 휴 린튼은 윌리엄 린튼과 샬롯 린튼 부부가 잠시 순천에서 사역할 때 기억을 잊지 못했다. 그는 태평양 전쟁이 벌어지고 미국 선교사들이 조선을 떠나야 했을 때 부모를 따라 미국으로 돌아갔다가 해방후 한국 전쟁이 발발하자 장교로 한국전쟁에 참전했다. 이후 신학교 공부를 마친 뒤 아내 로이스 엘리자베스 린튼 Lois Elizabeth Flower Linton, 일명 베티과 함께 순천으로 돌아와 등대선교회를 설립, 약 30년간 선교와 의료봉사를 병행했다. 휴 린튼은 순천 매산 스테이션에 살면서 7남 2녀를 낳아 키웠는데 모든 자식들을 한국인처럼 살게 했다. 그 자신도 평생 검정 고무신을 신고 다녔다. 1983년 그가 불의의 교통사고를 당해 순직했을 때 그의 아들 존 린튼John Alderman Linton, 인요한이 한국 최초로 구급차를 제작 보급한 것은 유명한 이야기이다.

순천중앙교회는 이 모든 선교사들의 이야기의 출발지이며 근거지이다. 선교사들과 사역자들은 매산 스테이션 아래 순천읍 사람들과 연결되는 자리에 세워진 순천중앙교회를 마치 수리아 안디옥 교회처럼 여겼다. 그들은 순천중앙교회를 중심으로 해안가와 섬마을에 복음을 전했고 다시 교회로 돌아와 그곳 성도들과 교제하는 가운데 힘을 얻었다. 지금 순천중앙교회는 백 년이 넘는 역사를 품은 채 순천 스테이션 경내에 자리 잡았던 처음 자리에 그대로 서 있다. 지금도 순천중앙교회는 오가는 순례자들에게 영적인 힘을 더해 준다. 더 많은 곳을 다니며 더 많은 사람에게 하나님의 귀한 뜻과 사랑을 전하라고 격려하면서 말이다.

순천기독진료소
전남 순천시 매산길 11

순천기독교진료소등록문화재 127호 1층에서는 오늘도 의료 진료가 이루어지고 있다. 이 건물은 원래 왓츠기념성경학원으로 사용되다가, 해방 이후 결핵 환자들을 집중해 치료할 목적으로 병원으로 용도가 바뀌게 되었다. 해방이 되고 한국전쟁의 큰 회오리가 지나갈 무렵 우리에게는 결핵이 큰 문제였고 어떻게 결핵을 퇴치하고 환자들을 치료하는 문제가 사회의 중요한 이슈가 되었다. 해방이 되고 선교지로 돌아온 선교사들은 결핵 문제를 선교의 중요한 사역 과제로 삼았다. 그리고 안력산 병원이 더는 작동하지 않는 순천에서 의료 선교의 새로운 길 즉, 결핵 치료의 길을 새롭게 열었다. 그들은 성경을 배우고 가르치기 위해 마련한 건물을 새로운 의료선교의 중추 기지로 삼았다.

우리는 이곳 순천의 기독교진료소에 이르러 조선의 복음화를 위해 수고한 남장로교 선교사들의 헌신의 절정을 볼 수 있다. 7인의 선발대가 조선 땅에 발을 내딛고 시간이 지나면서 선교사들의 꾸준한 합류로 남도 선교는 계속 발전해갔다. 선교의 전초기지로서 스테이션들이 지속적으로 세워진 것이다. 스테이션의 건립 환경은 지역마다 조금씩 차이가 있었다. 테이트 남매Lewis B. Tate, Mattie S. Tate는 1894년에 전주 스테이션을, 1896년에는 전킨William M. Junkin과 드루Alessandro D. Drew 가 군산 스테이션을 개척함으로써 전북지역 선교의 거점을 마련했다. 전남지역 선교는 유진 벨Eugene Bell이 1897년에 목포 스테이션을 개척하면서 시작했다. 이 스테이션들은 선교사들이 거점을 정하고, 그 지역에 들어가서 스테이션을 세우며 복음을 전하고, 의료선교와 교육을 행했다. 1904년에 유진 벨과 오웬Clement C. Owen이 설립한 광주 스테이션은 영산강의 지류를 따라 신앙공동체들이 형성되었고, 이들을 위한 전남 내륙의 선교거점을 마련하고자 설립함으로써 발전하였다.

순천기독교진료소. 지금껏 병원으로 사용되고 있는 유서깊은 건물이다. 남장로교 선교사들은 해방이후 한국전쟁을 거치면서 한국에 절실한 것이 결핵 퇴치라는 것을 직시하고 결핵 퇴치를 위한 의료 선교 및 지원 활동에 들어갔다.

이후 조금 늦게 세워진 순천 스테이션은 이전의 스테이션들과 달리 복음을 이미 받아들인 전남 동부지역의 지식인들에게 선교사들이 반응한 결과로 생겨났다. 순천 사람들은 스스로 복음을 받아들인 후, 목포와 광주에서 조사로 활동하며 선교사들을 도왔고, 순천에 자생적 신앙공동체를 형성했다. 그들의 자력적 부흥을 위한 분투를 두고만 볼 수 없었던 선교사들이 반응한 결과가 바로 순천에 스테이션을 세우는 것이었다. 미국 남장로교 선교회는 스테이션을 개설할 때 선교사 구역Missionary Compound을 형성하고, 이곳을 중심으로 전도, 교육 그리고 의료사역을 병행하면서 종합적으로 선교를 전개하였다. 순천 스테이션도 다른 곳과 마찬가지로 교회, 학교, 병원을 함께 설립하여 전도와 교육, 의료가 통합적으로 연결된 전방위적 선교를 감당하였다. 전주에는 전주서문교회, 신흥학교와 기전여학교, 전주예수병원이 있었고, 군산에는 구암교회, 영명남학교와 멜볼딘여학교, 예수병원이 있었고, 목포에는 양동교회, 영흥학교와 정명여학교, 프렌치병원이 있었고, 광주에는 양림교회, 숭일학교와 수피아여학교, 제중원이 있었으며, 역시 순천에는 중앙교회, 매산학교와 매산여학교, 안력산병원, 그리고 순천기독진료소가 있었다.

순천의 선교사들은 역대 그 어떤 스테이션의 선교사들보다 더 체계적이고 발전적인 스테이션 운영을 이루어냈다. 순천에서 선교사들은 교육사역과 의료사역이 어떻게 전개되어야 하는지의 모범을 수립했다. 그들은 순천의 사람들과 함께 사역을 동역하는 길을 마련하고 순천의 기독교 지도자들이 조선 땅 그 어떤 기독교 지도자들보다 훌륭하고 헌신적인 하나님의 사람들이 되도록 노력했다. 그리고 그 결실로 순천의 지역 기독교 지도자들은 유래를 찾기 어려운 단결력과 자긍심 그리고 지조 있는 신앙의 모습을 보여주었다. 그리고 선교사들과 더불어 순천 스테이션의 학교와 병원 그리고 교회를 지켜냈다. 무엇보다 순천 스테이션의 선교사들은 조선과 한국을 지극히 사랑하는 사람들이었다. 그들은 조선이 그리고 대한민국이 직면한 지극한 역사적 현실에 동참했고 호흡을 함께 했다. 프레스턴 가문과 린튼 가문에는 벽안의 순천 선교사들이 어떻게 이 나라와 이 땅을 대해왔는지를 보여주는 지극히 아름답고 의미 있는 이야기들이 가득하다.

지금 순천기독진료소에는 순천 선교 역사를 정리하고 알리는 기념관도 함께 들어서 있다. 이 건물 2층 전시장에는 무려 200여 점의 선교 역사 유물이 전시되어 있다. 전시된 유물들을 모두 돌아보고 건물을 나와 마당에 서면 오른쪽에 순천에서 사역했던 선교사들을 기념는 기념비들이 늘어서 있는 것을 볼 수 있다. '조지 왓츠 선교기념비', '로티 벨 선교사추모비' 등 여러 개의 기념비들이다. 기념비들을 보고 있노라면 마치 순천 사람들이 그들을 위해 수고한 원님들을 위해 세워둔 공덕비를 보는 것 같다. 순천 사람들은 물설고 사람 낯선 남도의 끝자락 순천으로 와 거기서 자녀와 사랑하는 사람을 먼저 보내면서도, 무엇보다 자기 자신마저도 아낌없이 내어주면서까지도 그들을 위해 수고한 선교사들을 잊지 않고 있다. 순천 선교사들의 수고하 헌신이 담긴 백 년 선교 역사의 이야기는 오늘 그들이 닦고 넓히며 다녔던 매산로를 오가는 순례자들의 마음을 숙연하게 한다.

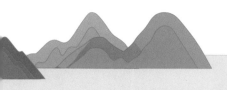
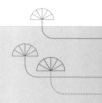

여섯 번째 순례지

남도선교의 열매

여수

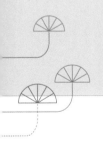

조망 옛 애양원 입구

전남 여수시 율촌면 구암길 319

여수는 충무공忠武公 이순신이 임진왜란 때 함대와 거북선을 처음 출정시킨 곳으로 유명하다. 이순신은 이곳에서 전라좌수영 수군을 완성했고 임진왜란을 시작했으며 줄곧 이곳에서 왜란의 모든

여수는 오랜 역사를 간직한 항구도시이다. 충무공 이순신 장군이 이곳에 전라 좌수영를 둔 것이나 이곳에서 그 유명한 거북선이 만들어진 것은 잘 알려진 사실이다. 지금 여수는 공업도시로서 교육도시로서 그리고 관광도시로서 많은 사람이 찾아온다.

일들을 겪었다. 1593년 선조와 조정은 연전연승하고 있던 이순신에게 충청, 전라, 경상 삼도 수군의 모든 권한을 위임했고 이곳 여수에 최고사령부인 삼도수군통제영을 설치했다. 여수 곳곳에는 지금도 이순신의 흔적이 남아있다. 수군의 군함을 정박하던 곳이라든지, 군함들을 수리하던 선소 그리고 군사를 지휘하던 지휘소인 진남관鎭南館 등이 그것들이다. 여수는 돌산 갓김치와 돌게장으로만 유명한 곳이 아니다. 여수는 오랜 역사의 흔적들을 고이 간직한 역사의 고장이기도 하다. 그래서인지 여수 사람들의 나라와 민족 사랑에 대한 자긍심은 남다르다. 1949년 8월 15일 읍으로 있던 여수는 시로 승격되었고, 1998년에는 여수시와 여천시 그리고 여천군이 통합된 여수시가 되었다.

이런 나라와 민족 사랑의 상징적인 도시 여수에도 근대 선교의 흔적이 있다. 여수는 미국 남장로교 선교사들에 의해 스테이션이 세워진 곳은 아니었다. 그런데도 여수가 남도 순례에서 의미 있는 이유는 이곳이 남장로교 선교사들의 수고와 헌신의 결과로서 그 어느 곳보다 의미 있는 선교적 결실을 맺은 곳이기 때문이다. 그 결실은 바로 한센병 환자들을 위한 공동체 치유 시설 애양원이었다.

현대식 건물로 지어진 여수 애양병원 옆 구암길을 따라 애양교회를 향해 올라가다 보면 그 자리가 옛 애양원 입구였음을 알 수 있는 표지석이 등장한다. '사랑으로 돌보는 천국'을 의미하는 애양원愛養園은 일제 강점기 사회적으로 천대받고 외면당하던 한센병 환자들을 한데 모아 돌보고 치료하는 가운데 그들이 스스로의 힘으로 새로운 삶을 살 수 있도록 돕던 일종의 한센병 환자들만을 위한 치료 시설이었고 마을이었다. 이곳에는 한센병 환자들을 치료하던 병원과 그들이 다니던 교회 그리고 그 가족들이 거주하던 마을과 학교 등이 하나의 집합 군락을 이루고 있다. 애양원은 남도의 거의 끝자락 그것도 여수 반도의 외진 곳에 위치해 있다. 그곳에서 한센병 환자들은 남장로교가 파송한 선교사들 그리고 그들과 협력하던 조선인 기독교인들과 목회자들과 더불어 세상이 알 수 없는 평화로운 그들만의 낙원을 만들었다. 거기서 한센병 환자들은 그들을 위해 온 몸과 마음과 정성을 다하는 하나님의 사람들의 사랑 가운데 새로운 삶의 기회를 얻었다. 이제 남도 순례의 마지막 도착지는 여수 반도의 외진 곳 신풍반도이다. 이곳에서 우리는 남장로교 일곱 명의 선발대에 의해 시작된 수고와 헌신의 행진의 놀라운 결실을 보게 된다.

한센병은 1873년 노르웨이 세균학자 한센Gerhard Henrik Armauer Hansen이 처음으로 병원균을 발견한 전염성 피부질환이다. 주로 감각이 없어지고 신경이 손상되며 눈썹이 없어지고 실명이 될 수 있으며 심하면 팔다리가 떨어져 나가기도 한다. 오늘날에는 이 한센병에 치료약이 있어 대부분 완치되지만, 오래전부터 이 병은 천형天刑으로 여겨졌다. 성경시대에도 이 병은 일종의 저주받은 질병이었으며 사람들과 공동체로부터 쫓겨나 격리되어야 하는 병이었다. 우리나라에서도 마찬가지였다. 사람들은 흉측하게 변하는 한센병 환자들을 집과 마을에서 쫓아냈고 멀리 외진 곳에서 그들끼리 살도록 했다. 그렇게 외면당하고 격리되어 죽어가야만 했던 것이 한센병이 가진 저주스러운 현실이었다.

그런 생각은 조선시대 것만이 아니었다. 일제가 이 땅을 강점한 후 총독부도 한센병이 국가의 위상에 손상되는 유전병이라 생각했다. 그래서 한센병 환자들을 외면하고 격리하고 방치하기가 일쑤였다. 조선인과 일본인 모두에게 외면당하던 한센병 환자를 돌아본 것은 남장로교 선교사들이었다. 1909년 포사이드의 선한 사마리아인과 같은 행동이 시작이었다. 그는 동료인 오웬이 위급하다는 이야기를 듣고 목포에서 광주로 말을 타고 급히 이동했다. 그런데 가던 길에 쓰러져있던 한센병에 걸린 한 여인을 보게 되었다. 그는 길가에 쓰러진 그 여인을 두고 갈 수 없어서 그 여인을 자기 겉옷으로 감싸서 말에 태운 채 자신은 걸어서 광주까지 갔다.

포사이드는 그 불쌍한 환자를 동료 윌슨에게 부탁해 광주 제중원에 입원시켰다. 하지만 병원에 한센병 환자를 입원시키자 다른 환자들의 반발이 여간 크지 않았다. 자신들에게 병을 옮긴다며 가엾은 여인을 병실 밖으로 밀어내거나 혹은 스스로 병원을 나가는 일도 발생했다. 윌슨을 비롯한 병원 의료진들에게 거칠게 항의하는 사람들도 있었다. 결국 윌슨은 결국 병원 옆 벽돌 가마를 한센병 환자들을 위한 임시치료소로 삼았다.

이 가마는 병원뿐 아니라 윌슨의 사택 건축을 위해 벽돌을 굽는 곳이었다. 가마에는 흙벽돌 대신 침구가 들어섰다. 그렇게 가마터는 한센병 환자들을 위한 야전병원이 되었다. 포사이드는 그 가마 안으로 들어가 환자를 돌보는 일을 주저하지 않았다. 그는 친구이자 동료인 오웬을 잃으면서 까지도 오갈 데 없이 방치된 한센병 환자를 정성껏 돌보았다. 그리고 이 일은 우리나라에서 본격적으로 한센병 환자를 진료하고 치료하기 시작한 첫 사례였다.

　포사이드를 비롯한 광주의 의료 선교사들이 한센병 환자를 돌본다는 소문이 퍼지면서 환자들이 광주로 모여들기 시작했다. 가마터에서 돌보는 한센병 환자의 수도 10명이 넘어섰다. 포사이드는 모여든 환자들을 한 사람 한 사람 정성껏 치료했고, 옆에서 그것을 지켜보던 윌슨이 포사이드의 일을 돕기 시작했다. 한센병 환자에 대해 부정적이었던 최흥종은 포사이드의 헌신에 감동하여 스스로 환자들 돌보는 일에 직접 참여했다. 윌슨은 그런 최흥종에게 의술을 가르쳐 한센병 환자들을 돌보게 했다. 그렇게 가마터 병원이 소문이 나자 더 많은 한센병 환자들이 그곳으로 몰려왔다. 가마터만으로는 더 이상 환자들을 감당할 수 없게 되었다. 한센병 환자들이 거리를 활보하자 광주 사람들의 반발도 늘었다. 결국 선교사들은 광주 시내에서 떨어진 곳에 새로운 진료소를 마련하고자 했다. 그때 최흥종은 부모로부터 상속받았던 1천여 평의 땅을 선교사들에게 내놓았다. 그러자 곧바로 윌슨은 병원 건축에 필요한 자금을 모금했고, 그 결과 1911년 4월 25일 국내 최초의 근대식 한센병 진료소가 광주군 효천면 봉선리에 E자형 건물로 세워졌다. 건물의 양쪽은 각각 남녀 환자를 구분하였고, 가운데 진료소가 있었다. 건물 주의로 펜스를 쳐서 외부와는 어느 정도 격리된 형태였다.

　하지만 이것은 외부인들과의 접촉을 아예 차단하기 위한 방법이 아니었고, 수용 가능한 인원을 초과하는 상황을 막기 위한 역할을 할 뿐이었다. 한센병 환자들을 억압하고, 강제하기 위한 수단이 아니었다. 그렇기에 소록도 갱생원과는 성격이 달랐다. 이것이

로버트 윌슨 선교사의 동상. 현재 애양원병원 뒤뜰에 있다. 윌슨 선교사는 광주한센병원 시절부터
남도의 한센병 환자들을 위해 헌신했다. 이후 애양원이 오늘날 여수 신풍 반도에 자리잡도록 하는
일에 결정적인 역할을 했다.

조선 최초의 한센인병원인 '광주한센병원'이자 애양원의 전신이
다. 한센병 환자를 위한 병원이 들어서자 선교사들의 협력이 강화
되었다. 일단 간호사로 제중원에 온 쉐핑 선교사가 제중원은 물론
산골짝이었던 봉선리의 광주한센병원을 오가며 환자들을 보살폈
다. 그 사이 포사이드는 괴한의 공격으로 귀가 잘리는 중상을 입은
데다 풍토병에 걸려 미국으로 돌아갈 수밖에 없었다. 포사이드가
떠난 후 윌슨은 쉐핑과 함께 진료를 이었고 그들의 헌신은 지극했
다. 한센병 환자들에게 윌슨과 쉐핑이 사역하는 광주의 한센병원
은 천국과도 같았다. 병원에 입원하면 배고픔과 추위 걱정도 잊고

병을 치료할 수 있었으니 당연했다. 광주 한센병원은 한센인들의 집단 거주지가 되어갔다. 선교사들은 결국 한센병 환자들과 그 가족들을 위한 대책도 세웠다. 당장 한센병 환자들의 영적 돌봄을 위해 교회를 세웠고, 1915년에는 환자들과 그 자녀들의 교육을 위해 초등학교도 세웠다.

광주한센병원은 그렇게 날로 커갔고 1923년에는 조선총독부로부터 정식병원으로 인가를 받았다. 그리고 많은 교회와 기독교인들이 헌금도 보내왔다. 심지어는 조선 총독과 일본의 왕후도 성금을 보내왔다. 병원의 규모는 이제 환자들을 전담하는 의료진을 배치해야할 정도로 커졌다. 그러는 사이 광주 한센병원을 세운 포사이드는 미국에서 병을 이기지 못하고 세상을 떠났다. 윌슨은 1926년 제중원장 직을 사임하고 한센병원 사역에 전념하기로 했다. 윌슨은 한센병을 조선 땅에서 완전히 몰아내기 위해 최선을 다하기로 다짐하고 단단한 결의를 품었다. 윌슨의 수고와 노력으로 병원은 커갔고 환자들도 많아졌다. 병원은 키워도 키워도 자리가 부족했다. 문제는 병원이 커가면서 광주 사람들의 거부감도 커간 것이다.

조선총독부는 결국 광주한센병원을 외진 곳으로 옮길 것을 요구하며 전남 무안군의 국유지를 제안했다. 그러나 남장로교 선교부는 교통 불편을 이유로 그 제안을 거절했다. 선교사들은 오히려 여수의 율촌면 신풍리 땅을 요구했다. 조선총독부는 그 땅을 허락하였고, 선교부는 1926년 부지 매입을 완료하고 한센병 환자 수용시설을 조성한 뒤, 약 일 년에 걸쳐 환자 600여 명을 광주에서 여수로 옮겼다. 한센환자들은 포사이드를 잊지 못해 광주에 있던 기념비를 여러 사람들이 어깨에 메고 밤길로만 보름동안 걸어 옮겼다. 사람들의 정서를 고려한 것이다. 여수로 옮겨진 병원은 32병동에 무려 730명의 환자를 수용할 수 있는 수준이었다. 처음 여수로 병원이 옮겨지던 1926년에 선교사들과 사람들은 그곳을 '비더울프 나환자 요양원'Biederwolf Leper Colony라고 불렀다. 새로 조성된 한센병 환자들의 집단 거주지에는 병원에 이어 교회도 지어졌다.

이런 일이 일어나자 일본 왕실도 움직였다. 왕실은 1930년 11월에 여수의 윌슨, 부산의 매켄지, 대구의 플레처A. G. Fletcher 등을 동경으로 초청해 은배와 상금을 주었다. 이들의 박애적, 인도적 헌신과 자선사업에 대한 감사의 표시였다. 하지만 식민통치 아래 민족의 비참함의 상징인 황실에서 은배로 시상을 한 것에 애양원 환자들은 당혹감을 감출 수 없었다. 분개한 환자들은 수용소 교회에 불을 질렀다. 이에 선교사들은 일본 왕실로부터 받은 상금을 전액 병원을 위해 사용했고, 은배도 헌납했다.현재 애양원 역사박물관에 그대로 보존되어 있다. 애양원의 환자들도 분개하면서도 현실은 받아들였다. 왜냐하면 이들에게 있어 애양원은 유일한 희망의 땅이었기 때문이다. 소록도 갱생원에도 한센병 환자들을 위한 시설이 있었으나 그곳은 사람들을 함부로 했고, 학대했으며, 심지어는 실험도구로 여기기도 했다. 그러나 여수 애양원의 의료진과 선교사들은 달랐다. 그들은 자신들을 진실하게 대했고 치료를 위해 성심껏 애를 썼다. 예수의 사랑으로 한센환자를 섬기던 애양원이야말로 유일한 삶이 위안이요, 구원의 방주였던 셈이다.

옛 애양원으로 들어서는 입구. 현재 애양병원 뒤편으로 돌아가면 이 입구를 만날 수 있다. 옛날 애양원 입구에는 이곳에 들어가기 위해 줄을 서서 기다리던 한센병 환자들과 그 가족들로 가득했다.

1936년에 여수의 갱생원은 사랑으로 돌보고 기른다는 뜻인 '애양원'으로 새롭게 출발했다. 이후 전국에서 한센병 환자들이 여수 신풍반도로 왔다. 애양원의 입구는 한센병 환자들이 장사진을 이루었다. 당장 입원해 치료를 받고 싶었으나 병원과 시설이 수용할 수 있는 인원의 한계가 있으니 빈자리가 생겨야 순서대로 입원을 할 수 있었다. 그래서 애양원 정문 앞에는 밤이고 낮이고 자기 순서를 기다리는 한센병 환자들로 가득했다. 환자들은 애양원 문 앞에 움막이라도 치고서 자기 순서를 기다렸다. 그로인해 애양원도 윌슨도 어려움이 많았다. 그들이 처한 현실은 환자들이 너무 많은 것도 문제였으나, 모든 환자를 무료로 치료해줄 수 없었던 형편이기 때문이다. 그래서 아주 작은 돈이라도 얼마를 받고 환자를 받아야 했던 시절도 있었다. 돈이 한 푼도 없는 환자는 그 어떤 가능성도 없이 무작정 애양원 앞에서 하염없기 기다리기도 했다. 그들에게 애양원의 문은 '천국으로 들어가는 문'이었다. 그 문만 들어서면 그들은 살 수 있었고 행복해질 수 있었기 때문이었다.

그 시절 월슨의 친구인 아서 핸슨Arthur Hanson이 상하이에서 직장을 다니다가 잠시 조선을 방문했다. 물론 저 멀리 남도 끝자락에서 '한센환자들'을 위해 헌신하는 친구를 보기 위해서였다. 핸슨이 애양원 입구를 들어설 때였다. 문지기의 안내를 따라 핸슨은 애양원의 문을 열고 안으로 들어섰다. 그때 애양원 입구에 한센병에 걸린 한 소녀가 서 있었다. 그 아이는 간절한 눈으로 핸슨을 바라보고 있었다. 핸슨은 그 아이가 문을 지나는데 드는 몇 푼 되지 않는 돈을 문지기에게 지불했다. 그리고 그 아이를 데리고 '천국의 문'으로 들어갔다. 핸슨은 후에 그때 일을 시 한편으로 기록해 두었다. 그 시가 지금 애양원 의료역사박물관 입구에 새겨져 있다.

한 소녀가 문 밖에 서 있네
눈물 가득 고인 눈으로
이 작은 문둥이 소녀가 버림을 받았네
이 어린 나이에...
나는 이 소녀가 아주 적은 돈으로
천국에 들어가는 것을 보았네
이 소녀는 천국의 문을 통과하였고

나를 보고 미소를 지었네
나에게 천국이 무엇인지를
알려주는 미소를...

여수 애양원 일대 순례 포인트

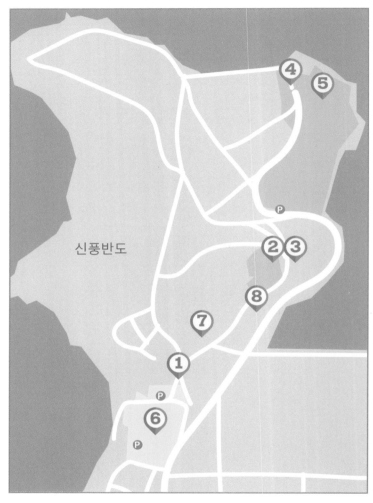

신풍반도

❶ 옛 애양원 입구
❷ 애양원역사박물관
❸ 애양원교회
❹ 손양원목사기념관

❺ 손양원 삼부자 묘역
❻ 현 애양병원
❼ 토플선교사 사택
❽ 애양원 환자 격리시설 유적

애양원은 1926부터 1928년에 걸쳐 조성되었다. 애초에는 병원을 이전하고 새 건물을 건축하는 비용의 일부를 감당한 비더울프 박사의 이름을 따라 '비더울프 나환자 요양원'이라고 불렸다. 그렇게 비더울프 나환자 요양원은 여수 신풍반도에 새 터전을 마련하게 된다. 사실 광주한센병원은 윌슨이 양성한, 한센병 경력을 가진 기능공 1백 십여 명에 의해 만들어졌다. 윌슨은 자신의 선교사 사택 지하에 실업학교를 운영하면서 한센병에서 회복된 사람들을 대상으로 목수나 석공 뿐 아니라 직조, 의료 기술은 물론 양철공, 바느질, 한복 만들기, 농사법 등을 가르쳤다. 이것은 아마도 철도 회사에서 일했던 경력이 있는 윌슨이 자신의 기술적인 재능을 잘 활용했기 때문일 것이다. 이렇게 기술을 배운 사람들은 1923년 부산한센병원의 건축 현장에 파견되어 경험을 쌓았다. 그리고 이들의 수고와 노력은 후일 여수의 요양원 건축에도 큰 도움이 되었다.

1926년 이전 이후 여수 비더울프 나환자 요양원은 점점 규모가 커졌다. 한센병 환자를 전문으로 치료하고 돌보는 병원 건물이 들어섰다. 약 730명 정도를 수용할 수 있는 규모였다. 1930년대 남장로교 선교부의 보고에 의하면, 여수 신풍반도의 나환자 병원에는 50여 명에 가까운 의사와 간호사가 일했다. 병동 환자들만 있었던 것은 아니다. 그곳에는 그들의 가족들도 있었다. 한 요양원에

토플 선교사의 사택. 옛 애양원 입구로부터 애양원교회와 역사박물관으로 올라가는 길 초입에 있다. 애양원 토플 선교사는 윌슨과 보이어 선교사를 이어 애양원의 10대 원장으로 왔다. 그리고 이곳 애양원에서 결핵과 소아마비 퇴치를 위해 헌신했다.

서 함께 치료를 받던 환자들은 자연스럽게 가까워지고 가족을 이루기도 했다. 그러다 보면 자연스레 그들 사이에 자녀가 출생하는 일도 빈번해졌다. 무엇보다 요양원 입구에는 자신의 치료 순서를 기다리며 대기하는 한센병 환자들로 가득했다. 그러다보니 요양원 안팎에는 한센병 환자들과 그들의 가족들이 이룬 촌락이 형성되었고 그들을 위한 교회와 학교도 들어서게 되었다. 그렇게 신풍리의 나환자 요양원은 하나의 마을을 형성하기 시작했다.

1936년 애양원으로 새롭게 이름을 변경한 갱생원은 하나의 거대한 복지타운이었다. 병원과 촌락, 그들이 일하는 일터와 그리고 학교 등이 속속 들어섰다. 그러나 그 시대 선교사들과 조선인들의 애양원은 지키기 어려운 터전이었다. 일제는 점점 군국주의화 되어갔고 천황을 숭배하는 일과 전쟁을 도발하는 일이 점점 심화되고 확대되었다. 미국에 본부를 둔 남장로교 조선 선교부는 점차 어려운 상황에 빠져들었다. 선교부와 선교사들은 교회와 학교, 시설들을 폐쇄하고 본국으로 돌아가기 시작했다. 일본이 미국과 전쟁을 벌이고 있는 한 미국인 선교사들은 모두 적국의 국민들이었다. 어려움은 당장 애양원에도 닥쳤다. 성실하게 병원을 지키던 윌슨과 다른 의료 선교사들이 추방되어 쫓겨나기 시작했다. 심지어 조선인 목회자들과 조력자들도 쫓겨나고 투옥되기에 이르렀다. 신풍리의 한센환자촌은 점점 심각한 상황으로 치닫기 시작했다. 애양원은 일본 식민지 정부의 감독 아래로 편입되고, 한센환자들의 운영 체제는 소록도 갱생원처럼 강세수용 체제가 되었다. 일부는 소록도로 옮겨가야 했고 일부는 남았다. 그러나 이전과 달리 한센병 환자들은 격리되었고 일반 사회와 거리를 두는 방식으로 외면, 방치되기 시작했다.

물론 이런 상황에서도 굳건하게 자리를 지켰던 선교사들도 있었다. 플로렌스 룻Florence. E. Root, 유화례은 1941년 태평양 전쟁이 시작되는 시점에 애양원에 머물렀다. 그녀는 특히 간호 선교사로 사역하던 쉐핑과 늘 함께 하며 광주와 전라남도의 가난한 이들, 병든 이들, 특히 여성들을 위해 헌신했다. 그렇게 1940년대가 되었을 때 조선사회는 신사참배 문제로 큰 고통 가운데 빠져들게 되었다. 선교사들은 수피아여학교를 비롯한 여러 기관과 시설을 폐쇄하고 본국으로 돌아갔다. 룻 역시 1940년 본국 귀환의 명령을 받았다. 그러나 룻은 하나님의 뜻이 어디에 있을지를 물으며 쉽게 결정을 내리지 못했다. 그렇게 고민하던 그녀는 평소 존경하던 쉐핑 선교사와 최흥종 목사를 생각하며 여수로 내려갔다. 그리고 1941년 3월부터 6월까지 그곳에서 한센병 환자들을 돌보며 살았다. 당시 애양원은 사역하던 윌슨도 떠나고, 손양원 목사 역사 신사참배 문제로 감옥에 구금 중이었다. 그녀는 여수에서 보내던 3개월 동안 한센병 환자들을 위해 기도하는 가운데 환자들을 돌보고, 어린 아이들을 가르치기도 했다. 그녀는 심지어 한센병 환자들 사이에서 태어난 갓난아이를 입양해 함께 광주로 돌아갔다. 이후 룻은 조선을 그리고 해방된 한국을 떠나지 않았다. 그녀가 본국으로 돌아간 것은 일제강점기도 끝나고 한국전쟁도 끝난 한참 뒤인 1978년 선교사로서의 사역을 모두 마치고 은퇴한 뒤였다.

2차 세계대전이 끝나고 일본이 패전한 뒤 선교사들은 대거 해방된 대한민국으로 돌아왔다. 여수 애양원을 일군 장본인인 윌슨 선교사는 1946년 한국으로 복귀하였지만, 그는 애양원에만 전념할 수 없었다. 미군정청이 그에게 여수 애양원과 소록도 한센인들을 위한 갱생원의 원만한 관리를 위한 자문관으로 위촉한 것이다. 소록도는 일제 강점기에도 일본인 원장의 학대와 비윤리적인 관리로 소문이 자자했고, 1945년 해방되던 해에는 기어코 일본인 원장 살해사건과 원생들에 대한 집단 학살이 벌어지기도 했던 곳이었다. 윌슨 선교사는 군정청의 부탁으로 이런 문제들을 다루다가 1948년 노년 건강의 문제로 선교사를 은퇴하고 고향으로 돌아갔다.

윌슨 선교사가 돌아간 1948년부터는 엘머 보이어Elmer T. Boyer, 보이열가 8대 애양원 원장으로 부임했다. 보이어 선교사는 한편으로는 여수와 순천 일대에서 목회 사역에 전념하면서 다른 한편으로는 여수 애양원의 한센병 환자들의 치료와 요양을 위해 최선의 노력을 다했다. 그는 특히 한센인을 위한 치료제가 개발되었다는 소식을 듣고 백방으로 그 약을 구하기 위해 노력했다. 그러던 1956년 보이어 선교사는 미국으로부터 한센병 환자들을 위한 새로운 치료제'DDS'Diaminodiphenyl sulphone를 들여왔다. 이 약은 한센병의 고통으로부터 해방시켜 줄 희망의 치료제로 알려졌다. 보이어 선교사는 이 약을 1951년 삼십여 명의 환자들에게 먼저 사용했는데, 그 효과는 기대 이상이었다. 이 약을 쓴 한센병 환자들은 대부분 1년 안에 완치되는 놀라운 효과를 보였다. 애양원 관계자들이나 선교사들 그리고 무엇보다 한센병 환자 자신들과 가족들로서는 기적과 같은 일이었다. 그들은 완치에 감사하고 감격하며 병원 문을 나서게 되었다. 한 가지, 완치된 환자는 병원을 떠나야 했다. 그러나 그들은 병원과 신풍반도를 떠나 다른 어디로 갈 곳이 없었다. 할 수 없이 그들은 애양원 주변에 움막을 짓고 정착해 살았다. 남장로교 선교사들과 애양원 지도자들은 그들을 그렇게 두고 볼 수 없었다. 이번에도 보이어 선교사는 그들의 자활과 자립을 위해 나섰다. 보이어 선교사는 일단 전남 지방청에서 팔려고 내놓은 순천의 37만 평 땅을 사들였고, 그곳에 약 46여 채 집을 짓게 한 뒤, 완치된 한센병 환자들을 그곳에 이주 정착하게 했다. 보이어는 원래 1963년까지 사역하게 되어 있었으나 스스로의 청원으로 1965년까지 애양원을 위해 더 헌신했다.

1960년대 이후 애양원은 더 이상 한센병 환자들만을 위한 전문병원이 아니었다. 세상이 변화하고 전쟁이후 한국의 상황도 많이 바뀌게 되었다. 특히 애양병원은 소아마비와 같은 환자들을 돌보고 치료하는 일도 전환하게 된다. 이 일은 1965년 애양원의 10대 원장으로 부임한 스탠리 토플Stanley C. Topple이 맡았다. 토플은 아직도 곳곳에서 발생하는 한센병을 퇴치하고 환자들을 치료하는 일에 매진하는 한편으로 소아마비 환자들을 치료하는 일에도 힘을 다했다. 토플이 한센병에 관심을 가지게 된 계기는 에모리 대학교 의과대학 재학 시절이었다. 의대를 졸업할 무렵 한센병 환자들이 많은 한국 애양원에 의료진이 필요하다는 말을 들은 토플 선교사는 애양원이야말로 자신이 헌신할 곳이라 생각하고 의료선교를 결단했다. 27세의 젊은 나이였던 토플은 1959년 그렇게 이 땅 한센병 환자들을 위한 또 다른 헌신의 선교사가 되었다. 토플은 열악한 시설 속에서 환자들을 치료하는 일에 최선을 다했다. 때로는 전기가 부족해 낮에 창을 통해 들어오는 햇빛에 의존해야 했다. 환자들의 상태도 이루 말할 수 없었다. 보이어의 노력으로 병원 시설은 이전보다 훨씬 나아지기는 했지만 아직 치료받진 못한 환자들이 많았고 그들에게는 각종 정신질환을 비롯해 안과 질환, 감각 소실과 약물 남용 등의 일들이 일어나고 있었다. 지독하게 열악한 현실에도 토플은 자신에게는 이 땅 애양원에 대한 각별한 사명이 있음을 더욱 확신하게 되었다. 홀로 애양원 사역을 감당하던 1960년 토플은 역시 의료 선교를 위해 노르웨이에서 온 미아 토플Mia Topple

애양원 역사박물관. 1926년 세워진 이 건물은 오랫동안 한센병 환자들 치료를 위해 사용되었다. 오늘날 이곳에 가면 애양원이 처음 세워지던 때로부터 근래에 이르기까지 한센병과 결핵, 소아마비 등을 치료해온 역사를 한눈에 볼 수 있다. 필요하다면 세미나실 등도 이용할 수 있다.

과 결혼했다. 그리고 부부는 함께 애양원의 한센병 환자 치료를 위해 최선의 노력을 기울였다. 그리고 1965년 애양원 10대 원장이 되었다.

원장이 된 토플은 우선 네 가지 사역에 집중했다. 첫째는 한센병 환자의 완치를 위해 최선을 다하는 것이었다. 그는 미국에서 후원을 받아 애양원 경내에 현대식 병원을 건축했다. 그리고 미국과 인도에서 새로운 수술법을 배워 한센병 환자 치료에 도입했다. 당시 애양원 한센병 환자들의 평균 수명은 일반인보다 긴 90세였다는 것은 애양원의 치료 및 요양이 얼마나 효과가 있었는지를 볼 수 있

는 대목이다. 둘째는, 가능한 한센병 외 다른 질병도 치료하는 것
이었다. 당시 한국에는 소아마비 환자가 넘쳐났다. 그래서 토플은
1967년에 소아마비 후유증 환자의 재활과 수술을 위해 애양원 내
에 재활병원을 건립했다. 애양원은 당시 소아마비를 수술하는 유
일한 병원으로 알려졌고, 소문을 들은 소아마비 환자들과 가족들
이 전국에서 몰려 들었다. 토플과 애양병원 의료진은 그들에게 의
수와 의족, 보조기를 달아주는 방법으로 치료를 하고 중증환자들
의 재활을 돕는 일도 병행했다. 셋째는, 한센병 치료를 환자를 위
한 진료의 끝으로 보지 않고 한센병 완치 환자들의 자립까지 돕는
것을 그들을 위한 도움의 끝으로 여겼다. 토플은 이를 위해 애양
원 내에 양장, 봉재 등을 가르치는 직업학교를 세웠고, 농사를 짓
고 가축을 기를 수 있도록 애양원 공제조합 소유의 땅을 완치된 환
자들에게 무상으로 내주었다. 그래서 1976년 완치된 약 205명의
사람들은 애양원 인근에 그들만의 마을을 이루어 자립하여 살게
되었다. 완치되어 정착한 사람들은 토플 선교사의 마음과 정성을
기념해 그의 한국 이름 '도성래'를 따 마을 이름을 '도성마을'이라
고 불렸다. 이후, 1986년에 당시 성산교회_{지금의 애양원교회}에서 분립한
성도들에 의해 '도성교회'가 세워지기도 했다. 마지막으로 토플은
한센인을 향한 세상의 오해와 편견을 없애는 일에도 힘썼다. 토플
은 한센병이라는 것이 완치가 가능한 질병임을 강조했다. 그는 한
센병 환자를 일반 환자들과 함께 진료하는 방식으로 사람들의 오
해를 불식시키는 일에 힘썼다. 보이어에서 토플까지 이어진 헌신
은 결국 여수의 애양원과 그들의 자립 마을이 천벌을 받은 사람들

의 고립된 게토가 아니라 완치되어 자립한 뒤 세상과 어울릴 수 있는 회복의 땅이라는 것을 세상에 알렸다. 토플은 이후 1978년까지 애양원 사역을 감당하다가 한국 의료진들이 충분히 자국의 한센병 환자와 소아마비 환자들을 다룰 수 있겠다는 확신 아래 한국을 떠났다. 그리고 1982년부터는 아프리카 케냐에서 새롭게 한센병 환자들을 돕는 의료 선교사의 사역을 시작했다. 그는 애양병원 원장으로서는 마지막 외국인이 되었다.

토플 부부가 떠나고 난 뒤 애양원과 애양병원은 온전히 한국인들에 의해 운영되고 있다. 애양병원은 현재 원래 자리로부터 아래쪽에 크고 새롭게 지어졌다. 애양병원은 지금 우수한 인공관절 치환센터로 수많은 국내외 환자들을 상대하고 있다. 윌슨으로부터 보이어 그리고 토플로 이어오던 유서 깊은 한센병원 건물은 1999년 대대적인 보수를 거쳐 2000년부터 '애양원 역사관'으로 활용되고 있다. 포사이드의 작은 감동에서 시작된 한센병 환자들을 위한 의료 사역은 기독교 신앙으로 무장한 하나님의 헌신하는 일꾼들에 의해 크고 놀라운 일들로 나타났다. 애양원 역사박물관은 지금도 그 감동과 은혜를 생생하게 전해준다.

애양원교회

전남 여수시 율촌면 산돌길 42

포사이드는 광주 제중원장 윌슨과 함께 병원 봉선동 벽돌 가마터를 한센병 환자들을 위한 임시 치료소로 삼아 진료를 시작했다. 소식을 들은 한센병 환자들이 전국에서 모여들었다. 선교사들은 몰려드는 환자들에게 헌신적인 의료봉사를 수행하면서 동시에 선교사로서 중요한 사명인 복음도 전했다. 벽돌 가마터 임시진료소에서 한편으로 치료를 받으며 다른 한편으로 복음을 받아들인 한센병 환자들은 선교사들과 함께 예배를 드리기 시작했다. 한편 포사이드의 헌신에 감동한 최흥종은 1911년 봉선동 가마터 인근 자신의 땅을 기증했다. 그렇게 조선 최초의 한센병원이 세워지게 되었다. 이듬해에는 병원 옆에 영국선교회의 도움으로 교회도 새롭게 들어서게 되었다. 선교사들과 대부분이 한센병 환자인 교인들은 교회 이름을 '봉선리교회'라고 불렀다. 이 봉선리교회가 훗날 한센병 환자들이 여수로 이동할 때 함께 이동하였고, 그곳에서는 애양원교회로 불리게 된다.

봉선리교회에는 1916년 탈메이지John Van Nest Talmage, 타마자 선교사가 처음 담임목사로 부임하였다. 그는 1910년 일제가 조선을 강제로 합병하기 직전 조선으로 들어왔다. 경성에서 언어 공부를 마친 탈메이지는 안식년으로 미국에 돌아간 유진 벨을 대신해 남도에서 본격적인 선교 사역에 뛰어들었다. 초임 선교사로 열정을 다해 봉선리 교회 목회에 뛰어들었지만, 그의 사역이 쉽지는 않았다. 교인들 사이에 싸움이 일어나는가 하면, 헌금을 가져가는 사람, 교회를 통해 자기 욕심을 채우려는 사람들이 넘쳐났다. 절망적인 상황들이 계속되었지만, 탈메이지는 하나님께서 주신 사명에 대한 열정과 소수의 동역자에게서 힘을 얻어 꾸준히 봉선리교회 사역을 감당했다. 탈메이지의 별명은 '타깍쟁이'였다. 워낙에 근검절약하는 정신이 강했기 때문이다. 돈이 없어서가 아니라, 그렇게 아끼고 모은 돈으로 조선인들의 필요를 채우는 일이 그에게 무엇보다 중요했기 때문이다. 그는 광주 숭일학교의 3대 교장으로 교육사역에도 헌신했으며, 한 번은 한센병원의 원장 역할도 겸했다. 무리가되는 상황도 있었으나 그는 어떤 사역이든 최선을 다했다. 결국 한센병 환자들은 신앙과 인품에 감동했고 탈메이지를 따라 신실한 기독교인이 되고자 했다. 탈메이지는 무엇보다 한센병 환자들과 동거동락했다. 그들과 함께 예배하고, 함께 일하고, 함께 나누는 일을 너무나 즐거워했다. 그렇게 네 번째 안식년을 보내고 1940년 한국에 다시 돌아온 그는 다시 애양원 원장을 맡았다. 그는 점차 고조되는 미국과 일본 사이 갈등 상황에서도 자리를 비우지 않았다. 그리고 일본이 진주만을 습격하던 1941년 일본 경찰에 의해 체포되었다. 일본 경찰은 그에게 여러 가지 죄목을 씌웠으나 가장 큰 죄목은 신사참배 거부였다. 일제는 결국 그것을 빌미삼아 여수와 순천 일대 선교회의 땅과 재산을 빼앗으려 했다. 그러나 탈메이지는 굳건했다. 그는 버텼고 선교회와 특히 애양원의 재산을 지켜냈다. 탈메이지가 포기했더라면 애양원을 비롯한 남장로교의 많은 선교회 재산이 일제의 소유가 될 뻔했다. 그렇게 탈메이지의 헌신적인 목회가 계속되는 가운데 봉선리 교회는 한센병원과 함께여수로 옮겨갔다. 그리고 1928년 2월 10일 신풍교회로 이름을 새롭게 개명하고 같은 해 10월에는 첫 예배당을 신축하게 된다. 새로 건축한 애양병원 맞은편에 자리 잡았다.

애양원교회. 1928년 처음 한센병 환자들과 그 가족들에 의해 건축된 이래 여러 차례 개축되면서 지금까지 같은 자리를 지키고 있다. 이곳 애양원교회는 애양원으로 와서 치료받고 새 삶을 살게 된 환자들과 가족들의 마음의 중심지였다.

1929년에는 신풍교회의 초대 교역자로 김응규 목사가 부임했다. 김응규는 원래 목포 양동교회에서 사역하고 있었는데, 1923년 광주한센병원 후원 문제를 위해 찾아온 엉거 선교사를 만났고, 그 자리에서 그는 한센병 환자들을 위한 목회 사역에 대해 깊은 감동을 받았다. 그리고 신풍교회의 사역에 헌신하기로 했다. 새로 부임한 김응규는 대부분 한센병 환자들인 성도들에게 과감한 신앙의 결단을 촉구했다. 한센병 환자들은 자기들을 고쳐준 선교사들에게서 복음을 받아들이고, 병원에 있는 동안 그들과 더불어 신앙생활을 함께 했음에도 불구하고 여전히 그리스도인으로 사는 일에 무관심했고 교회에서도 여러 심각한 문제들을 일으켰다. 김응규는 당장에 성도들에게 신앙생활뿐만 아니라 일상생활 전반에 걸쳐 바른 실천을 요구했다. 그리고 다소간 권위적인 자세로 성도들에게 신앙적인 삶을 가르쳤다. 교인들 가운데 일부는 김응규에게 반대하며 소란을 일으켰다. 그들의 반대와 소란은 1934년의 화재로 이어져 교회는 전소되었다. 그리고 교회는 1935년 178평의 2층 석조 건물로 재건축되었다. 이렇게 갈등과 대립이 반복되던 시점에 비더울프나환자요양소는 애양원으로 개명되고, 교회도 애양원교회로 불리게 되었다.

문제는 김응규 목사의 신사참배였다. 김응규는 순천노회가 1938년에 내린 신사참배 결정을 반대하지 않았다. 그는 강제였지만, 신사참배에 참여했다. 애양원 사람들은 그의 신사참배를 그냥 넘어가지 않았다. 특히나 김응규의 반대 세력은 이것을 빌미로 김응규의 신앙에 대해 강력하게 반발하였다. 결국 김응규는 담임목사직에서 물러났다.

그리고 1939년 8월 22일에 제2대 담임 교역자로 손양원이 부임했다. 당시에는 전도사였다. 손양원은 애양원에서 사역하면서 자신의 이름에 애양원의 '양원'을 붙인 '손양원'孫良源으로 개명했다. 그는 이후 1950년 한국전쟁에서 순교할 때까지 애양원교회에서 줄곧 사역했다. 손양원은 한센병 감염을 두려워하지 않고, 환자들에게 적극적으로 다가갔다. 전하는 이야기에 의하면 그는 한센병 환자의 환부에 사람의 침이 약이 된다고 하여 입으로 피고름을 빨아내는 일도 마다하지 않았다. 손양원은 그들의 친구가 될 수 있

애양원에 입원한 환자들이 머물던 곳. 지금은 새롭게 단장해서 이곳을 찾는 사람들을 위한 숙소로 사용되고 있다.

다면 기꺼이 한센병에 걸리기를 바랄 정도로 한센병 환자와 한 몸이 되어 살았다. 그의 헌신적 행동은 칭찬받기에 충분했고, 그의 경건한 신앙생활은 존경받기에 충분했다. 손양원은 교인들에게 그리스도의 사랑을 적극적으로 실천하는 신앙생활을 가르쳤고, 자신도 성경의 말씀을 따라 사는 일에 힘썼다. 그런 그의 깊고 지조 있는 삶과 사역은 결국 일제의 신사참배를 반대하는 데까지 나가도록 했다.

손양원은 신사참배 반대 혐의로 1940년 9월 25일 수요예배 후 체포되어 여수경찰서에 10개월간 구금되었고, 광주 구치소와 형무소에서 1년 6개월 동안 갇혀 지냈다. 손양원은 1943년에 형기를 마치고 나왔으나, 조선 땅에는 신사참배 강요가 여전히 이루어지고 있었다. 형기를 마치고 나서도 그는 여전히 신사참배를 거절했고 나아가 신사참배를 반대하는 운동까지 주도했다. 손양원은 다시 체포되었고 재판에서 결국 종신형을 선고받았다. 그는 1945년 8월 17일이 되어 나라가 해방되고 나서야 석방이 되었다. 자유인이 된 손양원은 자신을 위한 휴식을 조금도 취하지 않았다. 그는 석방되자 바로 애양원으로 돌아가 교회와 애양원을 위한 사역을 재개했다. 그리고 1946년 3월에는 목사 안수도 받았다. 손양원의 사역이 시작되자 애양원교회는 1946년 9월 8일 성산중학교를 개교해 어린 한센병 환자들과 그 가족들 그리고 자녀들의 교육도 담당했다. 그러나 손양원의 복귀로 안정된 사역이 지속될 것 같던 상황도 곧 돌변하고 말았다. 좌우와 남북이 대립하더니 결국 6.25 전쟁이 일어난 것이다.

손양원은 한센병 환자들을 돌보는 일과 교회를 지키는 사명을 앞세워 피난하지 않았다. 손양원은 한센병 환자들을 위해서라면 어떤 일도 마다하지 않았고, 그들과 함께하는 일이라면 사지에라도 뛰어들 각오로 살았다. 결국 국군은 밀리고 밀려 마침내 여수도 공산군들의 손에 넘어갔다. 공산군은 1950년 9월 13일 피난 가지 않고 애양원에 남아있던 손양원을 체포해 가두고 그를 혹독하게 고문했다. 그 사이 국군과 유엔군이 전세를 잡는 상황으로 바뀌게 되었고 이번에는 공산군이 퇴각하는 상황이 되었다. 상황이 이렇게 되자 공산군은 9월 28일 손양원을 비롯한 많은 사람을 총살했다. 손양원은 그렇게 그가 평생 사역의 자리로 여겼던 한센인들을 돌보며 그들과 함께하는 가운데 순교하고 말았다.

손양원이 순교하고 애양원교회는 애양원 원장 보이어가 담임 목회자가 되어 자리를 지켰다. 그리고 한국전쟁이 한창이던 1951년 11월 14일에 새로 서현식 목사를 청빙했다. 이후 애양원교회는 1956년 4월 12일 한센인 사역자를 양성하고 세우기 위해 한성신학교를 설립했고 졸업생들을 각 지역 한센병원에 파송하여 전도하고 환자들을 돌보는 일에 수고하게 했다. 그리고 교회는 애양원 출신 학생과 주민들에게 불이익이 가지 않도록 하는 방법으로 1982년 2월에 애양원교회를 '성산교회'로 개명하였다. 이후 교회 건물은 2002년 5월 31일에 정부로부터 문화재_{등록문화재 제32호}로 등록되었다. 2016년 5월 1일 교회 이름은 원래 이름인 '애양원교회'로 다시 돌아갔다. 세월도 흘렀고 한센병 환자에 대한 인식도 많이 좋아지게 되었을 뿐 아니라 애양원교회라는 이름이 이 교회를 세우고 가꾸며 지켜온 사람들을 존중하는 바른 태도였기 때문이다.

손양원목사 순교기념관
전남 여수시 율촌면 산돌길 70-62

손양원은 1902년 6월 3일, 경남 함안군 칠원면 구성리 653번에서 손종일 장로와 김은주 집사 사이에 장남으로 출생했다. 앞서 언급한 대로 원래 이름은 손연준이었다. 손양원이 학교를 다니던 시기에는 일본의 천왕이 살고있는 동쪽을 향하여 절을 하는 '동방요배'東方遙拜가 강요되는 시기였다. 학교에서는 항상 '동방요배'로 수업을 시작했는데 손양원은 1916년 3학년이었던 15세 때 이런 행동은 십계명의 제1계명을 범하는 것이라고 여겨 동방요배에 참여하지 않았다. 신앙을 꿋꿋하게 지킨 그에게 다가온 결과는 퇴학이었다.

그 후 손양원은 1924년 1월 정양순과 결혼하고 일본으로 건너가 공부를 한 후에, 다시 고국으로 돌아와 1926년 3월, 경남성경학교에 입학했다. 이때 그는 일본에서 이미 한센병 환자들을 위해 사는 일이 자기 일생의 사명이라고 여기고 있었다. 신학교에 다니던 중에 부산 감만동 한센병 환자들의 교회 전도사로 부임했다. 그는 약 600여 명의 한센병 환자들로 이루어진 교회에서 성실하게 사역했고 환자들과 가족들과 더불어 스스럼없이 어울렸다. 이후 1935년 손양원은 신학을 본격적으로 공부하기로 마음먹고 평양 신학교에 진학했다. 이 시기는 일본이 신사참배 문제로 한국교회를 온통 흔들던 시기였다. 많은 기독교 지도자들과 단체들이 신사참배 동참을 결의하고 일본이 원하는 신사참배에 참여하면서 그것이 교회의 신앙과 배치되지 않는다고 주장하기 시작하던 시기였다. 손양원을 비롯한 평양신학교 신학생들은 그 혼란 속에서 신학을 공부하며 시달림을 받아야 했다. 그때 손양원은 일본의 위협에 굴하지 않았고 교회의 타협에도 동조하지 않았다. 그는 동료 학생들과 함께 강력하게 신사참배를 반대하기도 했다.

손양원 목사 기념비. 손양원 목사는 평양신학교를 졸업하고 바로 이곳 애양원으로 와서 환자들을 돌보며 애양원교회를 이끌었다. 손양원 목사는 애양원 환자들과 그 가족들에게 참으로 진실된 목사였다.

우여곡절 끝에 신학교를 졸업하고 애양원교회에 부임한 손양원은 한편으로 부지런히 애양원과 애양원교회 사역에 매진하면서 다른 한편으로 가는 곳마다 신사참배를 반대했다. 일제는 그런 그를 가만히 두고볼 수 없었다. 손양원은 결국 1940년 9월 25일 수요예배를 드리고 집으로 돌아오자마자 바로 경찰들에게 연행되었고 여수경찰서로 끌려가 구금되었다. 그는 경찰서에서 모진 고문을 받으면서도 신사참배 반대의 뜻을 꺾지 않았다. 손양원은 광주교도소에서 1년 6개월을 옥고를 치렀고 잠시 풀려났다가 여전히 신사참배 반대를 주장하는 경찰에 또 다시 체포되어 다시 감옥에

간히게 되었다. 이번에는 종신형이었다. 그렇게 고생하던 손양원은 옥중에서도 그리스도의 사랑을 실천하여 옥중 성자로 그 이름이 높았다.

감옥 안에서 그는 항상 자기 먹을 것의 일부를 병들어 고생하는 사람들에게 나누어주었다. 그리고 늘 기도하고 예배하는 목회자로서의 바른 모습을 지키며 살았다. 그를 맡았던 감옥의 간수는 감옥에서도 신사참배 거부의 뜻을 꺾지 않는 손양원을 개종시키려는 목적으로 불교 경전을 읽게 하고 그것을 받아쓰도록 강요하기도 했다. 그러나 손양원은 그의 뜻을 꺾지 않았다. 그러자 이번에 간수는 손양원에게 일본 불교의 승려를 만나도록 했다. 일본 승려는 점잖은 말로 손양원을 설득해 일본 불교로 개종하고 일본 천왕을 향한 요배와 신사참배를 받아들일 것을 설득했다. 그러나 손양원은 오히려 승려를 설득해 그것이 종교인으로서 옳지 않은 것임을 강변했다. 손양원이 굽히지 않고 오히려 자신을 설득하는 것을 본 일본 승려는 그만 화를 참지 못해 손양원에게 소리를 지르고 그의 뺨을 때리기까지 했다. 그러자 손양원은 오히려 "우리 신앙에 오른쪽 뺨을 맞으면 왼뺨도 내어주라는 말이 있다"고 하면서 승려에게 반대편 뺨을 들이밀었다. 일본 승려는 더욱 화가 났다. 이번에는 손양원을 멱살잡이하고서 때리려고 했다. 상황이 그렇게 되자 간수는 할 수 없이 승려를 내보내고 손양원을 그대로 두었다고 한다.

손양원은 감옥에서 자녀들에게 쓴 편지에서 도무지 "죄를 짓지 말라"고 강조하면서 바른 신앙이란 것은 선택의 문제가 아니라

"우주를 관통할 절대 유일의 길"이라고 가르쳤다. 그는 바른 신앙을 품고 사는 것이야말로 하늘의 하나님 앞에 태어난 모든 사람이 마땅히 돌아가 따라야할 참된 길이라고 강변했다. 그는 스스로 그 절대 진리의 유일한 길을 걸었다. 체포되고 고문당하고 회유와 협박 가운데 힘든 감옥 생활을 이어가면서도 손양원은 죄를 짓지 않고 바른 신앙의 길을 걷는 것만 생각했다. 그만큼 손양원의 신앙 지조와 바른 신앙을 향한 뜻은 대단했다. 그래서 훗날 사람들은 경상도 마산에 신앙의 지조가 굳건한 주기철이 있다면, 전라도 여수에는 신앙의 지조가 굳건한 손양원이 있다고들 입을 모았다. 두 사람의 절개 굳건한 신앙 이야기는 오늘도 한국교회에 회자되는 이야기이다.

1945년 해방 후, 손양원은 드디어 감옥에서 풀려났다. 감옥에서 나온 손양원은 걸어서 여수 애양원으로 돌아왔다. 그를 알아본 많은 사람이 가족들에게 돌아가 요양을 하도록 권했지만, 손양원은 듣지 않았다. 그에게 집은 여수의 애양원이었다. 애양원에 돌아온 손양원은 바로 사역을 시작했다. 그의 사역은 예전 체포되어 감옥에 가기 전과 다를 바가 없었다. 그는 곧 목사로 안수받았다. 그리고 애양원 환자들과 주변 마을의 교인들을 돌아보는 일상을 회복했다. 그가 고향 같은 애양원에 돌아와 사역을 시작했을 때 교회에는 신사참배를 하기 위해 일본의 신을 두던 제단祭壇, 혹은 神棚이 여전히 남아있었다. 그가 없는 사이 교회는 일본 경찰의 강요에 못이겨 예배실 한쪽에 제단을 차리고 하나님을 향한 예배와 신사참배를 병행하고 있었는데, 그 흔적이 손양원이 다시 돌아온 이후에도 여전히 남아있었다. 예배를 인도하기 위해 예배실로 올라온 손양원은 교인들이 보는 앞에서 제단을 바깥으로 가져가 교회 앞마당에 내던졌다. 그리고 아무 일 없었다는 듯 태연하게 강단으로 올라가 예배를 인도하고 설교했다.

그의 애양원과 그곳 사람들을 향한 사랑의 헌신은 곧 이념을 넘어선 순교의 자리로까지 그를 이끌어 갔다. 해방 후 남한 만의 정부 수립이 이루어지던 1948년 가을에는 제주도 4.3사건을 진압하라는 명령을 받은 군인들이 집결해있었다. 그런데 그들 가운데에는 공산주의 사상에 물든 남로당 계열의 사람들이 많았다. 결국 국방경비대 14연대 소속 군인들 가운데 일부가 제주도 파병을 거부하며 반란을 일으켰다. 그리고 여수와 순천 일대를 피바다로 만들었다. 무고한 양민들과 특히 우익 인사들 그리고 그 가족들이 많이 학살당하는 일들이 빈번했다. 반란을 일으킨 좌익 군인들은 여수와 순천에 인민위원회를 만들어 자신들에게 동조하지 않는 사람이나 단체는 무조건 잡아 인민재판을 벌였고 그 자리에서 처형했다.

이때 여수고등학교와 여수중학교에서 기독교 학생회를 이끌던 손양원의 두 아들 동인과 동신 형제가 색출되어 인민재판에 회부되었고 곧 잔인한 폭도들에게 두 형제가 총살당하고 만다. 두 아들의 죽음 소식을 들은 손양원 내외는 이로 말할 수 없는 큰 충격을 받았다. 이후 진압군은 여수, 순천을 완전히 수복했고 두 아들의 시신은 비로소 수습될 수 있었다. 군인들은 학살자들과 학살에 가담한 사람들을 색출했다. 이때 두 형제를 죽인 좌익 폭도 가운데 하나인 안재선이라는 학생이 체포되었다. 그는 다른 반란 폭도들

애양원 옆 도성마을에 세워진 손양원목사기념관. 손양원 목사의 지조있는 신앙과 헌신적인 사역 이야기 그리고 교훈들을 담고 있다.

과 마찬가지로 곧 총살될 운명이었다. 그 소식을 들은 손양원은 안 재선의 석방을 간청했다. 손양원은 아무리 자식을 죽인 원수라 해 도 원수를 사랑하라는 하나님의 말씀이 가진 지고한 원칙을 어길 수 없었다. 손양원의 간절한 탄원으로 안재선이 석방되자 손양원 은 그를 양아들로 삼았다. 그리고 그를 자기의 집에서 함께 살도록 했다. 많은 사람들이 손양원이 처사에 감동했고 동시에 그가 원수 를 살려준 것을 질시하기도 했다. 그러나 손양원의 거룩한 사랑 실 천의 길은 분명했다.

  손양원의 사랑을 앞세운 단호함은 6.25 전쟁이 발발했을 때도

변함이 없었다. 손양원은 6.25가 발발했을 때 피난을 떠나야 한다는 교역자, 재직, 교인들의 간청을 마다하고 피신하기를 완강히 거부했다. 그는 피난을 떠나지 못하는 애양원의 환자들과 교회의 교인들을 두고 자기만 안전한 곳으로 피할 수 없었다. 그것은 그가 평생을 지켜온 거룩한 사랑의 지조에 어긋나는 것이었다. 결국 손양원은 여수를 점령한 공산군에게 체포되어 1950년 9월 28일 여수 근교 미평에서 순교했다. 그때 그의 나이 48세였다. 그는 숨이 끊어지는 마지막 순간까지 사람들을 보호하고 자기를 죽이려는 자들에게 그리스도의 복음을 전하다가 피투성이가 되도록 맞았다고 한다. 그러나 그는 마지막 죽음의 자리에서조차 두 손 모아 하나님께 간절히 기도했다.

36세 나이에 애양원교회에 온 손양원은 그곳에서 목사로 안수를 받고 순교할 때까지 한센병 환자들과 그 가족들을 위해 살았다. 그는 한센병 환자들이 사는 곳에 들어가 그들과 함께 음식을 먹고, 함께 잠자며 살았다. 그는 예수 그리스도의 사랑을 단지 설교 강단의 말이 아니라, 온몸으로 실천하며 살았다. 손양원에게 애양원은 성지聖地였다. 손양원에게 애양원 곳곳은 하나님의 거룩한 땅이었고 애양원 사람들은 그를 거룩하여 온전하게 해 주는 천사들과 같은 존재였다. 손양원은 하나님께서 부르시고 세우셔서 거룩하게 하신 그 땅과 그곳 사람들이 신사참배와 같이 불의한 것으로 더렵혀 지는 것을 용납할 수 없었다. 그는 마치 민수기의 비느하스가 여호와 하나님의 열정으로 가증하고 더러운 것을 이스라엘의 회중으로부터 몰아내었듯이 그가 사역하는 거룩한 애양원 땅에서 일제 우상의 더러운 것을 내몰았다. 그리고 하나님께서 그와 애양원 사람들을 불러 거룩하게 하신 곳을 지켰다.

손양원의 단호함은 사랑에서 기반하고, 사랑을 목적으로 했다. 모든 것은 예수님의 십자가 사랑에서 흘러나와 십자가 사랑으로 온전히 돌아가야 했다. 손양원이 삶에서 보인 지조 있는 단호함은 결국 예수 그리스도의 십자가 사랑이 여수 애양원 그 땅과 그곳에 버림받고 고통당하는 사람들에게 온전히 흘러들어가도록 하기 위한 수고였다. 손양원은 하나님과 예수님 사이에 온전한 사랑이 있듯 그와 애양원 사이에도 온전한 사랑이 결실해야 한다고 믿었던 사람이었다. 그런 그의 마음이 더럽고 추한 한센병 환자의 삶 한복판으로 들어가게 했고 그들 가운데서 절개어린 신앙의 자세를 지키게 했으며 종국에 원수를 품으면서까지 그를 사랑하는 '사랑의 원자탄'의 강력한 폭발성으로 나아가게 했다.

1993년 4월 27일 그를 기억하는 사람들과 한국교회는 손양원의 순교 정신과 섬김의 삶을 기리기 위해 '손양원목사순교기념관'을 건립했다. 그를 기념하는 전시관을 돌아보다 보면 그가 오직 한 가지, 예수님을 통해 드러난 하나님의 사랑을 세상에 지조 있게 전했음을 발견하게 된다. 여수와 신풍반도, 그리고 애양원은 이제 한센병 환자들을 치료하고 그들을 자립시키고자 수고했던 선교사들의 외침은 없다. 대신 이곳은 손양원의 사랑 가득한 삶의 메시지로 가득한 한국교회가 자랑하는 신앙의 순교성지가 되었다.

순교 묘역

손양원 목사 기념관 경내

    손양원 목사를 기념하는 건물을 바라보고 오른쪽으로 돌면 야트막한 언덕으로 올라가는 잔디밭 길이 나온다. 그 길을 따라 2, 3분만 올라가면 거기에 손양원 목사와 두 아들 동인과 동신 형제의 묘역이 나온다. 일명 '삼부자 묘역'이다. 묘역은 바닷가 산책로와 함께 공원으로 잘 조성되어 있고 주변에 벤치도 있어서 순례객들이 쉬어가기에 좋게 가꾸어져 있다. 손양원 목사는 한국전쟁 가운데 공산군에게 순교한 후 이곳에 두 아들과 함께 영원히 잠들었다. 그는 죽어서도 그가 사랑하던 여수, 그가 지극히 아끼고 아껴 귀하게 여기던 애양원과 그곳 사람들을 떠나지 않았다. 그는 이곳에 잠들어 여전히 애양원을 바라보고 있다.

    이곳 삼부자 묘역 앞에 서면 우리는 멀리 전주와 군산으로부터 시작된 복음 전파의 수고가 이곳 따뜻한 남해 바다가 바라보이는 작은 언덕에서 위대한 결실을 이루었음을 보게 된다. 미국 남장로교로부터 파송된 일곱 명의 선발대는 이곳 남도로 내려와 전주와 군산에 선교 거점을 마련한 뒤 전라도 일대에서 강력한 선교활동을 벌였다. 그들은 군산과 전주에 교회와 학교, 그리고 병원을 짓고 거의 전방위적인 선교활동을 벌여 질병과 고통, 국가 침탈이라는 칠흑 같은 어둠의 길을 지나고 있는 사람들에게 빛이 되어주었다. 최초 일곱 명 선각자의 사역은 이후 목포와 나주, 광주에서 더욱 크게 확장되었다. 하나님의 열정적인 사역자들은 산과 들의 색

손양원 목사 삼부자 묘역으로 가는 길. 손양원목사기념관에서 왼쪽으로 가면 야트막한 언덕길이
있고 그 길을 따라 조금만 가면 손양원 목사 삼부자 묘역이 나온다. 잔디가 깔린 이 길은 기도하며
대화하며 걸을 만하다.

이 각별하고 말과 향이 독특한 이곳 남도 곳곳에 하나님의 은혜와 사랑을 품은 교회와 학교 그리고 병원들을 세워갔다. 그리고 나아가야 할 길을 찾지 못하는 사람들에게 복음의 빛으로 길을 열어주었다. 그들의 사역은 곧 높고 험한 산의 경계와 깊고 푸른 강의 경계도 넘어 순천과 여수에도 이르렀다. 그리고 이곳 남도의 끝자락에도 동일하게 하나님의 은혜가 풍성하게 흘러넘치도록 하는 길을 열었다.

그렇게 남장로교 선교사들은 때로 자신을 희생하며, 때로는 아내와 남편 그리고 어린 자식들을 희생해 가며 복음 전파와 자비로운 사랑의 진군을 계속했다. 그리고 마침내 여기 여수 신풍반도에 도착했다. 여기 신풍반도 끝자락에서 남장로교 선교사들은 그들 선교에서 진정 위대한 결실과 마주하게 된다. 바로 손양원 목사이다. 하나님께서는 남장로교 선교사들의 선교적 헌신의 발걸음을 계속 이어가도록 하셔서 결국 여기 여수 애양원에서 손양원이라는 위대한 결실을 보도록 하셨다. 사실 손양원 목사는 남장로교 선교사들의 사역과는 다소 거리가 있는 성장 배경을 가지고 있었다. 그러나 그는 결국 이곳 여수 애양원으로 왔고 남장로교 선교사들과 만나 하나님께서 이끄신 남도 사역의 위대한 결실로 우뚝 섰다.

남장로교 선교사들의 헌신은 헛되지 않았다. 세 어린 자녀를 잃으면서도 사역을 이었던 전킨의 헌신, 열병으로 사경을 헤매면서도 복음을 전하는 일을 쉬지 않았던 오웬, 귀가 잘리면서도 한센병 환자들을 위한 사역을 처음 열었던 포사이드, 사랑으로 키운 광주의 젊은이들 외에 아무것도 남기지 않았던 쉐핑, 한센병 환자들의

삼부자 묘역. 삼부자 묘역에는 손양원 목사와 손양원 목사의 학살당한 두 아들, 동인과 동신 형제가 함께 묻혀 있다.

냄새 나는 처소를 드나들면서 평생을 그들과 살았던 윌슨 등의 눈물 어린 헌신은 여기 이곳 삼부자 묘에 이르러 귀한 선교적 열매로 맺게 되었다.

  남장로교 선교사들의 발자취를 따라 남도를 여행하면서 이곳 신풍반도의 손양원기념관과 삼부자 묘역은 순례의 맨 마지막 순서로 남겨 두어야 한다. 지난 백 년의 세월 하나님께서 파란 눈의 선교사들을 세우고 보내셔서 이루신 놀라운 결실의 끝자락에 이들 삼부자의 지조 있는 죽음, 그러나 사랑 가득한 죽음이 있다. 우리는 이들의 원자탄에 맞먹는 강력한 사랑의 삶 앞에서 머리 숙여

경의를 표하며 이들도 역시 이들에 앞선 헌신과 순교의 길을 이었던 사람들이라는 것을 기억해야 한다. 그리고 그 길이 우리를 통해 계속 이어져야 함을 알아야 한다.

토비아와 함께하는 남도순례

사진으로 보는 미국 남장로교
선교사들과 사역들

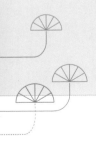

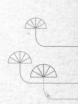

전주 중화산 스테이션 초기 모습

레이놀즈가 전주에서
성경을 번역하는 모습

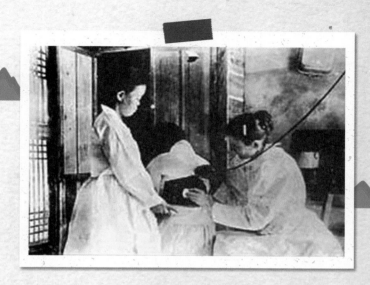

잉골드가 진료하고 있는 모습

1910년대 현대식 건물로 들어선 예수병원

1901년 새롭게 건축된 신흥학교

군산 구암스테이션 초기 모습

드루 선교사가 구입해 사용한 의료선교선

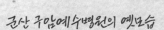

군산 구암예수병원의 옛모습

1902년 목포 양동교회와 성도들

로터 위더스푼 기념예배당

일제 강점기 목포 공생원 원생들

스테이션이 들어서던 시절 광주 양림산 일대

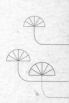

목포 정명여학교 학생 기숙사

엘리자베스 쉐핑 선교사

광주 제중원 초기 모습

광주 숭일학교 초기 모습

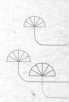

봉선리 광주한센병원 초기 모습

광주 북문안교회 초기 모습

순천 매산학교의 조지 왓츠 기념관

순천 매산 스테이션의 첫 진료소

새롭게 지어진 순천 안력산병원

1910년대 순천중앙교회

포사이드 선교사가 처음 한센환자를 진료한 가마

일제 강점기 한센병 환자들의 모습

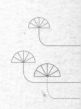

920년대 여수 애양원의 모습